CHRISTIAN FÜLLER

SÜNDENFALL

Wie die Reformschule
ihre Ideale missbrauchte

Erste Auflage 2011
© 2011 DuMont Buchverlag, Köln
Alle Rechte vorbehalten
Umschlag: Zero, München
Satz: Fagott, Ffm
Gesetzt aus der Documenta und der Univers
Gedruckt auf säurefreiem und chlorfrei gebleichtem Papier
Druck und Verarbeitung: CPI – Clausen & Bosse, Leck
Printed in Germany
ISBN 978-3-8321-9634-9

www.dumont-buchverlag.de

INHALTSVERZEICHNIS

Das Jahr 2010 wird als das Jahr der sexuellen Gewalt gegen Kinder in die deutsche Geschichte eingehen. Beginnend mit dem renommierten Berliner Canisius-Kolleg fanden sich Spuren pädosexueller Täter im Kloster Ettal und schließlich auch in der berühmten Odenwaldschule. Hunderte Berichte sexueller Belästigungen bis hin zur Vergewaltigung wurden erkennbar, die sich teilweise vor 40 Jahren zutrugen. Die Opfer haben den Mut und die Sprache gefunden, um die Erlebnisse preiszugeben, die sie als Kinder hatten. Es wird wohl noch Jahre dauern, ehe die Einzelschicksale geklärt und in ihrer Dimension verstanden sind.

Die Bundesregierung berief mit der ehemaligen Familienministerin Christine Bergmann zügig eine »Unabhängige Beauftragte zur Aufarbeitung des sexuellen Kindesmissbrauchs«. Als diese die Kampagne »Sprechen hilft!« startete, meldeten sich in wenigen Wochen rund 5000 Menschen, die von sexueller Gewalt berichteten. Missbrauchsexperten fragen sich seitdem, ob man das nationale Nottelefon zur sexuellen Gewalt jemals wieder abschalten darf. »Missbrauch ist ein allgegenwärtiges soziales Phänomen, eine Epidemie, die Institutionen unterwandert«, sagte ein Opfervertreter. »Die Parallelwelten des Missbrauchs dürfen keine eigenen Spielregeln mehr beanspruchen.«

Ein neues Thema war geboren – obwohl es in Wirklichkeit ein altes ist: Sexuelle Gewalt in Institutionen, die sich gegen Kinder und Abhängige richtet. Sie findet in Kinderheimen und -gärten statt, in Schulen, Internaten, Kirchen und Krankenhäusern. Die Täter sind häufig die beliebtesten Mitarbeiter. »Meine Vorstellungskraft hat nicht ausgereicht, um zu glauben, dass ausgerechnet er es gewesen sein könnte«, heißt es hinterher im Umfeld des Täters.

Die größte Empörung hat der Fall der Odenwaldschule Oberhambach provoziert. Das hessische Landerziehungsheim galt bis dahin als eine Vorzeigeschule, die Odenwaldschule ist *die* deutsche Reformschule schlechthin. Genauer: Sie war es. Die Berichterstattung über sie war beispiellos. Bei keiner anderen der Schulen mit Missbrauchsfällen schaute die Öffentlichkeit so genau hin.

Warum dann noch ein Buch über die Odenwaldschule? Weil wir wissen müssen, warum an der Schule des besseren Deutschland nach jetzigem Kenntnisstand über 120 Schüler sexuell misshandelt werden konnten. Und weil es nicht nur um diese Schule geht, sondern um Zeitströme und gesellschaftliche Bewegungen, die im Odenwald zusammentrafen und Deutschland geprägt haben. In der Odenwaldschule versammelte ihr Gründer Paul Geheeb seit 1910 jugendbewegte Bildungsreformer, um eine andere Erziehung und neue Menschen zu erschaffen. Möglich gemacht hatte dies ein jüdischer Kaufmann, dessen Tochter Edith Cassirer das Herz der Schule war. Nach dem Zweiten Weltkrieg gingen erneut Sozialreformer in den Odenwald. Berühmte Pädagogen, remigrierte Juden, französische Philosophen und linke Schulerneuerer fanden sich dort zusammen. Sie wollten zeigen, dass es ein anderes Deutschland geben könnte und dass man dafür auch eine demokratische Schule braucht. Genau dort aber verübten Lehrer bereits Mitte der 1960er Jahre sexuelle Gewalt an Kindern – und das über 25 Jahre lang. Innerhalb der Schule herrschte ein regelrechtes Missbrauchssystem, nach dessen Aufdeckung Begriffe fallen, die man aus anderen Zeiten kennt: Ich habe nichts gesehen. Ich habe nichts gemerkt. Es war doch nicht alles schlecht.

»Sündenfall« versucht möglichst genau nachzuzeichnen, wie sich die Schule unter ihrem Schulleiter Gerold Becker von einer demokratischen Vorzeigeschule in eine von Pädophilen beherrschte Schule entwickeln konnte. Es wird gezeigt, dass der mutmaßliche Haupttäter lange vorher pädophile Erfahrungen gemacht hatte.

Sein schützendes Umfeld half ihm dennoch, Leiter eines Internats zu werden, bei dem die Schüler in sogenannten Familie leben – mit dem Lehrer unter einem Dach. In der Schule gab es ein klandestines Verteilsystem, das Jungen zielgerichtet in das Haus ihrer Verführer und Vergewaltiger lotste. Auch Lehrer und Eltern wussten viel mehr über dieses System, als sie bis heute zugeben wollen. Nur wenige haben sich offenbart, und was sie nun zu sagen wissen, ist schwer zu fassen. Zu den potenziellen Mitwissern und Nichtverhinderern gehört die pädagogische, politische und wirtschaftliche Elite.

Die Opfer, denen die Täter durch subtile Manipulation auf Jahre hinaus den Mund verschließen, sehen sich mit einer Gesetzeslage konfrontiert, die eine juristische Aufarbeitung ihrer Fälle in aller Regel unmöglich macht. Die Staatsanwaltschaft Darmstadt hat im Zusammenhang mit der Odenwaldschulde 16 Ermittlungsverfahren eingeleitet und alle wegen Verjährung eingestellt. In keinem Fall kam es zu einer Anklage. Nach dem Gesetz haben die in diesem Buch als Täter bezeichneten Personen demnach als unschuldig zu gelten, da sie nicht von einem Gericht verurteilt wurden.

Die Odenwaldschule Oberhambach (OSO) hat im März 2010 zwei unabhängige Aufklärerinnen berufen. Die Anwältin Claudia Burgsmüller und die Oberlandesgerichtspräsidentin a. D. Brigitte Tilmann bezeichnen insgesamt vier Lehrer namentlich als Täter – »weil eine derartige Fülle uneingeschränkt glaubhafter Mitteilungen gegen sie vorliegt, dass wir von deren Erlebnisfundiertheit und Beweisbarkeit ausgehen. Angesichts der zahlreichen und schwerwiegenden sexuellen Übergriffe mit oft lebenslangen Folgen an ihnen anvertrauten Jungen und einigen Mädchen kommen wir nicht umhin, den Selbstzweifeln und Schuldgefühlen der Betroffenen ein Ende zu setzen, indem wir die Verantwortlichen klar bezeichnen.«

Im ersten Teil des Buches sollen zunächst die Betroffenen zu Wort kommen. Sie leben zum Teil seit Jahrzehnten mit dem Erlebten, oft ohne je darüber gesprochen zu haben. In »Sündenfall« schildern sie, was ihnen widerfuhr. Im zweiten Teil wird gezeigt, wie das »System Becker« die Odenwaldschule ergreifen konnte. Es wurde die Herrschaft einer Gruppe von Männern errichtet, die Missbrauch als organisierte sexualisierte Gewalt betrieben haben. Im dritten Teil des Buches wird skizziert, wie und warum weite Teile der pädagogischen Intelligenz systematisch weggeschaut und geleugnet haben, was ihr Freund und weithin bewunderter Kollege Gerold Becker im Odenwald anrichtete.

Es gibt auch ein persönliches Motiv, dieses Buch zu schreiben. Der Autor dieser Zeilen gehört zu jenen Journalisten, die Ende der 1990er Jahre den ersten Versuch der Aufklärung durch zwei mutige ehemalige Schüler übersehen haben. Das war ein schwerer professioneller Fehler, den die heute über 40-jährigen Männer und Frauen mit einer Verlängerung ihrer Nichtanerkennung und ihres Leidens bezahlt haben. Ich bitte für diesen Fehler um Entschuldigung und hoffe mit diesem Buch ein wenig von dem gutmachen zu können, was ich 1999 verpasst habe.

Ich bewundere den Mut und die Energie der Betroffenen, ihrem Leben eine neue Richtung zu geben. Es ist, wie ich erfahren konnte, häufig ein täglicher Kampf um die Wiedergewinnung der eigenen Würde. Dieses Buch ist den Betroffenen gewidmet. Ich bitte daher alle Leserinnen und Leser, den Verein Glasbrechen e. V. zu unterstützen. Ihm gehören ehemalige Schüler und Lehrer der Odenwaldschule an, Betroffene und Betrogene. Glasbrechen will Aufklärung, Entschädigung und Versöhnung erreichen. Das geht nur mit Ihrer Hilfe.

Christian Füller

1 VERBRECHEN UND VERSCHWEIGEN

Dieses Buch beginnt mit Berichten der Betroffenen von sexueller Gewalt. Warum? Es geht darum, das Schweigen zu brechen und zunächst den Opfern zuzuhören. Nur so kommen sie aus ihrer Rolle als Opfer heraus – und nur so können wir verstehen, worum es wirklich geht.

Sexuelle Gewalt gegen Kinder wird häufig widersprüchlich dargestellt. Die einen sprechen von Verführung, die anderen von reiner Machtausübung. Sexuelle Gewalt enthält aber fast immer beide Aspekte, und beide sind zum Verständnis für die Reaktionen der betroffenen Menschen auch sehr wichtig.

Sexuelle Gewalt verschließt Kindern und Jugendlichen oftmals lange den Mund. Das hängt unmittelbar mit der Strategie der pädosexuellen Täter zusammen. Oft verführen sie das Kind oder den jungen Jugendlichen, das heißt, sie gewinnen scheinbar sein Einverständnis für Sex. So entsteht bei dem Kind das Gefühl, mitschuldig zu sein. Denn es weiß, oft nur instinktiv, dass Sexualität in dieser Form etwas Verbotenes und Falsches ist. Also schweigt das Opfer. Die Wirksamkeit dieses Schweigens aus Schuld und Scham aber wird verstärkt durch die Gewalt. Sie spielt immer eine Rolle. Entweder weil sie im Hintergrund mitschwingt, wenn etwa der sich sonst freundlich gebende Täter dem Kind droht, nichts zu verraten. Oder weil die Täter ihre Wünsche mit bloßer Gewalt durchsetzen. Dann ist das Schweigegebot, das der Täter verfügt, für das Opfer ultimativ und mit noch größerer Angst verbunden.

Sexuelle Gewalt raubt dem Kind die Sprache, oft für lange Zeit. Es kann 15 oder 20 Jahre dauern, manchmal ein ganzes Leben, ehe die Betroffenen berichten.

Wenn die Überwältigten beginnen, ihr Schweigen zu brechen,

geraten sie oft schnell in eine beklemmende Situation: Sie werden erneut als Opfer wahrgenommen. Sie fühlen sich nach den Missachtungen und Verletzungen, die sie durch die Tat erlebt haben, zum zweiten Mal als Objekte. Diesem Buch werden daher Berichte der betroffenen Menschen aus der Odenwaldschule vorangestellt, in denen sie Subjekte ihrer erlebten Geschichte sind. Sie berichten ihre Erfahrungen. Manchmal geschieht dies auch in Frage-und-Antwort-Form.

Den Berichten betroffener ehemaliger Schüler werden wenige Passagen von Gerold Becker, einem Pädophilen und der Bericht der von der Odenwaldschule bestellten Aufklärerinnen Claudia Burgsmüller und Brigitte Tilmann hinzugefügt.

Alle Namen von Betroffenen in diesem Abschnitt sind verändert, eventuelle Namensgleichheit mit anderen Odenwaldschülern ist Zufall.

»Gegenwärtig muss der Eindruck entstehen, als habe es an der Odenwaldschule in den Jahren 1969 bis 1985, auch durch meine Schuld, nichts anderes als Verführung, Missbrauch, Chaos, Drugs & Crime gegeben.«

Aus einem Bericht Gerold Beckers über die Erfolge der Odenwaldschule. Verfasst im März und April 2010, posthum veröffentlicht wenige Tage nach seinem Tod am 7. Juli 2010.

Kristian, 50 Jahre:
»Ich bin 1973 an die Odenwaldschule gekommen, am Ende der sechsten Klasse. Meine Mutter war keine Stunde weg, da haben die Jungs mich aus meinem Zimmer mit auf den Fußballplatz genommen. Sie haben mich ins Tor gestellt und haben geguckt, was ich so draufhabe. Zurück auf dem Zimmer haben sie sich alle auf mich gestürzt. Sie haben mich ausgezogen, mich aus dem Zimmer geschmissen und aus dem Haus gejagt. Ich musste als kleiner zwölf-

jähriger Junge nackt durch die Schule rennen. Meine Zimmerkameraden grölend hinter mit her. Ich habe Rotz und Wasser geheult. Ich bin bestimmt einen Kilometer weit gerannt. Viele Mitschüler und Lehrer der Odenwaldschule haben mich so das erste Mal gesehen. Die Odenwaldschule ist ja wie ein Dorf. Das war das Erlebnis nach zwei, drei Stunden meines Daseins an der Odenwaldschule. Es war natürlich sehr schwer, denn so etwas kannte ich natürlich gar nicht.«

Frage: Gab es noch andere Aufnahmerituale an der Schule?

»Es gab Rituale, aber das hat höchstens ein Viertel der Familien getroffen. Ich hatte das Pech, dass ich bei der schlimmsten Familie angefangen habe. Dann denkt man natürlich, es ist überall so. Ich habe zwei Jahre gebraucht, um zu verstehen, dass es eben nicht überall so ist – und um mich daraus zu befreien.«

Frage: Gehörten zu den Ritualen auch sexuelle Erlebnisse?

»Ja, wir hatten nur einen Duschraum gemeinsam, da gingen Jungs und Mädchen duschen und auch das Familienoberhaupt. Das war uns allen unangenehm. Der Lehrer hat uns animiert, uns gegenseitig anzufassen und an uns herumzuspielen. Wir sollten uns auch gegenseitig einen runterholen. Er hat andere Schüler dazu getrieben, dass sie ihn befriedigen. Das war wie ein Ritual.«

Michael, 52 Jahre:
»Was ist Missbrauch? Ich stand als Zwölfjähriger im Duschraum des Herderhauses, als Gerold Becker kam und sich neben mich unter die Dusche stellte. Nach einiger Zeit fing er an, mir zu zeigen, wie man sich das Glied richtig wäscht. Dabei kam er immer näher. Ich konnte nicht weiter zurück, ich stand schon ganz in die Ecke gedrückt, als er mir ans Bein ejakulierte. Er hat mich nicht berührt. Ist das Missbrauch?

Kahle war noch schlimmer! Ich sage es mal ganz drastisch: Um den Kinderschwanz in den Mund nehmen zu können, hat er das ganze Gewicht seines Körpers eingesetzt. Einmal, in einer Freizeit, waren es zwei Lehrer, die mich in die Mangel nahmen, der eine hielt mich, des anderen Gesicht näherte sich meinem Unterleib. Ich hatte nur eine Badehose an. Da habe ich mich gewehrt! Ja, ich habe mich gewehrt. Auf eine fürchterlich entwürdigende Art, aber ich habe mich gewehrt.

Was ist Missbrauch? Ich war mir nicht ganz sicher, ob Gerold in seiner Wohnung ist, ich klopfte, rief seinen Namen, trat einige Schritte ein, rief wieder, es kam wieder keine Antwort. So ging ich noch weiter und schaute ins Schlafzimmer. Dort lag Herr Direktor nackt in voller Erregung auf seinem Bett. Ich wusste gar nicht, was ich machen sollte, ich hätte ja wie immer weglaufen können, oder irgendeine Frage stellen können. Aber mir fiel nur auf, dass die Tür nicht ganz aufging, und als ich schaute warum, stand ein Junge hinter der Tür etwa in meinem Alter. Ich war zwölf.«

Helga, 51 Jahre:
»Ich habe mir oft überlegt, warum ich. Ich war nie in seiner Klasse, nie bei ihm in der Familie. Warum ich? Aus meiner heutigen Sicht würde ich sagen, er hat mich ganz bewusst ausgesucht. Meiner Schwester, die in seiner Familie war, ist nichts passiert. Meine Schwester war in der Kahle-Familie, dadurch war ich öfter da.«
Frage: Wie haben Sie die Odenwaldschule empfunden?
»Diese Schule war für mich das komplette Kontrastprogramm zu meiner bisherigen Erziehung. Es war schön. Ich wurde als Kind an der Odenwaldschule zum ersten Mal in meinem Leben gefragt: Was willst du, was kannst du, was machst du? Es war ganz anders als zu Hause, auch vom Empfinden her. Ja und dann war ich bei dieser komischen Fahrt dabei, dem Familienausflug, bei der Lehrer Jürgen Kahle mich gefragt hatte, ob ich mitfahren will. Es war ein Platz frei, da hat er mich gefragt. Ich habe natürlich ja gesagt. Ich wusste, da ist einer, der kümmert sich, der will mir was Gutes

tun. Na ja, so drückt man das als Kind vielleicht nicht aus. Aber ich habe Anerkennung gespürt und alle fanden den toll. Wir unternehmen was und es wird lustig. Ich fuhr mit meiner Schwester am Wochenende ganz selten heim zu unserem Vater, das wollten wir einfach nicht so oft. Vielleicht einmal zwischen den Ferien. Da war die Fahrt mit diesem Lehrer und seiner Gruppe nach Sufflenheim eine schöne Gelegenheit, mal rauszukommen.«

Frage: Wie war die Situation, in der er übergriffig wurde?

»Es war für mich grauenhaft. Er hat mich einfach … Ich kann das gar nicht beschreiben. Das hat nichts mit Recht und Unrecht zu tun. Er ist mir in einer Form zu nahe gekommen, die für mich unerträglich war. Für mich macht es keinen Unterschied, ob er mich angefasst oder vergewaltigt hat. Ich habe mich völlig ausgeliefert gefühlt.«

Frage: Wie meinen Sie das?

»Es war so eine Jugendherbergssituation, wie ich sie öfter erlebt habe. Ich lag an der Wand und er kam irgendwie neben mir zu liegen. Die anderen lagen weiter weg.«

Frage: Was ist da abgelaufen, an was können Sie sich noch erinnern?

»Ich erinner mich an nichts andres als an diesen Moment, außer vielleicht noch, dass es Scheißwetter war. Wir sind schlafen gegangen, Schlafsack, Abenteuer, toll. Ich bin eingeschlafen. Und ich bin dann davon aufgewacht, dass er die Hand zwischen meinen Beinen hatte. Er fängt an, an mir herumzumachen. Ich bin wahnsinnig erschrocken. Ich wusste ja überhaupt nicht, was da passiert. Ich war 13 und hatte keinerlei sexuelle Erfahrung. Ich habe gesagt, ›Nein, hör auf!‹, und habe versucht, mich wegzudrehen. Aber er hat mich festgehalten. Es war sehr eng. Irgendwann habe ich mich so umdrehen können, dass er seinen Arm aus meinem Schlafsack ziehen musste. ›Lass mich doch‹, sagte er zu mir. Ich bin wieder eingeschlafen, das hat lange gedauert, natürlich. Aber darauf hat er nur gewartet. Er hat es wieder versucht. Und hat mich wieder so festgehalten, dass ich nicht wegkomme. Wobei ich diesmal schneller war und auch gewalttätiger. Ich wollte raus aus dieser Situation. Ich habe nichts gesagt, außer ›Lass das sein!‹. Aber das hat ihn nicht interessiert. Ich habe mich dann weggedreht, schnell und entschieden weggedreht. Die restliche Nacht habe ich wach und ängstlich verbracht, ich konnte nicht mehr schlafen.«

Frage: Was ist weiter passiert?

»Es ist einfach ekelhaft, wenn einer hinter dir liegt und nichts anderes im Sinn hat, als seinen Trieb auszulassen. Und es ist dein Lehrer. Das meine ich mit ausgeliefert.«

Frage: Wie hat er am nächsten Morgen reagiert?

»Er hat sich ganz normal verhalten, als wäre nichts geschehen.«

Frage: Wie haben Sie reagiert?

»Ich habe ihn gemieden. Ich dachte nur: Da ist nicht allein der Becker, der solche Sachen macht, sondern auch Kahle. Ich habe das damals aber nie ausgesprochen oder in konkrete Worte gefasst, ich habe das immer nur in Andeutungen gepackt.«

Stefan, 46 Jahre:

»Wolfgang Held hat mir früh Hoffnung gemacht, dass er mich aus dem Pestalozzi-Haus herausholen könne, das ist das Haus für die Kleinen. Ich war neu. Ich war am Anfang an der Odenwaldschule unglücklich und hatte Heimwehphasen. Meine Erzieherin im Pestalozzi-Haus hat mich deswegen mehrfach ins Bett geschickt. Aber der Musiklehrer Held hat sich Zeit genommen. Er hat mich getröstet und mit mir geredet. Er sagte, vielleicht wäre es möglich, zu ihm ins Haus zu kommen. Das sei allerdings nicht so einfach, man müsse da erst etwas regeln. Aber es hat dann geklappt und da hat er mich ziemlich schnell zu sich unters Dach genommen. Die Annäherungen wurden immer mehr. Irgendwann hat er mich zu sich ins Bett geholt.

Held hat mich missbraucht, aber auf eine liebevolle Art und Weise. Das hört sich jetzt paradox an. Alle acht bis zehn Tage durfte ich zu meinem Erzieher mit ins Bett. Ich musste ihn befriedigen, klar. Wenn er kam, hat mich das geekelt. Er hatte dann irgendwie ganz schnell ein Handtuch oder ein Zewa hervorgezaubert, mehrfach benutzt, wie mir schien. Das war der unangenehme Teil. Ich ekel mich auch heute vor den eigenen Körperflüssigkeiten. Aber ich bin da irgendwie reinerzogen worden, ich dachte, das sei normal so. Ich habe erst später gemerkt, dass das gar nicht Sexualität ist. Und dass das nicht von mir kam, sondern dass man mir das antrainiert hat.

Held hatte in Heppenheim ein Atelier. Dort haben wir uns manchmal aufgehalten, um zu fotografieren und zu kochen. Held war ein sehr guter Koch. Danach ging ich mit meinem Lehrer und einem anderen Schüler zusammen ins Bett. Wenn der Akt fertig war, dann musste ich wieder in mein Bett. Der andere Schüler blieb bei Wolfgang Held. Der war in der Hierarchie sozusagen über mir.«

Pädophiler:
»Das war die Zeit damals. Viele dachten, dass Sex mit Minderjährigen tolerierbar sei. Deswegen bin ich damals kein Lehrer geworden. Ich kenn mich doch.«

Stefanie, 50 Jahre:
Frage: Was wusste man als Schüler davon, was bei Gerold Becker im Herderhaus abläuft?

»Gerüchteweise war klar, er ist homosexuell und hatte ein Verhältnis zu Hartmut von Hentig. Man hörte auch, dass er mit Jungs duscht und dass er auf sie steht. Später habe ich erfahren, dass er bei einem meiner Mitschüler die Hand unter der Decke hatte. Der hat ihm dann angedroht, er würde sie ihm brechen, wenn er sie nicht wegnähme. Danach ist dieser Schüler nie mehr in Bedrängnis geraten. Die Fronten waren geklärt.«

Frage: Sie sagen, Sie hätten damals gerüchtehalber gehört, dass der Schulleiter auf Jungs steht. Von wem?

»Von den Schülern, die direkt bei Becker waren. Vom morgendlichen Duschen habe ich von den Familienmitgliedern Beckers erfahren. Das fand ich irgendwie seltsam. Aber es war so, dass wir ja alle in Gemeinschaftsduschen geduscht haben. Becker hatte nicht mal eine eigene Dusche. Die älteren Schüler haben in den größeren Häusern selbst eine Einteilung in Jungs- und Mädchendusche vorgenommen. Man konnte damals festlegen: Das ist jetzt die Mädchendusche! Wenn ein Lehrer zusammen mit Schülern geduscht hat, dann war das ziemlich normal. Aber es war ungewöhnlich, dass der Schulleiter gar keine eigene Dusche hatte.«

Frage: Man wusste, dass Herr Becker mit den Jungs duschte. War Ihnen damals auch bekannt, ob die sich anfassten?

»Nein, das wusste ich nicht. Dass er handgreiflich wurde in der Dusche, das habe ich nicht gewusst.«

Frage: Wie lief der Dialog mit dem Mitschüler ab, der in die Becker-Familie gewechselt war und Ihnen davon erzählte?

»Ich fragte ihn, ob an den Gerüchten was dran sei, dass der Becker fummelt. Er war ja nun mal da. Auf mein Nachfragen hat er es erzählt. Er hat das eher abgetan, das sei ja jetzt geklärt. Das war's.«

Frage: Haben Sie weiter nachgebohrt?

»Erst mal fand ich das hochgradig falsch, dass da was läuft. Aber ich wusste zu dem Zeitpunkt – ich war 15 oder 16 Jahre alt – nicht so viel über die Sexualität von Jungs. Ob das vielleicht auch manchen gefällt. Ich habe nicht darüber reflektiert, was kleine Jungs mögen. Wann finden sie das eventuell toll oder wann mögen sie das nicht. Ich habe, ehrlich gesagt, nicht weiter nachgefragt und habe auch niemand anderen eingeweiht.«

Frage: Warum nicht?

»Ich hatte das Gefühl, mein Schulfreund sagt mir das jetzt im Vertrauen. Und ich wusste auch gar nicht, wohin ich hätte gehen sollen, um zu sagen, das ist dem und dem passiert. Ich habe auch den Schüler nicht gefragt, ob er was dagegen unternehmen will. Denn für ihn war die Sache ja geregelt.«

Michael, 52 Jahre:
»Ich kam aus einem Heim. Ich brauchte als kleiner Junge dringend eine Bezugsperson. Das wussten die Täter, und deshalb sind schon kleinere Anzüglichkeiten ein Missbrauch. Und es war eine Demütigung für mich, meinen Mitschülern den nackten Hintern hinhalten zu müssen. Das muss ein Pädagoge wissen. Ich habe mich ›gerettet‹. Ich trank. Noch keine 13 Jahre alt, war ich Alkoholiker. Mit spätestens 14 Jahren trank ich täglich einen Kasten, 24 Flaschen, 12 Liter Bier jeden Tag. Da mir das Geld dafür fehlte, begann ich zu klauen. Und wen konnte ich ohne schlechtes Gewissen beklauen? Die Erwachsenen, zum Beispiel ›Herrn Direktor‹. Wenn er morgens in den Duschraum ging, war ich in seiner Wohnung. Das war eingespielt. Des Öfteren war ›Herr Direktor‹ auch mittags im Duschraum, er hatte dann Beute gewittert, und auch dann war ich in seiner Wohnung.

Im Schlafzimmer hatte er eine große Schrankwand mit Türen aus Mahagoni-Applikation. Im ersten Schrank war immer reichlich zu trinken. Da füllte ich mir immer was ab. Dann nahm ich mal 5 Mark, mal 10 Mark und manchmal 20 Mark aus seinem Portemonnaie. Im zweiten Schrank lagen neben irgendwelchem Ramsch die von Herrn Direktor beschlagnahmten Drogen. Haschisch, LSD, Meskalin. Ich habe immer alles ausgetauscht gegen irgendeinen Dreck oder das getrocknete Innere von Bananenschalen. Das kann man zwar auch rauchen, aber der Rausch hält nur zwei bis drei Minuten. Im dritten Schrank lagen stapelweise Pornohefte. Kinder halb so alt wie ich, mit Männern.«

Kristian, 50 Jahre:

Frage: Wie sind Sie an die Odenwaldschule gekommen?

»Ich war Legastheniker und ein schlechter Schüler in Deutsch, Englisch und Französisch. Ich hatte am Gymnasium keine Chance, das Abitur zu schaffen. Und ich hatte reiche Eltern, die viel auf Reisen waren. Das heißt, ich bin mehr von Kindermädchen erzogen worden. Meine Eltern waren nicht so sehr an mir interessiert. Ich glaube, das war ein Nährboden, um später ein gutes Opfer zu werden.«

Frage: Warum ist das ein guter Nährboden?

»Ich war schon Prügelknabe, bevor ich an die Odenwaldschule gekommen bin. Ich war nicht übermäßig wehleidig, aber ich war sensibel. Die Menschen riechen das, das ist wie ein Instinkt. Ich kann mir vorstellen, dass für Gerold Becker und die Lehrer, die mich auswählten, das unter Umständen ein Rolle gespielt hat.«

Frage: Wieso haben Sie nicht gesprochen über das, was Ihnen passiert ist?

»Ich glaube, wir waren alle sprachlos. Ich habe nicht mit meinen Eltern darüber geredet. Ich habe mit keinem Menschen darüber geredet – auch nicht mit dem Jungen, mit dem ich drei Jahre auf einem Zimmer gewohnt habe. Wir haben übers Klauen und übers Kiffen geredet, aber eben nicht über den Missbrauch. Nie.«

Frage: Das kann man sich als Außenstehender schwer vorstellen.

»Auch ich habe mich oft gefragt, warum ich so lange geschwiegen habe. Das ist ja etwas total Perverses angesichts der anderen Dogmen der Odenwaldschule: dass man offen ist, tolerant ist, dass man alles anspricht, dass man Kämpfer ist. Wir sind auf Demonstrationen gegangen, um gegen das Unrecht der Welt aufzustehen – dabei war ich selbst in einer Familie, in der ich furchtbar gequält worden bin. Von den Schülern. Aber auch das Familienoberhaupt hat immer wieder versucht, Annäherungsversuche bei mir zu landen. Abends, wenn er kontrolliert hat, ob ich im Bett bin, hatte ich plötzlich seine Hand in meinem Pyjama. Er hat versucht, meine Genitalien zu streicheln. Ich musste die Hand immer abwehren. Was ich auch gemacht habe. Aber es hat einen eben immer ein Stück in den Boden gestampft und einem immer mehr Sicherheit genommen. Dass ich mich da zu wenig gewehrt habe, lag an meinem fehlenden Selbstvertrauen. So was haben diese Lehrer, glaube ich, gerochen.«

Tomas, 54 Jahre:
»Ich bin Betroffener, aber ich bin nicht betroffen. Also mir geht es nicht schlecht. Ich leide nicht seelisch unter den Annäherungsversuchen damals, auch wenn sie grob und brutal waren.

Ich ärger mich bloß wahnsinnig darüber, dass ich in Situationen komme, in denen ich mich für den Missbrauch an mir rechtfertigen muss. Mein Geschäftspartner sagte jüngst zu mir bei einer Besprechung: ›Na, du warst doch auf der Odenwaldschule: Hast du auch den Arsch hinhalten müssen?‹ Da war ich erst mal baff und sagte: ›Weißt du überhaupt, was du da gesagt hast!‹ Ich war verletzt.

Als ich meinen Sohn mal vom Flugzeug abgeholt habe – er kehrte gerade von seinem Internat zurück –, da wollte ich mit ihm sprechen über all diese Odenwaldgeschichten. Er sagte spontan: ›Darüber, dass du auch missbraucht worden bist?‹ In so einem Moment habe ich eine unheimliche Wut auf Jürgen Kahle und Gerold Becker. Weil ich die ganze Zeit dachte, ich bin nicht betroffen – und dennoch merke ich, wie mir meine eigene Vergangenheit um die Ohren gehauen wird. Ich bin ohnmächtig.

Jürgen Kahle hat sich mir auf einer der Fahrten ins Elsass genähert. Das war in zwei Sekunden wieder vorbei. Ich merke, wie er seine Hand in meinen Schlafsack steckt – und dann auch versucht, meine Hand an sein Glied herüberzuziehen. Ich habe das ziemlich entschieden abgewehrt. Aber ich war ja auch sicher. Es waren noch fünf Leute im VW-Bus. Wenn ich geschrien hätte, wären sofort alle wach gewesen. Ich war da auch einen Moment neugierig. Ich fand das sogar ein bisschen spannend. Mit 14 Jahren. Aber das war eine ganz andere Situation als bei Gerold Becker. Das war viel unangenehmer für mich, denn ich konnte nicht weglaufen, obwohl ich gerne weggelaufen wäre damals.

Gerold Becker hat das gemacht, als ich am Wochenende mal länger da war. Meine Eltern konnten mich erst am Samstag abholen. Ich fragte Becker, ob ich länger bleiben könne. Er sagte zu mir: »Dann bist du ja ganz alleine an der Odenwaldschule. Willst du nicht zum Abendessen kommen?« Ich ging hin und es endete, wie es nicht hätte enden sollen. Es war viel härter als mit Kahle. Es war vollzogener Missbrauch. Ich konnte mich nicht wehren und ich konnte auch nicht weg.

Ich lebte damals in einer Kameradenfamilie, die aber aufgelöst wurde. Also mussten wir ja irgendwohin, und mein Zimmerkamerad wollte unbedingt in die Becker-Familie. Denn Becker brachte Status. Für mich war das natürlich ein Scheißgefühl. Ich wollte nicht zu Becker in die Familie. Aber ich hatte ja offiziell keinen Grund, den ich hätte vorbringen können. Also ging ich mit meinem Kumpel in die Internatsfamilie des Schulleiters. Wir bekamen ein schönes Zimmer.

Aber er versuchte es wieder. Als ich eines Morgens aufwachte, merkte ich, dass er seine Hand unter meiner Decke hatte. Er fing an, mich zu befummeln. Da habe ich ihm eine geknallt. Also, habe ihm einen Bären mit Kugeln an den Kopf geworfen, die damals so verbreitet waren. Nach diesem Ereignis war Schluss. Bei mir versuchte er es nicht mehr. Wenn man sich wehrte, dann machte er das auch nicht mehr.

Wie sehr mich das alles damals beschäftigt hat, merkte ich erst jetzt wieder, zum Hundertjährigen Jubiläum der Odenwaldschule.

Da sprach mich plötzlich jemand an, den ich gar nicht kannte, ein ehemaliger Schüler. Er sagte mir, ich hätte ihm von meinen Sorgen erzählt: ›Ich habe Angst, in die Becker-Familie zu gehen‹, hätte ich ihm gestanden. Er wollte damals wissen, warum. ›Weil er mich angefasst hat‹, sagte ich angeblich. Ich konnte mich nicht daran erinnern, dass ich jemals mit irgendjemandem über meine Ängste sprach. Man verdrängt mehr, als man denkt. Man ist bei so einer Geschichte, auch wenn man keine psychischen Probleme hat, nicht mehr Herr seiner eigenen Vergangenheit. Wildfremde Menschen sprechen dich plötzlich auf intimste Details an. Das macht mich wütend.«

Kristian, 50 Jahre:
Frage: Hatten Sie auch mit Gerold Becker übergriffige Erlebnisse?
»Es war mitten in den Ferien, ich war bei einer Freundin in Stuttgart. Wie der Zufall so will, war Gerold Becker auch dort, der war befreundet mit den Eltern. Und dann hat er angeboten, dass er mich an die Odenwaldschule mitnimmt, weil ich am nächsten Tag zur Musterung musste. Die Fahrt war eine Sternstunde für mich. Wir hatten so tolle Gespräche auf dieser Fahrt. Gerold war echt an mir interessiert. Er hat mir Bücher empfohlen, wir haben über Gott und die Welt geredet. Und der Abend wurde immer länger und wir haben Wein zusammen getrunken. Ich habe Gerold nach diesem wunderschönen Abend gebeten, dass er mir mein Zimmer aufschließt. Es war ja alles abgeschlossen, weil Ferien waren. Aber er hat mich dann locker überredet, ich könnte doch bei ihm schlafen und wir könnten uns den Weg sparen. Mir wurde es dann schon etwas mulmig, weil ich Gerüchte kannte, dass Gerold Becker schwul ist. Aber ich habe noch nicht wirklich die Bedrohung erkannt. Ich dachte, er hätte eine Besuchercouch, auf der ich schlafen könnte. Und dann hat er mich zu seinem Bett gebracht. Es war zwar ein großes Bett, aber es war immerhin sein Bett. Ich

hatte keinen Schlafanzug dabei, und da kam wieder dieses ›Sei-nicht-verklemmt‹-Gefühl hoch. Und dann habe ich mich sehr unsicher und ängstlich ausgezogen bis auf die Unterhose und bin in die äußerste Ecke des Betts gekrochen. Gerold Becker hat das Licht ausgemacht und ist hinterhergekrochen. Ich habe gespürt, dass er ganz nackt ist. Dann fing er an, an mir rumzustreicheln, rumzufummeln. Ich habe gesagt: ›Gerold, lass das, ich möchte das nicht.‹ Er hat gesagt: ›Versuch es doch mal, du hast es doch noch nie erlebt, wie es sein kann. Du kannst ja nachher immer noch sagen, das ist nichts für mich.‹ Er hat massiv probiert, mich zu überreden. Ich musste richtig rabiat werden und bin dann aus dem Bett gesprungen und habe darauf bestanden, dass er mir mein Zimmer aufschließt.«

Frage: Wie sind Sie beide damit in der Schule umgegangen?

»Ich hatte danach noch ein Dreivierteljahr Schule bei ihm. Er war für mein Leistungskursfach Psychologie der Lehrer, das Thema waren auch noch Aggressionstheorien, und – ich war nur befriedigend. Damit schließt sich die Geschichte Gerold Becker.«

Frage: Das ist doch eine Geschichte, wo Sie Nein sagen. Die hätten Sie doch erzählen können.

»Wir haben es einfach verdrängt. Ich bin in meinen ersten beiden Jahren an der Odenwaldschule missbraucht worden. Oder zumindest haben die Lehrer es versucht, denn ich habe mich immer dagegen gewehrt. Dann war ich endlich raus aus diesen Familien und hatte vier Jahre lang Ruhe. In dieser Zeit habe ich das komplett vergessen oder verdrängt – bis ich dann zu meinem 18. Geburtstag nach Heppenheim zur Musterung musste und die Geschichte mit Becker passierte.«

Stefan, 46 Jahre:
»Beim Direktor der Odenwaldschule war es ganz anders. Ich glaube nicht, dass sein Angebot, darüber zu sprechen, ernst gemeint

ist. Er wird sich dem nicht stellen. Er war so brutal damals, so massiv. Wer so etwas tut, der kann nicht ehrlich zugeben, er habe einen Fehler gemacht. Das kann er gar nicht. Der Direktor kam zu mir, als ich einmal allein im Haus geblieben war, weil ich krank war. Er hat mich vergewaltigt in meinem Zimmer, er hat seine Wünsche an mir ausgelebt. Er hat mich dafür benutzt. Bei Becker in der Wohnung war es wie in einem schallisolierten Raum. Wenn man da laut war, drang nichts nach draußen.

Ich glaube, die Leute können sich gar nicht vorstellen, wie so etwas läuft. Man wird wie eine Puppe betrachtet. Man ist nicht mehr Herr seiner selbst. Es wird mit einem was gemacht. Ich erinnere mich, wenn Becker sonntagmorgens in mein Zimmer kam. Er hat sich im Bademantel auf mein Bett gesetzt. Ich musste sein Glied mit dem Mund befriedigen. Da war ich nicht anwesend. Ich war wie eine aufgeblasene Puppe. So fühlte ich mich. Ich habe ihn nicht berührt. Er hat meinen Kopf genommen und damit etwas gemacht.

So war es auch in seiner Wohnung, wenn ich dort lag. Ich hatte mal eine richtig starke Erkältung, Grippe. Da lag ich zwei, drei Tage bei ihm. Ich kam nicht in die Krankenstation, sondern wurde direkt zu ihm in die Wohnung gelegt. Da müssen Dinge gelaufen sein, die heute noch für mich schmerzhaft sind. Die mich jucken lassen, die richtig Ausschlag verursachen, wenn ich daran denke.

Als ich die Schule verlassen musste, war es gar nicht so einfach für mich. Ich weiß, dass ich auch traurig darüber war, diesen riesigen Abenteuerspielplatz verlassen zu müssen. Denn ich fühlte mich ja auch frei an der Odenwaldschule. Ich konnte tun und lassen, was ich wollte. Man hat das eine für das andere hingenommen. Ich hatte die Hoffnung, dass die Übergriffe aufhören und die schlaflosen Nächte verschwinden würden. Ich habe das damals gar nicht als Missbrauch empfunden. Ich dachte, das ist ein normales Ding, das gehört irgendwie dazu.«

Swen:
»Wisst ihr, wie es sich anfühlt, wenn man als Dreizehnjähriger nachts aufwacht? Aufwacht, weil Gerold einem den Schwanz lutscht. Aber nicht so, wie es Erwachsene tun, um Lust zu empfinden. Sondern wie ein Berserker lutscht. Sodass man Angst hat, er beißt einem den Schwanz ab. So bin ich nachts um drei geweckt worden. Und ich war 13.«

Pädophiler:
»Die wollen das Ding im Mund spüren, die wollen es schmecken. Das ist für die ganz wichtig.«

Helga, 51 Jahre:
Frage: Wie sind Sie später mit diesem Lehrer umgegangen?
»Er hat mich danach nie mehr in Ruhe gelassen. Was er nicht kannte, war, dass jemand so reagierte wie ich. Dass man ihn so rigoros ablehnte. Damit kam er überhaupt nicht zurecht. Er hat immer wieder versucht, mit mir zu reden.

Es ist nicht so, dass er sich nicht darüber bewusst war, dass da was passiert ist, was nie hätte passieren dürfen. Er hat versucht, mit mir wieder ein gutes Verhältnis hinzukriegen, um das abzuschwächen. Das ging aber für mich nicht. Für mich war er unerträglich.«
Frage: Er wollte Normalität herstellen, weil er Angst hatte, Sie würden das irgendwann verpetzen?
»So sehe ich das. Damit ich keine Wellen mache.«
Frage: Wie war es, wenn er Sie darauf ansprach?
»Erst ganz normal, aber ich blieb bockig. Irgendwann hat er mich dann geschlagen.

Ungefähr ein halbes Jahr später, es war eine Faschingsveranstaltung in der Turnhalle. Ich war mit ein paar anderen Schülern da. Es war wieder so, dass ich immer geguckt habe, dass ich nicht alleine bin. Er war vorne, ich war hinten. Ich habe immer genau aufgepasst, wo er ist. Ich habe aber nicht mit anderen darüber geredet. Ich habe einfach versucht, die Nähe von ein paar Schülern zu finden, bei denen ich mich einigermaßen sicher gefühlt habe. Bei dieser Faschingsveranstaltung hat er einen auf Kosaken gemacht. Es war eine typische Aufmachung für ihn und er hatte auch eine Lederpeitsche dabei. Ich saß da oben, er kam her und sagte: ›Jetzt rede endlich wieder mit mir.‹ Ich habe gesagt, dass ich das nicht kann, und wollte weg. Da hat er mit dieser Peitsche nach mir geschlagen. ›Bleib stehen, rede mit mir.‹«

Frage: Haben die anderen Schüler das nicht gemerkt?

»Im Faschingstrubel hat es keiner ernst genommen. Die dachten, das ist ein Scherz. Ich bin abgehauen Richtung Umkleiden, weil ich dachte, da kommt er nicht hinterher. Das hat er aber trotzdem gemacht und hat mich noch zweimal geschlagen. Er war wütend wie ein Stier und er war auch ziemlich angesoffen.

Am nächsten Tag hat er mich abgefangen und stand da mit so einer eingepackten Schachtel Pralinen und der Peitsche in der Hand. Und hat gesagt, er wolle sich entschuldigen, ich solle ihm verzeihen. Er schenke mir die Peitsche, damit das nicht wieder passiert. Ich habe gesagt, lass mich endlich in Ruhe. Ich habe die Sachen weggeworfen.«

Frage: Haben Sie mal versucht, mit anderen Lehrern darüber zu sprechen?

»Ich habe das mal einer Lehrerin erzählt. Sie hat gesagt, sie werde mal mit Gerold drüber reden, mit Gerold Becker. Nachdem da nichts passiert ist, habe ich mich nie mehr einem Lehrer anvertraut. Es war ja eh sinnlos. Bei Becker war relativ schnell klar, dass da irgendwas abgeht. Nicht genau was, keine Details. Was ich aber wusste, war, dass er übergriffig ist. Dass er Jungs geweckt hat, indem er sie an ihren Genitalien gestreichelt hat, das wusste ich.«

Frage: Das wussten Sie damals schon?

»Ja. Wir haben darüber gesprochen. Wir waren Kinder, wir waren Freunde. Wir waren das, was wir zu Hause nicht hatten, wir waren Vertraute.«

Frage: Wie verliefen diese Gespräche?

»Wir haben öfter darüber gesprochen nach dem Motto: Heute morgen, da hat er wieder.«

Frage: Wieso haben Sie die Übergriffe nicht gemeldet? Der Odenwaldschule war es doch besonders wichtig, Kinder zu selbstbewussten und kritischen Menschen zu erziehen.

»In unserem Kopf ist die Idee, dass man sich dagegen wehren könne, nicht entstanden. Das Einzige war, dass wir gesagt haben: ›Dann musst du halt früher aufstehen oder du musst dich auf den Bauch drehen, dass er nicht rankommt.‹ Es gab Zweierzimmer, da hat er den einen begrapscht, den anderen nicht. Weil der ihm gesagt hat, von mir lässt du die Finger. Ein anderer konnte sich halt nicht wehren. Der hatte das nicht im Kopf, dass er sich wehren kann. Dazu musst du erst mal das Bewusstsein haben, dass du das kannst. Du musst so weit kommen zu verstehen: Das darf der nicht! Und dann hast du es ein oder zwei Leuten gesagt – und es ist trotzdem nichts dagegen unternommen worden. Was sollst du denn machen? Zu unseren Eltern sind wir nicht gegangen. Meinem Vater hätte ich das nicht erzählen brauchen.«

Michael, 50 Jahre:

»Nach und nach wurde mir die Bedeutung meiner Erlebnisse bewusst, nach und nach begriff ich, dass meine Kindheit und Jugendzeit, aus der ich im weiteren Leben hätte schöpfen können, nicht existiert hatte. Nach und nach erkannte ich, dass ich meine Sozialisation im Rausch erlebt habe. Ich bin mir heute noch fremd, ich kenne mich nur, wenn ich betrunken bin. Oft war mein letzter Tröster der Gedanke an den Suizid, er war meine Hoffnung, mein Angstnehmer, sollte es nicht mehr ertragbar sein.«

Marcus, 66 Jahre:

»Ich kam über die Göttinger Jungenschaft, eine kirchennahe Jugendgruppe, mit Gerold Becker in Kontakt. Er hat mich häufig mit seinem Motorrad abgeholt. Ich habe ihn dann auch öfter zu Hause besucht. Becker war 20 und ich damals 12 Jahre alt. Ich war ja noch sehr jung, vor der Pubertät, ich wusste anfangs nicht ganz genau, was er mit mir machte. Ich fand es auch interessant und aufregend, was da passierte.

Heute kann ich diese Dinge natürlich sehr klar einordnen. Ich wurde ein Sexualopfer von ihm, ich bin verführt worden. Manche sind verführt worden, manche sind es nicht. Es ist für mich keine unwichtige Frage: Warum ich? Mein Vater hat mich, als er es von einem meiner Kameraden erfuhr, aus der Jungenschaft rausgenommen, das war für mich durchaus traumatisch.

Für mich bedeutete das Verhältnis zu Gerold Becker, eine extrem ambivalente Situation zu erleben. Ich war Mitglied der Jungenschaft und auch irgendwo Lustknabe. Ich habe mich dafür geschämt, denn ich wusste ja, dass das falsch war. Ich habe mich schuldig gefühlt. Deswegen habe ich auch jahrelang mit niemandem darüber geredet. Eigentlich schäme ich mich bis zum heutigen Tage.

Was zwischen uns geschah, ging über die Freundschaft zwischen Jungenschaftlern hinaus. Es kam nach und nach zu regelmäßigen sexuellen Handlungen. Es fand dabei keine Penetration statt. Es wurde gegenseitige Masturbation praktiziert – jedenfalls so weit das anfangs mit einem Zwölfjährigen möglich ist. Zum initialen Verführungserlebnis ist es bei einer Wanderung gekommen, als wir nebeneinander in der Kothe lagen.

Ich habe mich viel damit auseinandergesetzt. Ich war wohl das Lustobjekt. Man war jung und männlich und das war wohl die Hauptsache für den Täter. Aufs Individuum kam es ihm nicht an, auch wenn er einem das sehr geschickt vormachte. Dies ist mir erst später bewußt geworden. Darin steckt die bleibende Enttäuschung: dass man nicht in seiner Individualität angenommen und gewollt ist, sondern wegen sekundärer Merkmale. Man möchte ja geliebt werden, weil man so ist, wie man ist.«

AUSZÜGE AUS BERICHTEN DER BEIDEN VON DER SCHULE BESTELLTEN AUFKLÄRERINNEN

Zwischenbericht im Juli 2010
»Nach Auswertung der noch nicht bekannten Betroffenen kann darauf hingewiesen werden, dass vermutlich in den höchst aktiven Jahren von H[eld]. wohl kaum eines der Kinder in dessen Familien ungeschoren geblieben ist; … Nahezu alle Mitglieder der jeweiligen Becker-Familien dürften ebenfalls betroffen sein. Die wenigen Ausnahmen, die mitteilten, dass sie nicht Opfer geworden sind, haben … dies als besonderen Umstand hervorgehoben.«

Abschlussbericht Dezember 2010
»Auch nach der Gesamtauswertung hat sich unsere Hypothese aus dem zweiten Bericht bestätigt, dass Gerold Becker als der Haupttäter anzusehen ist. Ihm sind 86 männliche Betroffene, vorwiegend aus der Altersgruppe der Zwölf- bis Fünfzehnjährigen, zuzurechnen. (…)
Vor dem dargestellten Hintergrund der Materialfülle bezeichnen wir Gerold Becker als Pädophilen. Sein Interesse als erwachsener Mann war vornehmlich auf Kinder gerichtet, die noch nicht geschlechtsreif waren. Viele Berichte machten deutlich, dass das sexuelle Interesse an ihnen nach der Pubertät fast regelmäßig erlosch. Die heute erwachsenen Mitteiler sprechen von ›Staffelübergabe‹ oder ›Fallenlassen‹, sobald eine Behaarung der primären Geschlechtsorgane sichtbar war. (…)

Sexuelle Ausbeutung fand bei männlichen Betroffenen zwischen 1965 und 1998 statt. Für die Jahre 1990 bis 1997 haben wir keine Angaben vorgefunden.«

Gerold Becker schreibt über die Erfolge der Odenwaldschule
»Zugleich blieb die Odenwaldschule ... eindeutig und unverwechselbar, weil ... ihr Alltag weiterhin von jener Voraussetzung bestimmt wurde, die schon 1910 ihre Gründung durch Paul und Edith Geheeb geprägt hatte: dem (fast) unerschütterlichen Vertrauen in die Entwicklungsmöglichkeiten jedes einzelnen Kindes und Jugendlichen, wenn die Verantwortlichen ›Zeit haben und Zeit geben‹.«

Verfasst im März und April, posthum veröffentlicht wenige Tage nach seinem Tod am 7. Juli 2010.

2 DAS SYSTEM BECKER

Wie sich die Odenwaldschule von einer Vorzeigeschule zu einem
Ort systematischer sexueller Gewalt verwandelte.

Der Mann hat keinen leichten Weg vor sich. Er kommt herunter
über den wiesengesäumten Kiesweg. Gleich wird er den Goetheplatz erreichen, das Zentrum der Odenwaldschule Oberhambach.
Eine ganze Schar von Schülern folgt dem großgewachsenen Herrn.
Sie ziehen und zerren an ihm. Sie umringen ihn. Er klopft ihnen auf
die Schulter und legt seinen Arm um sie. So geht er, halb geschoben
und geschubst, in Richtung des Gründungshauses der Schule. Es
war ursprünglich das Lindenheim, ein Ausflugslokal, das die Heppenheimer nach Wanderungen besuchten. Vor 100 Jahren wurde
begonnen, darin Schüler zu unterrichten. Inzwischen befindet sich
die Bibliothek darin, eigentlich ein ruhiger Ort. Auf dem gekiesten
Vorplatz sehen die Leute nun aber ein richtiges Spektakel. Es ist ein
Ereignis, wenn Gerold Ummo Becker zurückkommt an die Schule,
die er 13 Jahre lang geleitet hat.

Und doch wissen alle hier: So wird es nie wieder sein.

Wenn sein Nachfolger über den Campus der Schule geht, sprin-
gen keine Kinder herbei, um ihn zu umarmen oder zu herzen.
Obwohl Wolfgang Harder ein sehr freundlicher Herr ist. Fast zu
freundlich. Er geht stets leicht vornübergebeugt. Nur schimmert
in seiner Nettigkeit etwas Unterwürfiges durch. Das mögen die
Schüler nicht. Die älteren unter ihnen sagen, er sei ein Schwäch-
ling.

Als Gerold Becker die Schule verlassen hatte, schrieb ein Schüler in großen Lettern an eines der Häuser: »Gerold, komm zurück!«
Harder musste die Liebeserklärung an seinen Vorgänger lesen, bis

ihn endlich ein Mitarbeiter erlöste und die Schrift übermalte. Wir sind im Jahr 1987. Gerold Becker kehrt für einen Besuch an seine Schule zurück. Wieder ist der Unterschied zwischen den Schulleitern mit Händen zu greifen. Becker steht am Goetheplatz inmitten der Schüler. Er krault einem Jungen vertraut den Kopf. Gerade so, als wäre er nie weg gewesen.

Keine Frage, Becker liebte die Kinder. Und die Kinder liebten ihn.

Allerdings wissen wir nun, dass Gerold Becker die Kinder mehr liebte, als es einem Pädagogen oder sonst einem Menschen zusteht. Er liebte sie als Objekte seiner Sexualität. Er streichelte sie nicht nur am Kopf, sondern auch an den Genitalien. Becker verübte sexuelle Gewalt an diesen Kindern. Er überfiel sie nachts im Schlaf. Laut einem Untersuchungsbericht habe er ein Kind sogar vergewaltigt.

Gerold Becker, ein Vergewaltiger? Es ist ein Schock, etwas beinahe Unvorstellbares.

Gerold Becker, geboren 1936, ist von Hause aus Pfarrer. Er studierte Theologie und war danach sehr kurz im Kirchendienst. Dann wechselte er zur Erziehungswissenschaft. Er war Assistent in Göttingen und begann eine Promotion an jenem Institut, wo auch sein Freund Hartmut von Hentig einen Lehrstuhl hatte. Danach ging er an die Odenwaldschule und wurde ihr Leiter. Becker war ein Mann des Worts. Er dürfte der einzige deutsche Schulleiter sein, der jemals eingeladen wurde, bei der Verleihung des Friedenspreises des Deutschen Buchhandels in der Frankfurter Paulskirche die Laudatio zu halten. Auf Kongressen und pädagogischen Workshops tuschelten die Zuhörer, wenn er auftrat. Und sie raunten, wenn er zu einer seiner Reden ansetzte. Becker war bekannt dafür, dass er sensibel und einfühlsam die Realität von Kindern beschreiben konnte. Und wie er eine Pädagogik zu entwickeln suchte, die Kindern eine unverletzte Entwicklung möglich macht.

So redete Becker.

Wenn die Leute sich an ihn erinnern, fallen Worte wie Charismatiker, Menschenversteher oder Verzauberer. »Er redete wie ein verhinderter Messias und wir hingen an seinen Lippen«, erinnert sich ein ehemaliger Lehrer.

Aber der Leiter der berühmten Odenwaldschule konnte offenbar auch ganz anders als ein Messias. Er war ein Pädosexueller, der Kinder in der Dusche bedrängte. Einer, der sie morgens weckte, indem er ihnen beherzt in die Schlafanzughose griff.

So handelte Becker.

»Er konnte doch so gut mit Kindern umgehen«, sagte eine Mitarbeiterin der Odenwaldschule am Rande des 100-jährigen Jubiläums der Schule. Sie arbeitete viele Jahre eng mit ihm zusammen. Becker hatte ihr eine große Aufgabe an der Schule übertragen. Und er hatte ihrem Sohn aus einer schwierigen Lebensphase geholfen. Sie vertraute ihm bis zuletzt bedingungslos. Jetzt sitzt sie vor der Mensa der Odenwaldschule, macht ein lange Pause und sagt: »Es ist ein großer Betrug. Ich muss das Bild von meiner Odenwaldschule ganz neu bestimmen. Ich bin einfach nur sprachlos.«

Die Sonne brennt auf die Odenwaldschule in Oberhambach. Es ist Juli. Im Zirkuszelt, das der Altschüler André Sarrasani auf den improvisierten Festplatz gebaut hat, ist es drückend heiß. Gäste und Ehemalige fächeln sich mit einem weißen Programmheft Luft zu, auf dem vorne aufgedruckt steht: »Die Odenwaldschule – Verantwortung und Zukunft: Diskussionsforum zum 100-jährigen Jubiläum.« Die älteste und wichtigste deutsche Reformschule feiert ihren großen Geburtstag. Sie galt lange Jahre als *die* Reformschule. Obwohl vielen nicht nach Feiern zumute ist. Denn der Schatten, den ihr Rektor auf die Schule wirft, ist düster. Drinnen reden sie auf klugen Foren über den Missbrauch. Draußen in der Sonne sitzt die entsetzte Mitarbeiterin, die nichts mehr zu sagen weiß.

Nur wenige Tage zuvor ist Gerold Becker gestorben. Die Nachricht erreicht die Odenwaldschule genau zu ihrem 100. Geburtstag. Der Mann, den so viele verehren und verachten, stirbt an einer Lungenkrankheit, die ihm seit Jahren zugesetzt hat. Manche auf dem Festplatz sagen, dass er noch mit dem Tod seine Lässigkeit und sein untrügliches Gespür für Timing bewiesen habe. Während alle irgendwie versuchen, das Jubiläum des reformpädagogischen Internats zu begehen, ohne ausschließlich über seine, Beckers, Taten zu sprechen, zieht der ehemalige Rektor alle Aufmerksamkeit wieder auf sich. Durch seinen Tod.

Im Zirkuszelt rettet die aktuelle Leiterin der Odenwaldschule die Situation. Margarita Kaufmann ruft dazu auf, für alle Verstorbenen der Schule eine Gedenkminute einzulegen. Draußen vor dem Eingang steht ein Altschüler, der zu denen gehört, die endlich Aufklärung wollen. »Becker stirbt sich aus der Verantwortung«, sagt er. »Wir ziehen das trotzdem durch.«

An diesem Tag endet nicht nur die Ära Gerold Ummo Becker. Für den Abend ist zugleich der Höhepunkt eines jahrzehntelangen Kampfes um Anerkennung der Betroffenen geplant. Altschüler, ehemalige Lehrer und Teile des neuen Vorstands der Odenwaldschule haben zu einem Hearing geladen. Sie berichten sich gegenseitig über den vielfachen sexuellen Missbrauch, der hier geschah. Ein einmaliger Vorgang, denn es ist so etwas wie eine Wahrheitskommission. Und ein Gericht über den Haupttäter, Gerold Becker, der wenige Tage zuvor gestorben ist. Keine andere von Missbrauch betroffene Institution hat so etwas je zugelassen. Die Odenwaldschule macht es möglich, dass Opfer auf ihrem Gelände öffentlich berichten können, wie sie missbraucht wurden. Es ist ein beklemmender Abend, in dessen Verlauf zum ersten Mal Betroffene und Betrogene, Lehrer und Schüler, Täter und Opfer gemeinsam über die Wahrheit ihrer Schule sprechen.

Über 200 Menschen sind in die alte Turnhalle gekommen, die inzwischen als Theatersaal dient. In dem Raum steht die Luft. Die

Menschen winden sich. Sie möchten vor der Hitze in der Turnhalle davonlaufen. Sie möchten die Wahrheit hören und zugleich vor ihr fliehen. Es sträubt sich alles in ihnen zu glauben, dass dies alles ihr geschätzter Gerold getan haben soll. Und dass es nicht in einer schmutzigen Absteige an irgendeinem Großstadtbahnhof geschah, sondern an der Odenwaldschule Oberhambach, ihrem Vorzeigeinternat, der Reformschule der liberalen Nachkriegselite Deutschlands. Einer Schule, deren Motto heißt: »Werde, der du bist.«

Inmitten der Versammlung sitzt ein Mann. Er war einer von den pädosexuellen Überwältigungen durch den Schulleiter Betroffenen. Er hat lange geschwiegen und immer wieder den Kopf geschüttelt. Er hat dann begonnen zu argumentieren. Jetzt schreit er die Versammlung an. »Ihr wollt immer verstehen! Hört auf, verstehen zu wollen. Hört endlich zu!« Er brüllt seinen Schmerz hinaus, einen Schmerz, den ihm lange Zeit niemand abgenommen hat.

Fast am Ende der Veranstaltung steht Margarita Kaufmann, die Schulleiterin, auf. Sie wendet sich an diesen Mann, der in braunem T-Shirt, Jeans und Turnschuhen einige Meter enfernt sitzt. Kaufmann sagt zu ihm: »Danke, für Ihren Mut und Ihre Hartnäckigkeit. Ohne Sie wären wir nie so weit gekommen.«

2.1 DIE ODENWALDSCHULE ALS BIOGRAFIE-MANUFAKTUR

Im Mai 2007 reiste eine Londonerin in die Odenwaldschule. Sie flog von der Themse nach Düsseldorf, setzte sich dort in den Zug, fuhr nach Heppenheim und das Hambacher Tal hinauf zur Schule. Sie war den ganzen Tag unterwegs. Simone ten Hompel, Künstlerin und Dozentin an der Metropolitan University in London, unternahm die weite Reise, um danke zu sagen. Sie ging aber nicht zur Direktorin oder ihrem Kunstlehrer, sondern zu einem Schlosser, den die Schule an diesem Tag in den Ruhestand verabschiedete. Sie überreichte ihm einen kunstvollen Becher aus Silber. »Otto war ein enthusiastischer Lehrer. Ich wollte ihm zeigen, wie wichtig er für mich war.«

Der Mann, den die Frau besuchte, heißt Otto Wilfing. Und er war lange Zeit der Leiter der Lehrschlosserei der Schule. Anfang der 1970er übernahm der Metallmeister die Schlosserei und setzte schrittweise durch, dass die OSO ein anerkannter Ausbildungsbetrieb wurde. Und vor über 30 Jahren half er auch der Schülerin ten Hompel, auf die Spur ihres Lebens zu kommen. Wenn man so will, schmiedete er mit ihr zusammen den Beginn ihrer Biografie. Wilfing ließ sie ihre ersten Werkstücke in Buchstabenform herstellen, um ihr das Gefühl für das Metall und das Wort zu vermitteln. Anschließend büffelte er mit der Legasthenikerin. »Ich wollte schließlich ordentliche Gesellenberichte«, sagt er heute.

Simone ten Hompel ist ein Beispiel für eine der vielen Erfolgsstorys, die die Odenwaldschule möglich machte. Die Geschichte einer Legasthenikerin, die Künstlerin und Hochschullehrerin wird.

»Metall war meine erste Sprache«, erinnert sich Simone ten Hompel. »Inzwischen ist da noch Deutsch und Englisch.« Sie kam mit 11 Jahren an die Odenwaldschule. Vorher hatten die Schulbehörden ihrer Heimatstadt Bocholt einen ganz anderen Weg für sie vorzeichnen wollen. »Die wollten mich nach der vierten Klasse in die Sonderschule stecken«, sagt sie. »Für mich war die Odenwaldschule das Beste, was mir passieren konnte.«

Anfang der 1970er hatte Simones Familie bemerkt, dass mit ihrer Tochter etwas anders war als mit anderen Kindern. Sie litt an Legasthenie. Sie selbst nennt es lieber Wörterblindheit, weil es genauer beschreibt, was mit ihr los ist. »Wenn ich ein Wort sehe, dann muss ich mich immer entscheiden, ob ich es lesen will – was sehr anstrengend ist für mich. Manche Wörter in einem Text kommen mir vor, als sähe ich sie zum ersten Mal.«

Auch an der Odenwaldschule kostete es ten Hompel viel Mühe zu lesen. Aber Schule, das hieß für sie im Odenwald zugleich, Spaß haben zu können. Ein ganz neues Gefühl war das für sie: Schule und Freude zusammenbringen zu können. Dafür war Otto Wilfing verantwortlich – und das Metall. Ab der siebten Klasse stand sie zweimal die Woche von früh bis abends in der Metallwerkstatt der Schule. »Das bedeutete für mich, immer wieder Erfolg und Glück zu erleben – in der Schule.«

Simone ten Hompel ist sich ganz sicher, »dass ich ohne die Odenwaldschule nicht da wäre, wo ich jetzt bin«. Sie lebt seit 22 Jahren in London, sie bildet selbst Metalworkers aus, wie sie es nennt. Genauer sind es keine Metallarbeiter, sondern Künstler, Goldschmiede, Metalldesigner, Schmuckartisten. Ten Hompel hat 2005 mit ihren Arbeiten den reich dotierten Jerwood-Price für Applied Arts gewonnen. »Die Odenwaldschule hat für mich den Unterschied gemacht.«

»Ich wusste immer, dass ich etwas Handwerkliches machen will und dass es mit Metall zu tun haben würde.« Als sie 12 war, sagte sie zu ihren Eltern: »Schule ist vergeudete Zeit, ich kann besser mit meinen Händen arbeiten.« Also machten sich ten Hompels Eltern, Textilkaufleute aus dem Münsterland, auf die Suche nach einer geeigneten Schule. Ganz pragmatisch suchten sie eine Schule, in der man lernen und arbeiten konnte. Sie fanden die Odenwaldschule, auf der Simone ten Hompel einen Schulabschluss bekam und zugleich eine Lehre zur Metallgesellin absolvierte. Das ist eine der Besonderheiten der Schule. Allein Otto Wilfing hat 190 Schüler im Odenwald zu einer ordentlichen Ausbildung neben dem Schulabschluss gebracht.

Es ist nicht so, dass die Odenwaldschule und der Schmied Wilfing ten Hompel erst die Idee gaben, mit Metall zu arbeiten. Sie halfen ihr nur, das auszudrücken, was in ihr bereits angelegt war. Das gerne belächelte Motto der Schule »Werde, der du bist« ist bei

Simone ten Hompel Wirklichkeit geworden. Eine Realität, die für einen Menschen alles bedeutet. Ten Hompel ist wie so viele andere ein Produkt der Biografie-Manufaktur Odenwaldschule.

Schule als Idylle

Die Odenwaldschule hat sich seit ihrer Gründung als Retterin schwieriger Biografien gesehen. Und zugleich als Alternative zur normalen staatlichen Schule. »Die Odenwaldschule repräsentiert eine innovative Institution zur Lösung struktureller Probleme, die heute das gesamte Bildungssystem bestimmen.« So steht es in einem programmatischen Text aus den 70er Jahren. Der Text heißt »Eine Schulverfassung für den Wandel«. Er erklärt, die OSO solle als Schule ein übertragbares Modell für das Schulwesen darstellen. Und gleichzeitig das Ziel verfolgen, »jeden einzelnen Schüler nach seinen Möglichkeiten zu fördern«.

Das mag für den heutigen Leser theoretisch klingen. Aber der Text beschrieb damals die wichtigsten Probleme des deutschen Schulwesens der Nachkriegszeit. Erstens ein ungerechtes Schulsystem, das den einzelnen Schüler strenger Auslese unterwirft, anstatt ihn zu fördern. Und zweitens viele schlechte Schulen.

Wir sind es heute gewohnt, mit Hilfe des berühmten internationalen Schulvergleichs Pisa die Herausforderungen der Schule zu beschreiben. Laut Pisa, dem Programme for International Students Assessment, liegen die Probleme darin, dass das staatliche Schulsystem strukturell ungerecht ist und gesellschaftliche Ungleichheit verstärkt. Zudem sind die Leistungsunterschiede zwischen den Schulen unter den Industrieländern der OECD nirgends so hoch wie in Deutschland. Die Menschen fragen sich, warum es so wenige wirklich gut funktionierende Schulen gibt. Vor allem die traditionelle Art des Unterrichtens fällt auf. Neuere Videostudien von Bildungsforschern haben bewiesen, dass die Lehrer der weiterführenden Schulen ganz überwiegend noch frontal unterrichten.

»Deutschland versucht den Herausforderungen des 21. Jahrhunderts mit einem Schulsystem zu begegnen, das aus dem 19. Jahrhundert stammt.« Das sagt Andreas Schleicher, der aus Deutschland stammende Leiter der internationalen Pisa-Studie in der Bildungsabteilung der OECD.

Die Odenwaldschule beanspruchte von jeher, Antworten auf diese Krise zu geben. Die Schule wurde 1910 in bewusster Abgrenzung zur Pauk- und Stoffschule des 19. Jahrhunderts gegründet. Ihr Erfinder ist Paul Geheeb, einer der wichtigsten deutschen Pädagogen seiner Zeit. Der Mann aus dem Thüringischen trug meist Knickerbockerhosen und einen langen Bart ums Kinn. Damals wurde er verehrt. Weltoffene Juden schickten ihre Kinder in die Odenwaldschule. Thomas Mann seinen Sohn Klaus. Bis nach Indien reichte der Ruhm Geheebs. Der studierte Theologe setzte wichtige Impulse für das Verständnis von Schule. Der entscheidende war, dass das Kind Subjekt und Autor seines Lernprozesses sein soll.

Die Odenwaldschule soll »nicht eine von Erwachsenen gemachte Organisation, sondern ein gemeinsam gestalteter Lebensraum werden«, sagte Geheeb. Er meinte damit: Die Schüler bauen die neue Schule, nicht die Erwachsenen. Dazu gehörte bereits damals, dass der Leiter den engeren Unterrichtsbetrieb auf ein Minimum beschränkte. »Die zweite und größere Hälfte des Tages steht zu eurer freien Verfügung. Ich tat dies, weil ihr auf das richtige Leben vorbereitet werden sollt«, sagte er bei der Eröffnung der Odenwaldschule vor 100 Jahren, als dort nur das heutige Goethehaus stand.

Die demokratischen Strukturen der Odenwaldschule waren in der damaligen Zeit eine Ungeheuerlichkeit. Üblicherweise schwangen die Lehrer um die Jahrhundertwende noch den Rohrstock. Aber »die Odenwaldschule war eine Republik, in der die Macht vom Volke, das heißt von den jungen Menschen ausging«, schrieb der OSO-Schüler Klaus Mann. »Der Leiter beschied sich mit der Rolle des väterlichen Beraters, Vermittlers und Repräsentanten. Die Schüler, ›Kameraden‹ genannt, bildeten ein Parlament, das über alle wichtigen Fragen des Gemeinschaftslebens zu entscheiden hatte.« Dazu habe die Hierarchie der Anstalt gehört, das Strafen oder Ausstoßen von asozialen Elementen und das Recht, Maßregeln des Oberhaupts zu modifizieren. »Dass es eine solche Schule in Deutschland einmal geben konnte!«, staunt Klaus Mann in seinem Buch »Wendepunkt«.

Die Schule ist aber mehr als eine Schülerdemokratie und sie ist zugleich mehr als eine Schule. Die OSO fußt auf der Idee, das Leben ihrer Schüler auch außerhalb des Unterrichts zu gestalten. Daher ist die Odenwaldschule ein Internat. Die OSO wollte stets auch eine Gesamtschule sein. Das heißt, sie sortiert ihre Schüler nicht nach Talenten oder Leistungen. Unumstrittener Vorreiter war die Odenwaldschule darin, ihren Schülern nicht nur Allgemeinbildung zu vermitteln, sondern sie zusätzlich mit einem Gesellenbrief auszustatten. Daher gibt es Werkstätten wie die Schlosserei, die Druckerei, eine Schreinerei und eine Töpferei. Seit den 1970er Jahren kam eine Ausbildung zum Chemisch-Technischen Assistenten hinzu, in den 2000er Jahren eine zum Informationstechnischen Assistenten.

Paul Geheeb hatte sein Schulkonzept eher aus seinem Empfinden heraus entwickelt als aus theoretisch-pädagogischen Überlegungen. Es war zu seiner Zeit ein radikaler Bruch mit Schule, wie der Geheeb-Biograf Martin Näf schreibt. Der Unterschied zwischen Kindern und Erwachsenen wurde aufgehoben. Geheeb setzte der hierarchisch organisierten Massenschule, die auf Zwang und Gehorsam fußte, etwas ganz anderes entgegen: die Idee einer auf die Bedürfnisse des Einzelnen zugeschnittenen Lebens- und Arbeitsgemeinschaft. Schon der Geheeb-Biograf allerdings hinterfragt die angebliche Gleichheit zwischen Lehrer und Schüler. Näf will wissen, »ob das letztlich eine modische Floskel ist, hinter der sich die alten Machtverhältnisse, die alte, professionell legitimierte Überlegenheit der Erwachsenen über die Kinder verbirgt«. Vielleicht ein früher Hinweis auf die wahren Machtverhältnisse an der Odenwaldschule.

Geheebs Schule gehörte in den Reigen der Landerziehungsheime von Hermann Lietz, hatte aber als einziges diesen innovativen Ansatz. Im Odenwald wurde die Moderne des neuen Lernens eingeläutet. Geheeb begriff das Kind als eigene kreative Person und nahm es ernst. Geheebs erzieherische Praxis ist damit ganz nahe an den Ideen von Ellen Key, die 1900 eine »Pädagogik vom Kinde« aus propagierte. Die Schwedin machte sich sogar auf den Weg nach Deutschland, um Paul Geheeb und seinen damaligen Mitstreiter Gustav Wyneken zu besuchen. Wir stehen am Beginn der reformpädagogischen Bewegung – und die Odenwaldschule ist eine ihrer ersten Adressen.

Geheeb, Lietz und Wyneken waren nicht die einzigen Schulreformer. Um die Wende zum 20. Jahrhundert lehnten sich viele Pädagogen gegen die unpersönlichen Lernfabriken auf, die in Europa im Zuge der Industrialisierung entstanden waren. Gemeinsam ist diesen Strömungen eine antietatistische und antiautoritäre Haltung zum Lernen. Egal ob die Italienerin Maria Montessori, der Franzose Célestin Freinet, der Brite Cecil Reddie oder eben Ellen Key, sie alle entwickelten dabei eine tiefe Verachtung für die Staatsschule.

»Der Schule der Jetztzeit ist etwas gelungen, was nach den Naturgesetzen unmöglich sein sollte: die Vernichtung eines einmal vorhandenen Stoffes«, schrieb Key in ihrem Buch »Das Jahrhundert des Kindes«. Die Schriftstellerin und Lehrerin meint damit den »Kenntnisdrang, die Selbsttätigkeit und Beobachtungsgabe«, die die Kinder in die Schule mitgebracht haben, die aber »nach der Schulzeit verschwunden sind«. Das dazugehörige Kapitel hat den martialischen Titel »Die Seelenmorde in den Schulen« und ist repräsentativ für den Gestus der reformpädagogischen Erneuerer. Sie wollen endlich »die Bildung des Individuums« in den Mittelpunkt der Schulen stellen. Das heißt: Es muss ein anderes Verhältnis zum Kind hergestellt werden. Damit ist das Kernstück geboren, das zu allen Reformpädagogiken gehört: Die Nähe zum Kind.

Das bedeutet aber nicht, dass alle Spielarten der Reformpädagogik gleich sind. Die teils wie Kultfiguren verherrlichten Begründer alternativer Ansätze wie Montessori, Freinet, Peter Petersen, Kurt Hahn oder auch der Odenwaldgründer Paul Geheeb setzen jeweils andere pädagogische Akzente. Maria Montessori entwickelte ein spezielles Lernmaterial, Kurt Hahn verficht das soziale Engagement und das Abenteuer, Peter Petersen erfand ein ausgefeiltes Modell jahrgangsübergreifenden Lernens und Paul Geheeb stellte die starke Eigentätigkeit der Schüler in den Mittelpunkt. Gemeinsam ist diesen Instrumenten, dass sie zu einer anderen Stellung der Schüler beim Lernen führten. So entstand ein Lernbegriff, der auch heute die modernen Reformschulen prägt: das selbstständige und möglichst individuelle Lernen. Das ist die gemeinsame Gegenbewegung zur Pauk- und Prügelanstalt des 19. Jahrhunderts.

Paul Geheeb, geboren 1870 in der Rhön, studierte Theologie in Berlin und Jena und gehörte zum Kreis der Schulreformer um Hermann Lietz. Lietz war der Erste, der noch vor der Jahrhundertwende begann, eine Alternative zur hierarchischen Stoffschule zu entwickeln. Er gründete 1898 das Landerziehungsheim Ilsenburg, das erste seiner Art. Es sollte ausdrücklich ein Ort des Lernens und des Lebens sein. Auch der examinierte Oberlehrer Geheeb mochte nicht darauf warten, dass der Staat seine verächtlich »Pressen« genannten Lehranstalten reformierte. Geheeb wurde bereits als Student Mitarbeiter von Hermann Lietz am Landerziehungsheim in Haubinda, der zweiten Lietz-Gründung. Aber Geheeb zerstritt sich bald mit Lietz und gründete danach zusammen mit Gustav

Wyneken die Freie Schulgemeinde Wickersdorf, die ebenfalls einen radikalen Neubeginn von Schule darstellen sollte. Aber Geheeb überwarf sich auch mit Wyneken, die Schulgründer von damals waren streitbare Rechthaber. Paul Geheeb eilte weiter zu seiner nächsten Neugründung: der Odenwaldschule.

Die drei prägenden Landerzieher-Pädagogen hatten teilweise sehr unterschiedliche Vorstellungen. Aber es verband sie auch vieles. Geheeb, Lietz und Wyneken interessierten sich nicht nur für Schulreformen, sondern ihnen ging es um etwas Größeres: eine neue Erziehung für neue Menschen. Geheeb selbst sprach von der Totalität des Menschen. Sie wollten Kindern einen Schutzraum gegen die neue Zeit bieten, die sie als unnatürlich und zerstörerisch begriffen. Geheeb hatte wie Lietz zeitweise in Berlin gelebt, die Stadt erschien ihm wie ein Moloch voller Verführungen, denen man die Jugend nicht aussetzen dürfe. Daher bauten sie ihre Landerziehungsheime in die Abgeschiedenheit von Wald und Natur.

Geheeb und Wyneken ließen sich von der Jugendbewegung inspirieren, in der das Motiv der Erneuerung gepredigt wurde. Geheebs streitbarer Wickersdorfer Mitarbeiter Gustav Wyneken versuchte die Jugendbewegung sogar für seine schulischen Ziele nutzbar zu machen. Wyneken gilt als der eigentliche reformpädagogische Theoretiker der Landerziehungsheime. Er gründete den Bund für freie Schulgemeinden. Er verknüpfte dabei die Ziele der Jugendbewegung mit denen der pädagogischen Neuorientierung. Er war es, der die berühmte Zauberformel der Jugendbewegung auf dem Hohen Meißner im Jahr 1913 wesentlich formulierte: »Die Freideutsche Jugend will aus eigener Bestimmung, vor eigener Verantwortung, mit innerer Wahrhaftigkeit ihr Leben gestalten.«

Die Pläne des damals 38-jährigen Jugendführers gingen freilich viel weiter: Die Freien Schulgemeinden sollten so etwas wie die institutionellen Motoren der Jugendbewegung werden. Allerdings hatte Wyneken ein bisweilen eigentümliches Verständnis von neuer Erziehung. Bloßes Vertrauen in die kindliche Entwicklung war nicht seine Haltung. Erziehung kann auch »Kampf«, ja »Vergewaltigung« bedeuten, schrieb er 1910.

Paul Geheeb ließ sich eher von den spirituellen Momenten der Jugendbewegung und dem friedlichen Körperkult inspirieren. Er gefiel sich in der Pose des Lichtgebets, sprich: Er stellte sich nackt auf einen Felsen und blickte gen Himmel. Eines der ersten Ziele seiner Schule war es, den Körper der Jugendlichen zu pflegen und auszubilden. Die ersten Schüler, die er aufnahm, ließ er auf einer Waldlichtung hinter einem Bretterzaun täglich ein Licht- oder Luftbad nehmen – das bedeutete, sie turnten nackt.

Die Gründungsgeschichte der Odenwaldschule zeigt zweierlei. Erstens, wie weit die Schule gedanklich und konzeptionell dem damaligen Schulwesen voraus war. An der Odenwaldschule wurden seit dem Jahr 1910 pädagogische Fragen aufgeworfen, die erst in den 1970er Jahren wieder Thema wurden. Zweitens steckt in der Odenwaldschule ein Überschuss an Ideologie, der das Bild stets mitprägt. Die Schule ist dadurch nie nur eine soziale Realität, die sich in Schülerdemokratie, dem gemeinsamen Lernen von Mädchen und Jungen oder dem Zusammenfassen von Fächern (»ungefächerter Unterricht«) ausdrückt. Das Bild der Odenwaldschule wird immer auch durch die Ideen bestimmt, die ihre Leiter in Reden und Publikationen verbreiten. Das macht die Schule schillernd. Man weiß nie genau: Sind die Reden nun die Schule? Oder die Praxis?

Die Schule wies zugleich ein libertäres Gepräge auf, das von Anfang an auch eine frei gelebte Sexualität einbezog. In der Schule waren erste bekennende Homosexuelle beschäftigt. Es kursierten Schriften über den pädagogischen Eros. Geheeb selbst exerzierte das gesellschaftliche Experiment der sexuellen Befreiung 50 Jahre, bevor es in Deutschland begann. Seine Frau Edith Cassirer musste mit ansehen, wie ihr Mann Paulus immer wieder Affären hatte. Es waren sexuelle und zugleich tiefsinnige Beziehungen. In ihnen verwirklichte sich der Guru – sie überforderten ihn aber zugleich, wie sein Biograf Martin Näf schreibt.

Geheebs Begehren kannte keine Grenze. Klaus Mann etwa beschrieb ihn als einen älteren lüsternen Herrn, der sich schamlos an Schülerinnen heranmachte. »Die nahen Beziehungen Geheebs«, sagt auch Biograf Martin Näf, »hatten oft etwas, was wir heute als übergriffig bezeichnen würden.«

Die Odenwaldschule wurde bis in die jüngste Zeit von Pädagogen gern als »das Flaggschiff der Reformpädagogik« bezeichnet. Das galt bis zum Beginn der 1970er Jahre, entpuppte sich aber zunehmend als eine Selbstzuschreibung. In dieser Zeit wurden im ganzen Land Öffnung und Umbau des Schulwesens beschworen. Die Odenwaldschule war zwar bereit, sich auf die neuen und zugleich alten Herausforderungen einzulassen. Die Themen waren die scharfe Auslese des Schulsystems und die Abkehr vom Frontalunterricht. Dann aber kam die Modernisierung der Odenwaldschule ins Stocken. In der Schule war zu Beginn der Bildungsreformära der 1970er Jahre ein schwerer Konflikt angelegt. Die beiden Antipoden hießen Wolfgang Edelstein und Gerold Becker.

Wolfgang Edelstein war wichtigster Repräsentant und Teil der Ära des Schulleiters Walter Schäfer. Er ist ein aus der Emigration zurückgekehrter Jude, der sich mit aller Kraft auf das vorherrschende Thema Schul- und Unterrichtsentwicklung stürzte. Er war der pädagogische Star der Schule. Edelstein schrieb in dieser Zeit zusammen mit dem damals schon renommierten Bildungsreformer Hellmut Becker und dem Sozialphilosophen Jürgen Habermas an der Grundkonzeption eines neuen Max-Planck-Instituts. Er war auf dem Sprung nach Berlin.

Wolfgang Edelstein war guter Unterricht stets wichtiger als die außerschulischen Fragen des Lebenszusammenhangs Odenwaldschule. »Die soziale und individuelle Genese familialer Entlastungs- und Kompensationsbedürfnisse bei der Kindererziehung braucht uns hier nicht zu beschäftigen«, sagte er über Beziehungsfragen. Edelstein war ein Schulreformer. 1963 verließ er die Schule, um in Berlin das Planck-Institut mit zu gründen.

Ganz anders Gerold Becker. Er setzte den Wert von Schule und Unterricht eher gering an. Er wird später in einem Radio-Essay Schule nicht als die Lösung, sondern als Teil des Problems von Jugendlichen bezeichnen. Die Kinder verbrächten immer mehr Zeit in der Schule. Becker legte seine Hoffnungen eher in die außerschulischen Erfahrungen, die ein Kind machen sollte. Becker setzte auf Beziehungen.

Wir stehen vor dem Phänomen, dass die OSO im Jahr 1970 bereit ist für die Vor- und Mitarbeit an den Schulreformen der Zeit. Sie bekommt aber paradoxerweise einen Leiter, der ganz andere Vorstellungen von Schulreform hat – nämlich keine. Dieser Leiter nimmt die Schule praktisch aus dem Reformprozess heraus.

Am 24. Januar 1975 ging an der Odenwaldschule die Einladung zu einer Fortbildung ein. Thema war »Soziales Lernen und Differenzierung«. Das war die wichtigste Frage, über die man sich seit der Gründung von Gesamtschulen den Kopf zerbrach. Wie fördere ich den einzelnen Schüler, wenn die äußere Trennung nach Schulformen wegfällt? Wie geht binnendifferenziertes Lernen? Hessische Lehrer und Schulleiter wollten sich im Februar 1975 über die Möglichkeit des gemeinsamen Unterrichtens austauschen und diesen Ansatz des gemeinsamen Lernens weiterentwickeln. Die Teilnehmer warteten gespannt auf ihr Vorbild und ihren Vorreiter: die Odenwaldschule. Die praktizierte schon seit 50 Jahren gemeinsames Lernen, von denen sollte man etwas lernen können. Doch die Delegation der Odenwaldschule erschien nicht. Der damalige FC Bayern des neuen Lernens trat beim Trainingslager für neues Lernen gar nicht erst an.

Erst am 8. März, zwei Wochen später, ging ein Brief der Odenwaldschule im Ministerium ein. »Einer Ankündigung des KM habe ich entnommen, daß es bei Ihnen vom 24. bis 28.2. einen Lehrgang über ›Soziales Lernen und Differenzierung‹ gegeben hat. Ich habe leider nicht kommen können, so gern ich es getan hätte. Sollten Sie darüber Protokolle erstellen, fänden Sie in mir einen dankbaren Abnehmer. Mit freundlichen Grüßen – Ihr Gerold Becker«

Beckers Schreiben an die Schulbehörden bedeutete eine Absage der Odenwaldschule an die Schulentwicklung im Lande. Das ist auf den ersten Blick nicht ungewöhnlich, weil sich die Privatschule aus dem Hambachtal auch vorher nicht an der Staatsschule orientiert hatte. Aber diesmal ist es etwas anderes. Beckers Rückzug ist ein Bruch mit der eigenen reformerischen Tradition.

Um zu verstehen, wie überraschend und unverständlich diese Absage ist, muss man sich vor Augen halten, was damals in der Bundesrepublik geschah. Das bis dahin alternative Programm der Odenwaldschule sollte gewissermaßen zur bildungspolitischen Maxime für das ganze Land werden. »Wir waren auf der Höhe der politischen und sozialen Diskussion«, erinnert sich der spätere Studienleiter der Schule, Karl Büchsenschütz, an seine Schulzeit Anfang der 1960er an der Odenwaldschule. »Wir haben uns gewundert, als wir später an die Universitäten kamen, wie verschmockt die waren. Wir fuhren zur Schule für innere Führung der Bundeswehr in Koblenz. Die waren baff, dass es so was schon gab, was sie erst versuchen wollten: den Bürger in Uniform, der nicht nach Befehl und Gehorsam arbeitet, sondern sich als selbstbestimmter Zeitgenosse versteht. Der Dänische Rundfunk kam zu uns an die Schule. Die Redakteure konnten es nicht glauben: ›Wie, das ist Deutschland? Das ist ganz anders als das, was wir kennen.‹«

Die Odenwaldschule war Anfang der 1960er Jahre auf dem Zenit ihrer Leistungsfähigkeit. Sie war modern, sie war gemischt, sowohl was die Schülerschaft als auch die Lehrer anlangte. Zu den Schülern gehörten die Töchter und Söhne der Großindustrie genau wie die jüdischen Remigranten. »Die Lehrer waren inhaltlich und methodisch auf einem absolut hohen Stand. Es wurde immer gegenwartsbezogen mit solidem historischem Hintergrund unterrichtet. Ich habe dort die Erziehung zur Zeitgenossenschaft gelernt. Man war Zeitgenosse in einem positiven Sinne, das heißt man wusste um die Geschichte, konnte die Gegenwart verstehen und für die Zukunft etwas tun«, so Büchsenschütz. Es gab politische Diskussionsrunden in der Schule, »wenn man da nicht den aktuellen ›Spiegel‹ gelesen hatte, konnte man gar nicht mitdiskutieren. Und man konnte mit dem Außenminister Clemens von Brentano diskutieren – an der Schule!«

Nun, 25 Jahre später, stand das ganze Land vor einer bildungspolitischen Revolution.

Man reibt sich die Augen, wenn man die publizistische Bildungskritik des Jahres 1964 und die der Jahre nach der Pisa-Studie 2001 vergleicht. Es war alles schon mal da. »Die Bundesrepublik steht in der vergleichenden Statistik am untersten Ende der europäischen Länder«, warnte der Publizist Georg Picht damals und schrieb eine Artikelserie mit der Überschrift »Die deutsche Bildungskatastrophe«. Picht plädierte für eine umfassende Reform. Künftig sollten »die Bildungsgüter, die bisher nur einer kleinen, privilegierten Schicht zugutekamen, allen zugänglich werden«. Ralf Dahrendorf ließ 1965 seinen wichtigen Titel »Bürgerrecht auf Bildung« folgen. Er sprach damit erst mals unter Beifall aus, was 1848, 1918 und 1945 in Deutschland schon einmal auf der Tagesordnung stand, aber nie hatte verwirklicht werden können: dass das Recht auf Bildung für jeden zu einer demokratische Gesellschaft gehört.

Überraschenderweise stellten sich die Kultusminister der Bundesländer in den 1970er Jahren dem neuen Trend nicht in den Weg. Zunächst. Sie übernahmen eine Formel Dahrendorfs, indem sie versprachen, »aktive Bildungspolitik« zu betreiben. Sie waren sogar bereit, obwohl Inhaber der Kulturhoheit der Länder, mit der

Bundesregierung zusammenzuarbeiten. Der Bundeskanzler und der Vorsitzende der Ministerpräsidentenkonferenz, auch das ein Novum, gaben gemeinsam einen Bildungsbericht heraus. Geschrieben wurde er vom Bildungsrat, einem Gremium, zu dem die Odenwaldschule über ihren Mentor Hellmut Becker engen Kontakt pflegte. Es fand ein bildungspolitischer Frühling statt, der Gesellschaft und Politik gleichermaßen erfasste.

Und mittendrin in diesem Aufschwung die lange in Deutschland so verhasste Einheitsschule, jetzt unter dem neuen Namen Gesamtschule. Der frisch eingesetzte Bildungsrat empfahl, mit der neuen Form von Schule zu experimentieren. Einige Länder entschlossen sich, probehalber Gesamtschulen einzuführen. Nicht einmal mehr die Christdemokraten waren kategorisch gegen sie. Symbolisch stand dafür der rheinland-pfälzische Kultusminister Bernhard Vogel (CDU). Er schlug vor, die gemeinsam verbrachte Grundschulzeit von nur vier Jahren im ganzen Land zu verlängern. Vogel war zu dieser Zeit Präsident der Kultusminister. Allerdings baute sich auch bereits früh ein untergründiger Widerstand gegen die Schulreformen und besonders gegen die Gesamtschule auf. Arbeitgeber, Teile der CDU und die Standesvertreter des Gymnasiums begannen, an der neuen Schulform zu sägen, ehe sie Wirklichkeit werden konnte.

Was sich im Nachhinein anhört wie die spannende Diskussion um die Gesamtschule, war in Wahrheit eine Volte der Geschichte. Die Gegner der Gesamtschule hatten es gar nicht nötig, in die allgemeine Euphorie hinein Stopp zu rufen. Sie brauchten nur abzuwarten. Beschließen konnten eine neue Schulform nur die Bundesländer. Die Gesamtschule bekam ihren Segen, wenn überhaupt, in der Kultusministerkonferenz. Dort schob man sie zunächst auf die lange Bank. Erst 1982, der bildungspolitische Frühling war längst vorbei, stimmte die Konferenz der deutschen Schulminister über die Gesamtschule ab. Ein Mutant kam zur Verhandlung. Die Gesamtschule war bis zur Unkenntlichkeit verändert worden. Selbst integrierte Gesamtschulen mussten laut Richtlinie der Kultusminister die Schüler ab der siebten Klasse in den Hauptfächern wieder in verschiedenen Klassenzimmern unterrichten.

Man muss diese seltsame Geschichte des deutschen Schulwesens vor Augen haben, um die trotzige Rechthaberei der Odenwaldschule zu verstehen. Wenn Gerold Becker damals innerhalb der Schule verkündete, draußen blühe die Reaktion schon wieder, dann wusste er die Reihen der Lehrer fest hinter sich geschlossen. Die Odenwaldschule und ihre Lehrer empfanden sich tatsächlich wie das gute gallische Dorf, das der bösen römischen Streitmacht die Stirn bot. Mehrfach wurde mit dem Asterix-Bild gespielt: Wir sind die Guten, die bessere Welt – da draußen aber herrscht das Böse.

Draußen, das ist pädagogisch gesehen die selektive Schule der Verlierer. Man hatte 1848 vergeblich versucht, sie zu demokratisieren. Nach dem Ersten Weltkrieg ließ selbst die erste Republik auf deutschem Boden nur einen zaghaften Schritt zu einer gemeinsamen Grundschule bis zur vierten Klasse zu. Nach 1945 schafften es nicht einmal die Westalliierten, in Deutschland die Gesamtschule einzuführen. Selbst der demokratische und gesellschaftliche Impuls der 68er verpuffte – nur nicht an der Odenwaldschule.

Becker beteiligte sich mit der Odenwaldschule engagiert an der gesellschaftlichen Öffnung. Er gab den Schülern wieder mehr Rechte und ließ ihnen viele Freiheiten. Aber nun galt eine andere Zeit. An der Schule wurde fortan gekifft und getrunken und eine vermeintlich freie Sexualität gelebt. Das war der Hintergrund, vor dem die libertären Lehrer nicht merkten, dass sie einer neuen Ideologie aufsaßen. Während sie von Freiheit träumten, entstand in der Wagenburg Odenwaldschule eine Art totaler Institution. An ihrer Spitze stand ein charismatischer Führer, bei dem sich herausstellen sollte, dass er freie Liebe predigte, aber Sex auch erzwang.

Die OSO, die ich liebte

Für manchen Schüler oder Mitarbeiter erklärten sich die Innovationen der OSO nicht von selbst.

Etwa für Christoph Röhl. Halb Brite, halb Deutscher, kam er 1988 als Sprachassistent an die Schule. Als man ihn damals bat, für die hausinternen OSO-Nachrichten aufzuschreiben, was die Schule für ihn bedeute, musste er zunächst lange nachdenken. Er berichtete in dem Text, was der Aufenthalt ihm gebracht habe. Und Röhl schrieb, dass er die Schule verrückt, aber irgendwie auch toll finde: »Vor allem kann ich mir keinen besseren Ort vorstellen, der einem so viele Anregungen gibt und wo man ernsthaft das verwirklichen kann, wovon man immer geträumt hat.«

Allerdings war das der zweite Text, den der junge Mann abgegeben hatte. Im ersten hatte etwas ganz anderes gestanden. Röhl hatte darin seiner ganzen Ratlosigkeit über die Schule Luft gemacht. Er schrieb, dass ständig von Gemeinschaft geredet werde, aber alle einsam waren und sich nichts zu sagen hatten. Dass sie still auf ihren Zimmern vor sich hin kifften oder soffen. Dass die Schule sich immer als so toll darstellte, es aber gar nicht war. Diesen Text reichte man ihm still wieder aufs Zimmer. Ein Lehrer bat Röhl, den Text umzuschreiben.

In einem Radiobeitrag sagen zwei Schüler 1985 über ihre Schule, dass sie gut sei für Kinder, die wüssten, was sie wollten. Weil sie so viele Möglichkeiten böte.

Der Künstler Gerhard Roese ist einer der treibenden Kräfte, den Missbrauchsskandal an der Schule öffentlich zu machen. Roese war selbst Opfer der sexuellen Gewalt – und behauptet dennoch, ohne mit der Wimper zu zucken: »Die Odenwaldschule hat mich gerettet.« Es sei schrecklich gewesen, dem Musiklehrer einen runterholen zu müssen. Noch im Nachhinein sei er entsetzt, dass seine Beschwerden beim Rektor die sexuelle Gewalt nicht beenden konnten. »Aber es war immer noch besser, als meinen Vater zu ertragen«. Roese ist dann, wie er sagt, »einfach aus der Odenwaldschule ausgetreten.« Das heißt nicht etwa, dass er sie verlassen habe. Nein, Roese verlässt nur die böse OSO und flüchtet sich in das Gute an der Odenwaldschule: die Freiheit.

»Die OSO, die ich liebte, das waren die Gebäude, die Landschaft und die Freiheit, dort basteln und schaffen zu können, was ich wollte, ohne dass sich irgendjemand darum gekümmert hätte oder es mir gar verbot und sabotierte wie mein Vater.«

Besser als Roese kann man die brutale Widersprüchlichkeit der Odenwaldschule in den 1970er Jahren kaum beschreiben. Weil die Schule für ihn, der gern Marschmusik hört und mit kurzgeschorenem Schädel herumläuft, die Hölle war, versuchte er sich zunächst anzupassen. »Ich ließ mir die Haare wachsen, ich wusch mich nicht mehr und wollte stinken wie die anderen.« Als ihm das keine Anerkennung brachte, verwirklichte er sich kurzerhand selbst. Wie in einem existenzialistischen Akt streifte er die Hölle ab. »Unterstützt hat mich die ›pädagogische OSO‹ übrigens nicht. Nur die technischen Mitarbeiter halfen mir. Die ›pädagogische OSO‹ habe ich als zutiefst amusisch erlebt.«

Ein schlimmeres Misstrauensvotum ist für eine Schule kaum denkbar: Es ist der Himmel für mich – wenn ihr Lehrer nicht da seid.

Wer Gerhard Roese heute besucht, wird mit einem Derringer empfangen, einer kleinen, ansehnlichen Pistole. Es ist das Erste, was der Künstler und ehemalige Odenwald-Schüler vorzeigt. In wochenlanger Arbeit bastelte sich der junge Roese an der Schule diese Waffe. Nicht etwa um damit zu schießen, obwohl das sicher möglich gewesen wäre. Nein, der Schüler versenkte sich in das Ausschneiden des Buchenholzes für den Griff, um der sozialen Wirklichkeit der Schule zu entkommen. Er verlötete die Metallteile miteinander und vernickelte das Ganze anschließend galvanisch, weil er selbst etwas tun wollte. Im Modellbau-Laden in Heppenheim kaufte Roese tütenweise Laubsägeblätter für Metall und das Blech St 37. Er sägte an seinem Schreibtisch, auf dem er einen kleinen Schraubstock angebracht hatte. Er feilte und montierte die kleine Waffe. Den Fuß des Laufs verschloss er, indem er eine abgesägte alte Türangel hineintrieb und erneut verlötete.

Roese gehörte zu den Jungen, die an der Schule am schlimmsten gequält wurden. Von den Schülern wie von den Lehrern. Roese erlebte aber auch zu Hause furchtbare Szenen. Er empfindet seine Jugendzeit im Rückblick so, als habe der Vater versucht, seinen Willen zu brechen. Als er einmal am Mittagstisch eine freche Antwort gab, tunkte ihn der Vater mit dem Gesicht in die Suppe. Irgendwann wurden die Spannungen zwischen dem herrischen Vater und dem unbeugsamen Sohn so stark, dass ein Therapeut empfohlen habe: Einer von beiden müsse das Haus verlassen.

Gerhard Roese kam also auf die Odenwaldschule, und seine Geschichte hört sich wie eine nicht enden wollende Tortur an. Einmal lief er sogar in den Ferien von zu Hause weg und fuhr mit dem Fahrrad den 30 Kilometer weiten Weg von Worms an die Odenwaldschule. Dort empfängt ihn der Schulleiter Gerold Becker und will mit ihm duschen. Der verunsicherte Gerhard macht mit. Und er lässt sich auch, weil Becker darauf besteht, danach von ihm abtrocknen. Roese erinnert sich heute daran, »dass ich noch nie in meinem Leben so trocken war wie damals«.

Einmal zwangen ihn Mitschüler, einen seiner Peiniger oral zu befriedigen. Roese hatte das längst verdrängt, bis ihm einer seiner schuldbewussten Kameraden die Geschichte bei einem Altschülertreffen erzählte.

Der Derringer verhalf Roese zur Flucht – zu sich selbst, zu seinen handwerklichen und künstlerischen Fähigkeiten. Nach einigen Monaten an der Schule brachte der Junge die schöne und selbstgebastelte Waffe stolz mit nach Hause. Er hatte etwas geleistet, er zeigte es glücklich seinem Vater – aber der steckte das schöne Stück wortlos weg. Der Sohn wird es später mit einem Brief zurückfordern. Der Brief des Sohnes an den Vater, abgeschickt im März 2009, beginnt mit den Worten, »Sehr geehrter Herr Roese, vor ca. 30 Jahren hatten Sie mir einen Derringer aus vernickeltem Stahl und Buchenholz abgenommen, weil er – wie Sie damals meinten – ›zu gefährlich in meinen Händen‹ sei. (…)«

Trotz allem hat Gerhard Roese alles, was ihn ausmacht, an der Odenwaldschule gelernt – durch eigene Kreativität und durch ruhelosen, unaufhörlichen Widerstand. Roese lief an der OSO mit einem schwarzen Ledermantel herum, der von oben bis unten voller bunter Sticker war. Roese hasste Sticker. Aber dem Jungen gelang es so, Schüler und Lehrer gleichermaßen zu provozieren. Die Schüler, weil er in die superliberale Schule der linken Atomkraftgegner und Waldretter mit seinem schwarzen Mantel eine Anmutung von SS trug. Und er piesackte die Lehrer, weil manche der Studienräte unter ihnen wie Berufsjugendliche mit kindischen Anti-Atomkraft-Stickern herumliefen. Auf Roeses größtem Sticker stand, sichtbar für alle, geschrieben: »Anti-Linke-Lehrer.«

Für den Schüler Jochen Weidenbusch war die Schule am Anfang eine Qual. Weidenbusch hat zwei Jahre lang an der Schule furchtbar gelitten. Er geriet in zwei Familien, in denen ihn die Mitschüler quälten und die Lehrer immer wieder versuchten, ihn zu missbrauchen. Weidenbusch ist heute selbst Lehrer und er hat aus den Erfahrungen viel für seine Art des Schulemachens gelernt. Weidenbusch dürfte einer jener Lehrer sein, die so etwas wie einen Kodex gegen Missbrauch und für pädagogische Freiheit entwickelt haben. Weidenbusch ist Bildhauer und Lehrer.

Eines der furchtbarsten Erlebnisse Weidenbuschs war, dass ihn seine Mitschüler erst verprügelten und dann in einen Sack steckten. Sie fuhren ihn mit einer Schubkarre in den Wald. Weidenbusch stand Todesängste aus. »Ich ahnte, dass jetzt alles möglich ist. Denen war alles zuzutrauen.« Als die Jungen im Wald unterwegs sind, kommt plötzlich ein Auto. Sie stürzen die Schubkarre mit Weidenbusch darin um, der Sack rollt auf den Waldweg. Der Wagen fährt auf den Jungen im Kartoffelsack zu. Weil sich Weidenbusch bewegt, bremst der Fahrer. »Ich habe nur noch quietschende Reifen gehört«, erinnert sich der Mann heute. Diese Geschichte berührt ihn immer noch. Er weiß, es ging auch um Leben und Tod damals.

Aber dennoch ist Jochen Weidenbusch einer der wenigen, die über beides klar und überzeugend sprechen können: die Hölle im Odenwald – und das Paradies. Der Mittvierziger ist weder gefangen in der Wut seiner schrecklichen Erinnerungen noch ergeht er sich in jener kitschigen Glückseligkeit, die so furchtbar auf die Nerven gehen kann, wenn Odenwäldler über ihre Schule sprechen. Über seine Entwicklung an der OSO spricht der verheiratete Mann ganz offen. All das, was er an Bösem erlebt hat, habe er vergessen und verdrängt ab dem Moment, da er in andere Internatsfamilien eintrat. Es klingt vollkommen glaubwürdig, wenn Weidenbusch das sagt.

An dem Schüler Jochen Weidenbusch vollzog sich ein erstaunlicher Wandel: Er wurde vom Verlierer zu einem selbstbewussten Menschen. Obwohl er zunächst ein Opfer zweier übergriffiger Internatsfamilien war, findet er zu sich. Er berichtet, wie er in der stabilisierenden Umgebung der neuen Internatsfamilien auftaute. Weidenbusch begann an der Odenwaldschule Theater zu spielen. Er übte sich in Pantomime. Lange Zeit danach noch wollte er Schauspieler werden. Der junge Mann erforschte die Werkstätten der Schule, in denen er neue Talente an sich entdeckte. Er arbeitete gerne plastisch, was heute ein wichtiger Teil seiner Arbeit als Kunstlehrer ist. Weidenbusch betreute den sogenannten Urmel-Ausschuss der ersten bis vierten Klasse. Und er machte so etwas wie ein soziales Praktikum, indem er einen Patienten der Heppenheimer Psychiatrie begleitete. »Das alles zugleich war oft ein ganz schöner Stress, aber was tun, wenn das Glück nicht selbstverständlich ist«, sagt er heute. »All das hat mit dem Menschen und der Kunst zu tun – gestalterisch zu sein und sich in Menschen hineinempfinden zu können.«

Jochen Weidenbusch spricht an seiner jetzigen Schule offen darüber, wie sexuelle Gewalt entsteht. Was den Kunstlehrer umtreibt, ist die zentrale Frage des Pädagogen – die von Nähe und Distanz. Zu den Lehren aus der Odenwaldschule zählt für ihn dabei, diese Professionalität des Pädagogen wieder wertzuschätzen. »Das ist die Fähigkeit zu erkennen, wie gefährdet und verletzbar das Kind ist«, sagt er. »Eine gute Pädagogik setzt sich aus dem Wechselspiel von Loslassen und Festhalten zusammen.« Als das wichtigste Lernziel für ein Kind nennt er, dass es versteht, wann die Grenze zu seinem Körper überschritten ist – und zu seiner Seele. »Kinder müssen lernen, in diesem Moment ›Nein‹ zu sagen. Und solange wir nicht sehr genau hinschauen, was zwischen Lehrer und Schüler passiert, können wir weder ein gutes Lernen befördern noch den Missbrauch von Nähe verhindern.«

2.2 GEROLD BECKER:
CHARISMATIKER, CHARMEUR, CHAOT

Der Junge war unsicher. Er durfte mit den Eltern nach Frankreich zu Freunden fahren. Das war schön. Nur kamen sie ihn erst einen Tag später abholen als geplant. Die Ferien verschoben sich damit um einen Tag. Mehr noch: Sollte er allein in der Schule bleiben, die sich an diesem letzten Schultag vor den Ferien schnell leeren würde? Tomas (Name geändert) dachte nach. Und entschloss sich dann, seinen Schulleiter zu fragen, ob er einfach einen Tag länger an der Odenwaldschule bleiben könne. Am Samstag kämen die Eltern.

Tomas erinnert sich heute, dass Gerold Becker wie immer reagierte, wenn ihn ein Schüler etwas fragte: freundlich, zuvorkommend, mit einem Lächeln im Gesicht. »Natürlich kannst du eine Nacht länger in der Schule bleiben, kein Problem«, sagte Becker. Er machte eine Pause. »Aber weißt du schon, wo du essen wirst, der Speisesaal ist ja schon zu am Sonnabend? Willst du nicht zu mir kommen, dann können wir zusammen zu Abend essen?«

Tomas überlegte einen Moment.

Abendessen mit dem Schulleiter? Will man das wirklich? Egal, der 14-Jährige war kein ängstliches Kind, eher ein Draufgänger, wenn auch schmal gebaut. Ein Bürschchen.

Tomas hat nicht alles in Erinnerung behalten von dem, was an diesem Abend in der Wohnung des Schulleiters geschah. Er wird das Zusammentreffen dennoch niemals in seinem Leben vergessen. Zum Beispiel weil die mit Leder beschlagene und gepolsterte Tür plötzlich verschlossen war. Gefangen bei Gerold, jenem charmanten Mann, der an diesem Abend Nudeln für ihn gekocht hatte. »Es gab immer Nudeln bei Gerold.«

Gerold Becker, geboren 1936 in Stettin, war ein zutiefst widersprüchlicher Mann. In der Rede war er glanzvoll. Er konnte soziale Situationen schnell durchschauen. Ein geschmeidiger Versteher, ein Freund der mäandernden Gesprächsführung. In seinem Handeln beschreiben ihn seine Opfer ganz anders: zielorientiert, massiv, hart. Beim Sprechen und Erziehen bot Becker stets einen Ausweg an. Bei der Verfolgung seines Triebs nicht.

Das ist eine gefährliche Eigenart für den Leiter einer Heimschule. Man muss sie, um Gerold Ummo Becker zu beschreiben, zunächst ausblenden. Nicht um zu bagatellisieren, wie es viele seiner Fans und Freunde tun. »Der Gerold war zu 90 Prozent Charisma und vielleicht zu 10 Prozent Missbrauch«, so einer der engsten Wegbegleiter. »Aber man darf diesen Mann doch nicht dämonisieren.«

Becker begann nicht als Dämon, sondern als Theologiestudent. Genauer interessierte sich Becker zunächst für Architektur. Er studierte nach dem Abitur, das er 1955 in Verden an der Aller ablegte, an der Universität München. Er wechselt dann bald zur Theologie, er studiert in Mainz, Berlin und Göttingen, jedenfalls nach der Papierform. Im Wesentlichen dürfte sich Becker aber in Göttingen aufgehalten haben. Seine erste theologische Prüfung legte er 1962 in Hannover ab. Die Note war befriedigend. Keine Note, die man bei einem so brillanten Rhetoriker und geschliffenen Schreiber erwarten würde. Dann verwischen sich die Spuren Beckers.

Interessant ist zunächst die Studienzeit, in der Becker noch einmal Jugend spielt. Damals macht der junge Gerold Becker in der Jungenschaft pädophile Erfahrungen.

Becker stieß mit etwa 20 Jahren zur evangelischen Jugend in Göttingen. Dort hatte sich Mitte der 1950er Jahre eine Gruppe gebildet, bei der sich mehrere der älteren Jungen nur noch lose an die Kirche gebunden fühlten. Zwischen den Türmen der Göttinger Johannis-Kirche richteten sie sich einen Raum ein, in dem sie den Ideen der Jugendbewegung nachgingen: Sie betrieben einen gesonderten Kreis von Leitern jüngerer Gruppen, eine sogenannte »autonome Jungenschaft«. Das ist eine elitär-demokratische Abspaltung von der bündischen Jugend, die eine Erneuerung der Gesellschaft durch Gemeinschaftssinn und Selbstdisziplin anstrebt. Auch die Göttinger Jungenschaftler wollten unabhängig sein, sie trugen eine eigene Russentracht und hielten einen elitären Gestus hoch.

Gerold Becker kam in diesen Leiterkreis, obwohl er keine eigene Gruppe hatte. Dazu war er auch schon zu alt. Seine Kameraden von damals berichten heute, dass er eigentlich nicht dazugehörte, aber dennoch schnell an Einfluss gewann. »Gerold beeindruckte uns durch seine Belesenheit, durch ihn kamen wir zu Büchern von Camus, Dostojewski und Borchert«, berichtet der Gruppenleiter L. von damals. Dieser Zirkel wurde intern bald als Becker-Kreis bezeichnet. Zu einer der Ideen des Theologiestudenten Becker gehörte, den Jugendraum in der Göttinger Johannis-Kirche so einzurichten, dass man dort auch übernachten konnte.

Die Göttinger Jungenschaft baute sich ein Lager. Die Jungen besorgten sich Bretter und errichteten daraus eine überdimensionale Kiste von vier mal vier Metern. »Dort legten wir Matratzen hinein und spannten ein Persenning-Segeltuch darüber. Auf diesem großen Bett konnten sechs bis acht Jungs schlafen«, erzählt Beckers Zeitgenosse L. »Es war ein Riesenbett – Gerolds Idee!«

Aus der Perspektive von Außenstehenden bildete sich eine besondere Gruppe, die nur noch wenig mit der Jugendarbeit der Kirchengemeinden zu tun hatte. »Gerold Becker holte in Göttingen nur die besonderen Jungs aus den Gruppen der Kirchengemeinden zu sich«, erinnert sich eine Frau, die es aus nächster Nähe mitbekam. Als Mädchen schwärmte sie für den eloquenten Studenten. Aber er hatte kein Auge für sie und berührte sie auch nie. Becker war unnahbar – für sie. Seine Neigung war schon damals eine andere. Das merkten Beckers Leiterkollegen aber nicht sofort. Erst als er mit seinem Motorrad immer wieder denselben Jungen von Gruppentreffen nach Hause brachte, wurden sie stutzig. »Sag mal, merkst du das gar nicht, was da passiert?«, sagte W. zu seinem Kameraden L., »der Gerold macht sich an die kleinen Jungs ran.«

Die Jungenschaftler schenkten dem zunächst keine große Aufmerksamkeit. Sie spöttelten ein bisschen über »Gerold Unhold Becker« – eine Anspielung auf seinen vollen Namen Gerold Ummo Becker. Das war's. Zum Eklat kam es, als der Vater eines Jungen Becker wegen Unzucht mit Minderjährigen anzeigen wollte. Ein anderer Junge gab ihm den Wink, dass Becker mit seinem Sohn intim verkehre. Die Jungenschaftler wollten das allerdings selbst regeln. »Etwa vier oder fünf von uns trafen sich mit Gerold Becker, um das Problem anzusprechen«, berichtet W. über das kleine Tribunal von damals. »Nach einem intensiven Gespräch versicherte er uns hoch und heilig, dass es nicht wieder passieren würde. Dieses Versprechen hat er gebrochen, weil er wohl nicht anders konnte.«

Was damals zwischen Becker und dem Jungen genau passierte, wollen die Älteren aus dem Leiterkreis nicht mitbekommen haben. Einer der direkt Betroffenen aber erzählt heute von der Anziehungskraft, die Becker damals auf ihn ausübte. »Er hat sich um mich bemüht. Er hat mir sehr gut beobachtete Geschenke gemacht, am Ende, als ich 15 war, schenkte er mir sogar sein Motorrad, die NSU Fox 125 ccm«, erinnert sich M.

Freilich war die Beziehung nicht platonisch. Bei einer Wanderung verführte der 20-jährige Becker den zwölfjährigen Jungen, der im Zelt immer dicht bei ihm lag. Das Verhältnis zwischen den beiden ging über drei Jahre. »Es kam zwischen uns nach und nach zu regelmäßigen sexuellen Handlungen«, berichtet der Mann, der heute Mitte 60 ist. Das Verhältnis hat er als ambivalent empfunden. »Ich war ein Mitglied der Jungenschaft und auch irgendwo ein Lustknabe. Ich habe mich dafür geschämt, denn ich wusste ja, dass das falsch war. Ich habe mich schuldig gefühlt.« Der Vater beendete die Beziehung, indem er Becker jeglichen Kontakt zu seinem Sohn verbot. Der Verführte musste die Jungenschaft verlassen, Becker blieb – und es ist zu befürchten, dass er weitermachte. Den Älteren aus dem Leiterkreis fallen Namen von Betroffenen ein.

Die Mitglieder der Jungenschaft sind noch über 50 Jahre später halb fasziniert, halb abgestoßen von der Persönlichkeit Beckers. »Er hat uns beeinflusst. Es war ein Phänomen. Man fragte sich, was der Gerold da zu suchen hatte. Aber er war einfach dabei«, sagt L. Und W., der sich schließlich wegen Becker von der autonomen Gruppe abwandte, erinnert sich so: »Sein charismatisches Wesen und sein besonderes pädagogisches Interesse verhalfen ihm zu einer Position, in der er Gruppen seinen Willen aufzwingen konnte, ohne dass sie es so empfanden.«

Die Studienzeit in Göttingen war für Becker in vielerlei Hinsicht prägend. Er wandte sich in dieser Zeit stärker den Ideen der Jugendbewegung zu. Bereits in seinem Heimatort Verden hatte er bei der dortigen, sehr aktiven Jungenschaft mitgemacht. Als Student testete er die homoerotische Praxis und betrieb bündische Netzwerkerei. Becker suchte Anfang der 1960er Jahre sogar den pädophilen Ideengeber der reformpädagogischen Bewegung, Gustav Wyneken, in Göttingen auf. Gerold Becker lebte die Ideen einer pädophilen und politischen Jugendkultur. Nur Männer gingen wahre Bünde in einer geistig-sexuellen Praxis ein – unter Ausschluss der Frau.

Immer wieder luden die Göttinger Jungenschaftler Gruppen aus anderen Städten in das Lager zwischen den mächtigen Türmen der Johannis-Kirche ein. Man begegnete sich bei überregionalen Treffen. Weibliche Beobachterinnen wunderten sich über den männlichen Elitismus, der dort gepflegt wurde und sie ausschloss. Er lernte Personen kennen, die er später als Lehrer in die Odenwaldschule empfahl oder selbst holte – und in sein dortiges System integrierte.

Es gibt praktisch keine biografischen Angaben über die Zeit nach dem Studium und vor dem Beginn seiner Tätigkeit als wissenschaftlicher Mitarbeiter in Göttingen. Vermerkt ist entweder nichts oder die schlanke Formel: »Nach Abschluss des Studiums im kirchlichen Dienst.« Das lässt stutzen. Der auskunftsfreudige Mann teilte in seiner Vita alles Mögliche mit. Dass er »zwischendurch längere Zeiten Untertage-Arbeit im Bergbau« geleistet habe. Er notierte, Fließbandarbeiter in der Elektroindustrie gewesen zu sein. Aber er verschwieg den Ort seiner Vikarszeit in allen öffentlichen Biografien.

Nur in einer versteckten Akte findet sich der Hinweis: Ordiniert in Linz 1963. Becker war nicht lange in Österreich. Eineinhalb Jahre, von März 1962 bis September 1963, dann verlässt er

Linz wieder Richtung Deutschland. In Hannover allerdings kam er nicht wieder an: »Aus diesem Auslandsvikariat scheidet Becker aus, ohne noch einmal in den Dienst der hannoverschen Landeskirche zurückzukehren«, heißt es in seiner Personalakte in Deutschland.

Die österreichische Phase Gerold Beckers ist rätselhaft. In der Gemeinde Innere Stadt wurde er so wahrgenommen wie auch in Deutschland. Diejenigen, die sich an ihn erinnern können, sind begeistert von dem offenen und intelligenten Menschen. »Es war der beste Religionsunterricht, den ich erlebt habe«, berichtet ein ehemaliger Schüler des Hummelhofrealgymnasiums, an dem Becker unterrichtet. Er hatte dazu als Nicht-Österreicher erst eine Sondergenehmigung beantragen müssen. Becker war Lehrer in den Klassen eins bis drei, das bedeutet auf deutsche Verhältnisse übersetzt die Klassenstufen fünf, sechs und sieben, also Elf- bis Dreizehnjährige. Da es in Linz kaum Evangelische gibt, waren es stets sehr kleine Gruppen von fünf bis zehn Schülern.

Der junge Vikar Becker war in Linz auch in der Krankenhausseelsorge tätig. Spezialisiert aber hat er sich auf etwas anderes: Kinder. »Wir danken ihm für die Betreuung des Kindergottesdienstes und der Schulgottesdienste und lassen ihn nach seiner Abschiedspredigt nur ungern wieder von uns ziehen«, steht im Gemeindebrief der Inneren Stadt aus dem Jahr 1963. In Linz geht man noch heute davon aus, dass Becker zur weiteren Ausbildung in seine Heimatkirche nach Hannover zurückkehrte. In Deutschland aber ist nur klar, dass er den Kirchendienst verließ. Er bewarb sich für ein weiteres Auslandsvikariat in Finnland. Das bekam er nicht. Eine kircheninterne Schlamperei, so lautet heute die Erklärung dafür. Stattdessen unterrichtete er an einer Schule in Gifhorn. Warum Gerold Becker grußlos aus ihren Reihen ausgeschieden sein soll, kann die evangelische Landeskirche Hannover nicht mehr sagen.

Aber möglicherweise gab es dafür gute Gründe.

Auf einer Kreuzfahrt lernen sich damals zwei Ehepaare kennen, ein Zufall. Die Kinder sind zu Hause geblieben, man kommt ins Gespräch. Man fragt, in welche Schulen die Kinder gehen. Da berichtet die eine Familie, ihre Kinder seien allesamt in der Odenwaldschule, jener berühmten Schule, die schon Klaus Mann besucht habe. Ein reformpädagogisches Internat, in dem die Schüler ihre Kurse frei wählen können. Der Rektor dieser Schule sei ein ungemein eloquenter Mann: Gerold Becker, auch über pädagogische Kreise hinaus bekannt.

Der Zufallsbekanntschaft aus dem österreichischen Linz stockt der Atem. »Was! Gerold Becker? Ist denn bei Ihnen alles in Ordnung mit ihm?«

»Ja, natürlich, alle lieben Becker. Sogar die Schüler nennen ihn bei seinem Vornamen Gerold.«

Die Familie beruhigt das nicht. Auch bei ihnen in Linz sei Becker beliebt gewesen. Bis er in den Verdacht geriet, einen Jungen missbraucht zu haben.

In der Linzer Personalakte Gerold Beckers findet sich heute nichts, was auf ein Vergehen des Mannes hindeutet, der später an der Odenwaldschule wieder sehr nah an Kinder herankam. Es gibt nicht mehr viele Zeitzeugen für die Zeit in Linz. Aus ihren Erzählungen geht hervor, dass Becker den Kontakt zu Jungen suchte. Der junge Kirchenmann, er war damals 26, pflegte gute Verhältnisse zu den Kindern, die er unterrichtete. Es waren kleine Klassen, in der Linzer protestantischen Diaspora saßen pro Klasse nur eine Handvoll evangelischer Christen. Einer erinnert sich, dass er von Becker eine Postkarte bekam – als 13-Jähriger. Es war die erste und die einzige Karte, die ihm je ein Lehrer sandte.

Der Vikar, der Becker in Linz nachfolgte, erinnert sich, dass ihn eines Tages ein Junge am Bundesrealgymnasium ansprach: Ob er Gerolds Nachfolger wäre, wollte der 17-Jährige wissen. »Ja, warum?«, fragte der Vikar. Er hätte sich mit Gerold immer so lange unterhalten. Ob er auch dort wohne, wo er sich mit Gerold in Linz immer getroffen habe, wollte der Schüler wissen. Der Junge hatte seinen Lehrer offenbar privat besucht.

»Als Kinder haben wir uns alle nachts in der Dunkelheit gefürchtet«, so lauteten die ersten Sätze der Predigt, die Gerold Becker im September 1962 in Linz hielt. »Wenn wir an jene Jahre der Kindheit zurückdenken, dann erinnern wir uns, welch ein Trost ein kleines Licht in der Dunkelheit sein konnte, in jener Dunkelheit, die uns so fremd und unheimlich erschien.« Der junge Vikar Becker erzählte damals seiner Gemeinde von der Freiheit.

Als er im Herbst 1963 Linz wieder verließ, legte er seinen Beruf als Pfarrer überraschend sofort nieder. Er ging nicht ins Predigerseminar und er promovierte nicht, wie er stets berichtet hatte, in Theologie. »Es ist schon ungewöhnlich, dass jemand nach so vielen Jahren der Ausbildung sein Pfarramt ablegt«, kommentiert das der Linzer Superintendent im Jahr 2010. »Wenn man zu diesem frühen Zeitpunkt seinen Beruf aufgibt, dann gibt es dafür Gründe.«

Für Gerold Ummo Becker, der gerade eine hoffnungsvolle Laufbahn als Pfarrer abgebrochen hatte und heimatlos schien, begann so etwas wie eine Blitzkarriere.

Becker trat in die Phalanx einer neuen Pädagogenzunft ein. Die Georgs-August-Universität zu Göttingen war seit langem ein wichtiges Zentrum wissenschaftlicher Pädagogik. Auf den berühmten und auch umstrittenen Hermann Nohl war Heinrich Roth gefolgt, der die erste empirische Wende der Erziehungswissenschaft einleitete. Kurze Zeit später kam Hartmut von Hentig hinzu, der schnell von sich reden machte und einer der klügsten Köpfe der Pädagogik wurde. Zu diesem Zirkel gehörte nun auch Gerold Becker, er wurde Assistent bei Roth und zählte zum engeren Freundeskreis von Hartmut von Hentig. In Göttingen bildete sich um die Lehrstühle von Roth und Hentig ein Kreis von Assistenten und Studenten, deren Wege sich immer wieder kreuzen werden. Hier wurden offenbar auch Loyalitäten begründet. In Göttingen arbeitete zum Beispiel Hans Thiersch, der Jahre später gegen Beckers Ausschluss aus der Gesellschaft für Erziehungswissenschaften votieren wird. Und Diethart Kerbs, der Mitbegründer des Festivals auf der Burg Waldeck, die für die Odenwaldschule noch wichtig werden wird. Oder Martin Bonhoeffer, ein enger Freund Beckers, der später immer wieder schwierige Kinder zu ihm in den Odenwald schicken wird. Aber auch Wolfgang Harder, Beckers Nachfolger an der Odenwaldschule, lernte Becker dort kennen. In diese Zeit fällt auch Beckers erster Besuch der ihm durch Lektüre bereits wohlbekannten Odenwaldschule anlässlich einer Tagung in den frühen 1960er Jahren.

Hartmut von Hentig, offiziell ohne Funktion an der Odenwaldschule, muss dort dennoch großen Einfluss gehabt haben.

Gerold Becker und Hartmut von Hentig kamen sich in Göttingen näher. Es entstand etwas, das Zeitgenossen als eine beginnende Partnerschaft beschreiben. Becker sei in dieser Beziehung stets der Stärkere gewesen. Er hatte zwar nicht den Ruf eines Hartmut von Hentig. Aber Becker war von eigenem Format. In der Beziehung zwischen den beiden sei Hentig stets der Werbende geblieben. So merken es gute Beobachter der Szene an. Becker, der wie sein Freund etwas Unnahbares an sich hatte, hält auch die Madonna Hentig auf Distanz. »Nach beinahe 50 Jahren persönlicher Bekanntschaft hat er mich jetzt nun zum ersten Mal gefragt, wie es mir geht«, erinnert sich Wolfgang Harder im Jahr 2010 an Beckers Art, mit Menschen zu verkehren. Er redete sie zwar mit Vornamen an, blieb aber doch beim distanzierten Sie.

Im Umgang mit Schülern jedoch war er vollkommen anders. Dort errichtete Gerold Becker diese Grenze nicht. Becker ließ sich von Jugendlichen sofort duzen. Er ging mit ihnen stets schnell vertraut um.

»Becker war im Grunde kein dialogischer Mensch«, erzählt ein

Weggefährte. »Es hat ihn nicht ernstlich interessiert, was man machte. Auch wenn er sich freundlich danach erkundigte.«

Der Mann, der in das Umfeld der Primadonna Hartmut von Hentig geriet, ist wie er charismatisch und narzisstisch. »Madonnen kommunzieren gerne auf die Ferne miteinander«, so ein guter Freund der beiden, »aber sie haben nicht gerne eine Madonna neben sich im Arbeitsbereich.«

Becker kam in jener Zeit auch in Kontakt mit Hellmut Becker, dem späteren Gründer des Berliner Max-Planck-Instituts für Bildungsforschung in Berlin. Hellmut und Gerold Becker waren nicht verwandt.

Obwohl er als Theologe kaum unterrichtet hatte, wurde Gerold Becker schon nach wenigen Jahren von Göttingen direkt an die Odenwaldschule geholt. Er war damals 33 Jahre alt, wir schreiben das Jahr 1969. Man nannte ihn in Oberhambach »den jungen Forscher«. Er reiste mit drei Kisten Materialien und Büchern an, mit denen er seine Dissertation fertigstellen wollte. Gleichzeitig war er designiert, die Schulleitung von Walter Schäfer zu übernehmen. Mit 36 hatte er sein Ziel erreicht. Er war Herr der Odenwaldschule, »meine Schule«, wie er einmal schrieb. »Die Odenwaldschule, das war ich selbst. Und ich war die Odenwaldschule.«

Mit 36 Jahren eine Schule zu übernehmen ist kein Hexenwerk. Mit 36 die Odenwaldschule zu leiten ist etwas Außergewöhnliches. Zumal Becker zu dieser Zeit didaktisch und pädagogisch ein ziemlich unbeschriebenes Blatt war. Er hatte, vom Religionsunterricht in Linz abgesehen, praktisch keine Lehrerfahrung, auch hatte er sich nicht als Leiter einer Einrichtung hervorgetan. 1968 fragte ihn Walter Schäfer angeblich, so berichtet er, »ob ich mir vorstellen könne, sein Nachfolger als Leiter der Odenwaldschule zu werden«. Beckers Ruhm war damals eher ein geliehener, er stammte von der Aura der Göttinger Fakultät und seinem Freund Hartmut von Hentig.

Als 2007 an der OSO ein Schulleiter verabschiedet wird, macht ein Lehrer in einer Rede klar, wer hier Einfluss hat: »Er war ein Schulleiter, der ohne ›Hausmacht‹ antrat, ohne den Stallgeruch aus dem Umfeld Bielefeld/Göttingen, der die OSO bis dahin über weite Strecken prägte.«

Aber Gerold Becker sorgte schnell für eigenen Glanz. Er schrieb zusammen mit Walter Schäfer und Wolfgang Edelstein ein Buch über die Odenwaldschule. Es war kein praktisches Übungsbuch oder eine simple Beschreibung, sondern ein ambitioniertes Werk mit vielen theoretischen Bezügen, das im Suhrkamp Verlag erschien. Edelstein räsonnierte darin über Unterricht und Schule, er verlangte eine radikaldemokratische Dauerreform des Unterrichts. Und Gerold Becker legte das umfassende Konzept einer ganz neuen Art von Schule vor, brillant geschrieben, ein pädagogisches Feuerwerk gepaart mit gesellschaftlichen Überlegungen. Becker offenbarte darin ein Verständnis von Lernen, das weit über Schule hinausging. Wenn jemand daran gezweifelt haben sollte, dass dieser Mann etwas von Lernen verstand, waren die Zweifel damit eindrucksvoll ausgeräumt.

Becker nannte sein Projekt damals »soziales Lernen«. Bei näherem Hinsehen interessierte er sich in dem Text allerdings kaum für Unterricht. Im Gegenteil, er spottete über die, wie er sie nannte, Instruktionsspezialisten, also jene, die Wert auf ausgefeilte Lehrmethoden legen. Sie wollten nur Kinder und Jugendliche durch Unterricht »von der gesellschaftlichen Wirklichkeit abschirmen und isolieren«. Das war ein erweitertes Verständnis von Schule, das gut in die Zeit passte. Aber auch ein wichtiger Hinweis darauf, wo die Interessen des Mannes lagen, der bald die Odenwaldschule leiten würde.

Beckers glänzendes Essay war freilich nicht nur pädagogisch interessant. Es stellte zugleich eine Art Selbstporträt dar. In dem Text zählte Becker alle Eigenschaften als Lernziele für Schüler auf, die auch ihm selbst zugeschrieben wurden. Becker galt als ein Mann von hoher sozialer Intelligenz. »Er hat seine Umgebung stets genau abgetastet und darauf reagiert«, berichtet etwa ein Exschüler der Odenwaldschule, der ihn bewunderte und zugleich fürchtete. Der Katalog der von Becker notierten Eigenschaften zeigt, wie präzise seine Radaranlage für soziale Atmosphären war.

Gerold Becker will, dass Kinder »Phantasie für soziale Situationen entwickeln«. Dazu gehört, so führt er aus, »ein großes Arsenal an unterschiedlichen Reaktionsweisen anderen Menschen gegenüber zu haben: z. B. einen anderen trösten, ihn zum Lachen bringen, ihn in seine Schranken weisen können; auch den Mut zu ungewöhnlichen Reaktionsweisen oder Gesten erwerben«.

Becker möchte weiter, dass seine Schüler »Diskretion, Gelassenheit, Sicherheit, Takt im Umgang mit Gleichaltrigen, Älteren und Jüngeren lernen«. Und er wünscht sich sogar, dass sie »für die eigene Wirkung auf andere empfindlich werden (Aussehen, Kleidung, Gesten, Umgangsformen, Sprechgewohnheiten usw.)«. Außerdem findet er es wichtig, »Zuverlässigkeit, Hilfsbereitschaft und Freundlichkeit als Bedingungen des gemeinsamen Lebens zu erfahren und zu bejahen, ihre Formen beherrschen zu lernen«.

Besser kann man Beckers eigenen sozialen und kommunikativen Werkzeugkasten wahrscheinlich nicht beschreiben als mit diesen Passagen. Wer Becker aus der Rede seiner Zeitgenossen, Freunde und Mitarbeiter plastisch werden lassen will, der stößt auf alle diese Eigenschaften: soziale Intelligenz, Redegewandtheit, eleganter Machtgebrauch. »Nach außen hin bin ich wohl meist einigermaßen gelassen geblieben«, erinnert sich Becker 1993 an seine Art, die Schule zu leiten.

Der Zauberer

Die Zuschreibungen für Beckers Eigenschaften im Detail variieren durchaus. Der eine hielt ihn für einen großen Rhetoriker. Dem anderen fällt auf, dass »eine weiche Tonart in seinem Reden lag«. So sagt es etwa Rolf Wernstedt, ehemaliger Kultusminister aus Niedersachsen, und ergänzt: »Ich habe das immer als ein wenig unpräzise empfunden.«

Der eine hält Becker für charismatisch. Der andere meint, er sei gar nicht charismatisch gewesen. »Er kam einem eher wie ein großer Junge vor«, porträtiert ihn jemand. Ein anderer sagt, beinahe empört, »nein, Becker hatte kein Charisma. Charisma heißt von der Wortbedeutung Geschenk oder Begabung. Aber Becker hat die Leute nicht durch seine Gabe gewonnen, sondern durch Unterwerfung.«

Einig sind sich die Menschen, die ihn kennen, zunächst darin, dass Becker eine Persönlichkeit war, die stets viel Aufmerksamkeit auf sich zog. Ein sozialer Kristallisationspunkt. Immer wieder wird das Bild kolportiert, das sich bot, wenn Becker an seine Schule zurückkehrte. Eine Kinderschar umringte ihn, die Schüler herzten und umarmten ihn. Aber selbst in diese Eigenschaft streuen die Zeitzeugen Zweifel. Becker habe sich nicht immer in den Mittelpunkt gespielt, das sei stark von der Situation abhängig gewesen.

Es gibt eine Szene, die viel über Becker aussagt. Wolfgang Harder, sein Nachfolger, berichtet sie aus der Göttinger Zeit. Becker war als Assistent dazu auserkoren, im Seminar eine pädagogische Neuerscheinung vorzustellen. Becker kam freilich nur sehr knapp zum Seminar und wurde nun erinnert, dass er heute dran sei. »Ich wäre an Ihrer Stelle ohnmächtig geworden«, gesteht Harder später in einer Rede. Aber Gerold Becker fiel nicht in Ohnmacht. Er sah sich, während sein Professor organisatorische Anmerkungen machte, unter dem Tisch flink das Inhaltsverzeichnis an und überflog das Vorwort.

Was sich dann zutrug, war aber alles andere als ein Reinfall vor dem strengen Professor und dem neugierigen Auditorium. Becker glänzte. Er gab, wie sich Harder erinnert, »eine hinreißende Darstellung«. Er referierte knapp Thema, Untersuchungsmethoden und Ergebnisse des Buchs. Er schloss »ein paar scharfsinnig-kritische Anmerkungen an und endet mit einigen weiterführenden Fragen«.

Becker war ein Zauberer. So sagen es nicht wenige. Er schlug seine Zuhörer und seine Umgebung in einen schwer zu widerstehenden Bann. Einer seiner kritischen Gegenspieler aus der Odenwaldschule nennt es »Beckers Hang zur Verführung«. Eine Lehrerin, die lange mit ihm zusammengearbeitet hat, sagt: »Er hatte einen manipulativen Suchtcharakter. Er war wie ein Rattenfänger.« Wolfgang Edelstein nennt ihn knapp einen Manipulierer. Eine ehemalige Lehrerin sagt: »Er konnte aus dem Stand druckreife Sätze sagen, die auch noch aufregend waren. Das war ja das Teuflische an ihm.« Roswitha Riechmann, langjährige Leiterin der Unterstufe an der OSO, gesteht: »Auch ich habe mich von ihm verführen lassen.«

Aber wenn die Verführten und Betrogenen ihm und seiner Schule auf die Schliche kamen, dann beeindruckte ihn das wenig. Er wies sie ab. Freundlich, zugewandt, entschieden.

1971 lebte ein französischer Gastschüler an der OSO. Er kam mit anderen Schülern schnell darauf, dass Becker nicht nur »auf kleine Jungs steht«, wie man an der Schule sagte, sondern dass er sich an ihnen auch verging. Ein Zwölfjähriger berichtete der Gruppe von Schülern detailliert, »wie Gerold Becker ihn während einer Reise in Griechenland sexuell missbraucht hatte«. Der Gastschüler wandte sich an einen ehemaligen Oberstufenschüler – der ihm ebenfalls von sexuellem Missbrauch berichtete. Sein Familienoberhaupt aber reagierte eher apathisch und mutlos. Da wurde es dem französischen Jungen zu viel. Becker war zu diesem Zeitpunkt noch nicht Rektor der Schule.

»In meiner Verzweiflung ersuchte ich Gerold Becker um ein Vier-Augen-Gespräch«, erinnerte sich der Schüler. »Zitternd sagte ich ihm, dass ich vieles von seinem Sexualleben wüsste, und drohte ihm mit der Veröffentlichung meiner Beweise, wenn er nicht auf das Rektoramt verzichte.«

Aber Becker wurde nicht wütend, Becker schrie nicht und Becker drohte nicht. »Auf seine übliche sanfte, gutmütige und lächelnde Art erklärte er mir, dass er keine Sekunde daran dächte. Ich muss nicht sehr überzeugend gewesen sein«, schaut der Schüler heute niedergeschlagen zurück.

»Und doch wissen wir«, sagte Becker in seiner ersten großen Predigt als junger Vikar in der Linzer Kirche, »dass es Augenblicke und Handlungen in unserer privaten und privatesten Vergangenheit gibt, bei denen uns all unsere geschickten Rechtfertigungsversuche nichts mehr nutzen.«

Es dürften dennoch nur wenige Momente gewesen sein, in denen Gerold Ummo Becker hilflos war. Ansonsten hielt er sich an die Maxime, die er 1971 auch seinen Schülern mitgab. Sie müssten lernen, »mit Macht umzugehen«. Das bedeute, »sie handhaben und einsetzen können, sich gegen sie zur Wehr setzen können, verschiedene Formen der unmittelbaren Machtanwendung als Möglichkeiten des eigenen Handelns kennen und ihre Techniken erfolgreich handhaben lernen«.

Als es darum ging, auf die Hilferufe seiner Schüler zu reagieren, hat Becker sie getreu diesen Leitsätzen abgewehrt. »Gerold Becker war eine gespaltene Persönlichkeit – auf der einen Seite offenbar mit einfühlsamen Zügen und auf der anderen Seite mit kinderverachtenden kriminellen Energien«, urteilt Rolf Wernstedt.

In einer Festschrift schildert Gerold Becker eine Szene, die man wie ein Selbstporträt lesen könnte. »Plötzlich sah es so aus, als hätte ich den totalen pädagogischen Überwachungsstaat einführen wollen: Erwachsene, die sich ständig Notizen über Kinder und Jugendliche machen, um sie desto perfekter manipulieren, desto zutreffender bloßstellen zu können«. So ärgert sich Becker über zwei

Schüler, die ihn enttäuschen. Die beiden haben ein Arbeitspapier ihres Familienoberhaupts umgeschrieben und verteilt. Becker hatte darin seinen Lehrern Ratschläge gegeben, wie sie die Kinder treffender und besser in ihren Berichten beschreiben könnten. Es war ein Merkmal der Odenwaldschule, neben den Noten ausführliche Lernentwicklungsberichte über die Schüler zu verfassen.

Die beiden 18-jährigen Schüler nun nehmen das Papier Beckers und karikieren es ein wenig. Plötzlich erscheint die Odenwaldschule in einem ganz neuen Licht: eine große Schimäre, nicht Erziehung und Schulen finden dort statt, sondern geschickt getarnte Massenmanipulation. »Ich war nicht nur lächerlich gemacht, ich fühlte mich verkannt und verletzt«, notiert Becker beinahe wütend. »Diese öffentliche Kränkung, dieser Angriff aus einer Ecke, aus der ich ihn zuletzt erwartet hätte.«

Als er Anfang der 8oer Jahre die Geschichte erlebte, »habe ich natürlich gute Miene zum bösen Spiel gemacht«, erinnert er sich. Und zehn Jahre später, als er das Papier wieder liest, überkommt ihn eine neue Verblüffung: »im Prinzip haben die beiden recht gehabt.«

Aus dem Hinterhalt des Verdrängten

Für die Deutschen sind der Michel aus Lönneberga und Pippi Langstrumpf unerreichbar. Sie sind Synonyme für eine schulische und Erziehungswelt, die sie verehren – aber in der Wirklichkeit ihrer eigenen Kindheit nie kennenlernen durften: die Selbstbestimmung des Kindes und der fantastische Widerstand gegen die Erwachsenenwelt. Die Autorin der Bücher, Astrid Lindgren, ist eine Ikone, nicht nur in Deutschland.

Für Gerold Becker war Astrid Lindgren der größte und sichtbarste Erfolg, den ein Schulleiter überhaupt erreichen konnte. Für manchen Schüler der Odenwaldschule waren Becker und Lindgren zusammen hingegen das Sinnbild von Schizophrenie. Sie schweigen oder schreien oder holen die Schnapsgläser, wenn sie auf die Szene zu sprechen kommen.

Denn Gerold hatte 1978 die Ehre, in der Frankfurter Paulskirche eine Laudatio auf Astrid Lindgren zu halten. Sie bekam damals den Friedenspreis des Deutschen Buchhandels. Lindgren ist eine der erfolgreichsten Kinderbuchautorinnen, die es überhaupt gibt. Allein in Deutschland hat sie mit ihren Büchern eine Auflage von 20 Millionen Exemplaren erreicht. Die Zeremonie und Beckers Rede wurden damals im Fernsehen übertragen.

»Das muss man sich mal vorstellen«, erinnert sich einer der Schüler. »Du siehst ihn im Fernsehen, wie er Astrid Lindgren huldigt. Und am Morgen danach fummelt er in der Dusche wieder an dir rum. Das kriegst du nicht zusammen, völlig unmöglich.«

Becker machte seine Sache gut, wenn auch auf eine unheimliche Art. »Heute liegt wie in früheren Zeiten die wichtigste und schwierigste Aufgabe der Erziehung darin, dem Kind dabei zu helfen, einen Sinn im Leben zu finden.« Das war das Leitmotiv seiner Rede: Was kann man Kindern Gutes tun? Er zitiert ausführlich eine Studie mit dem Titel »Kinder brauchen Märchen«.

Aber Becker wäre nicht Becker, wenn er an diese zitierte Passage nicht eine eigene angeschlossen hätte. Sie lässt dem Leser den Atem noch über 30 Jahre nach der Lindgren-Laudatio stocken. Denn nun sprach der Schulleiter über seine eigenen sexuellen Abgründe – vor einem mit Hunderten Gästen besetzten Auditorium in der Paulskirche.

Die Psychoanalyse zeige, so Becker, »wie im strengsten Sinne lebensentscheidend es ist, dass ein Mensch, aufwachsend, lernt, in einem entspannten, aber nicht spannungslosen Gleichgewicht zwischen den Ansprüchen seiner Triebe und den Ansprüchen der Realität zu leben«.

Es war eines der Motive, die er nicht selten in pädagogischen Reden vertrat: sich und seine Sexualität ernst zu nehmen. Diesmal drückte es Becker so aus: »Dass der Einzelne sich mit seiner Triebwelt geradezu befreunden muss, wenn sein Ich nicht durch die Angriffe aus dem Hinterhalt des Verdrängten ständig gefährdet sein soll.«

Die psychischen Spannungen Gerold Beckers müssen riesig gewesen sein. Hier angesehener Gast prominenter Runden. Dort triebgesteuerter Teil einer Internatsfamilie mit Jugendlichen. Becker fiel im Schlaf über Kinder her. »Immer wieder erschien er nackt im Keller in der Dusche und suchte die Nähe zu gewissen Schülern«, erinnert sich ein ehemaliger Schüler. Er wich dem Rektor aus, duschte nur noch untertags. Schließlich verließ er das Herderhaus, schreibt er im OSO-Altschüler-Erinnerungsband, »weil ich mich mit dem Schulleiter als Nachbar einfach nicht wohl fühlte«.

Becker befummelte Kinder. Zugleich hielt er »das Kind« hoch wie eine Monstranz. »Er war ein Prediger, der alle Tage heilige Reden auf die Unantastbarkeit des Kindes hielt«, erinnert sich der ehemalige Lehrer Salman Ansari. »Am liebsten hätte ich manchmal Amen gesagt, wenn er endlich endete.«

Als der NDR 1985 eine große Reportage zum 75-jährigen Bestehen der Odenwaldschule brachte, wurde Becker darin gefragt, was das Besondere an dieser Schule wäre. Becker antwortete in seiner typischen leicht näselnden Stimme, dass sie stets einem Kriterium gerecht werden müsse: »Ist sie eine Institution, die dem Aufwachsen von Jugendlichen nützlich ist?« Die Redewendung »ist sie eine, die« wiederholte Becker dann vier- oder fünfmal in einer jeweils andere Variation, die aber jeweils in der gleichen Formel endete: dem Aufwachsen von Kindern bekömmlich, dienlich, nützlich. Im Hintergrund hört man den Radioreporter immer wieder andächtig ja sagen. Er wagt es nicht, Becker zu unterbrechen. Und Becker, der die Schule nach der 75-Jahr-Feier als Rektor verlassen wird, er redet, als begänne er seinen Job an der Odenwaldschule gerade erst.

25 Jahre später sollte ein Aufsatz über Gerold Becker im Jubiläumsband der OSO erscheinen, der die Formel aufnimmt: »Eine Umgebung, die dem Aufwachsen von Kindern bekommt.«

Als die Altschüler davon Ende 2009 erfahren, sagen sie beinahe unisono: Jetzt reicht's. Wenn dieser Text erscheint, dann werden wir eine eigene Festschrift mit der Wahrheit über Gerold Becker schreiben und sie vor der Odenwaldschule verteilen.

Beckers Reichweite war groß, sie ging weit über die Modellschule im Hambachtal hinaus. Schon während seiner OSO-Zeit arbeitete er in einem Ausschuss des Deutschen Bildungsrates mit, immerhin das von Bund und Ländern bestellte Gremium, das Antworten auf die Bildungskrise der 1970er Jahre entwickeln sollte. Becker wurde vom hessischen Minister in eine Arbeitsgruppe der Kultusministerkonferenz berufen. Es war der Höhepunkt der Becker'schen Ära. In der Schule neigte sie sich freilich dem Ende zu. Den Kollegen fiel die Müdigkeit ihres Schulleiters auf. »Es war ein schrecklicher Verfall zu beobachten. Man spürte, dass er irgendwo erloschen war, amtsmüde. Man sah es ihm auch an.«

Andere nennen die Einsamkeit als Grund. Die Einsamkeit des Helden. »Es sind zu wenige zum Menschen Gerold Becker gegangen und zu viele zum Schulleiter. Er war einsam«, erzählt ein guter Freund. »Becker ist jemand, der zu 80 oder 90 Prozent bewundert wird – aber das macht ihn auch einsam: Es traut sich keiner, ihn zu kritisieren, weil man einen solchen Helden der Rede und der Kinder nicht kritisiert. Und man merkt gar nicht mehr, dass auch solche Leute nicht nur große Männer sind, sondern auch mal einfach arme einsame Hunde, die zu Hause Weinbrand trinken.«

Becker rauchte viel. Reval, eine Zigarettenmarke, die manche zu Nichtrauchern gemacht hat, weil sie so stark und hart ist. Die Menschen, die Beckers Atem spürten, berichten vom scharfen, sauren Geruch der Zigarette.

Wie sehr Becker dem Alkohol in dieser Zeit verfallen war, hängt davon ab, wie dezent die Zeitgenossen berichten. »Gerold, du riechst zu oft nach Mariakron«, sagte ihm ein Weggefährte. Es gibt Leute, die sagen geradeheraus, Becker habe gesoffen.

Aber solche Einblicke sind selten. Noch immer halten seine Freunde und Wegbegleiter aus der Odenwaldschule fest zu ihm. Praktisch niemand äußert sich mit Nennung seines Namens. Es zirkuliert in der Schule ein längeres Traktat über Gerold Becker, ein Papier, das schonungslos darüber berichtet, wie es um den großen Rhetor und Lenker der Schule wirklich bestellt war. Darin ist die Rede von Einsamkeit und Überforderung. Becker war nie wirklich ohne Menschen an seiner Schule, aber er war offenbar doch allein. Er wäre danach in die Sucht geflohen, merken Begleiter an. »Er war süchtig nach Alkohol und Nikotin. Dass er es auch nach Sex war, wusste ich nicht.«

Es müsste ein Psychogramm von Gerold Becker geschrieben werden, sagt einer. »Ich kenne Gerold als charismatischen Schulleiter. Ich wusste, dass er schwul war und vielleicht auch ein bisschen pädophil, wenn man glaubt, was die Leute sagten. Aber das reicht nicht aus, um die Abgeschiedenheit und Dunkelheit zu verstehen, in der diese Dinge dann passieren.«

Manche meinen, Beckers Einsamkeit habe dazu geführt, dass er immer Kinder und Jugendliche missbrauchte. »Es gibt Überlastung und Alkoholisierung – und da passieren dann solche Dammbrüche.« Aber das ist Legendenbildung und widerspricht allem, was man über diese sexuelle Orientierung weiß. Becker hat laut Betroffenenberichten bereits in seiner Frühzeit an der Odenwaldschule sexuelle Gewalt angewendet. Beide bislang vorliegenden offiziellen Aufklärungsberichte halten fest, dass die Hochzeit der sexuellen Übergriffe an der Odenwaldschule in den Jahren 1966 bis 1981 lag.

1983 kündigte Becker überraschend an, seinen Posten an der Odenwaldschule zu räumen. Becker wollte also mit knapp 50 jene

Schule verlassen, von der er einmal so stolz wie eitel schrieb, es sei »Meine Schule, meine Schule, meine Schule!«. Ein Mann, der pädophil ist, verlässt freiwillig eine Internatsschule, die ihm Zugriff auf hübsche Jungen eröffnete? Musste Becker gehen? Hatte man etwas gemerkt?

In einer für seine Verhältnisse ausgesprochen defensiven Rede beugte er solchen Fragen damals in der Konferenz vor – »damit nicht irgendwelche Vermutungen und Gerüchte entstehen, die uns alle nur belasten können«. Manch einer seiner Mitwisser mag damals gedacht haben: »Nun haben sie ihn erwischt!« Tatsächlich bekam Beckers Laufbahn auch einen empfindlichen Knick. Er kündigte zwar an, die OSO zu verlassen, damit er die Chance habe, »gut zehn Jahre an anderer Stelle noch etwas Nützliches und von mir Leistbares zu tun«. Aber Becker war nach Verlassen der Schule arbeitslos.

Er packte 1985 seine Sachen. Jene, die ihn dabei beobachteten, wie er vor dem Herderhaus seine Sachen verstaute, wollen die Traurigkeit ihres Schulleiters erkannt haben. Unter den Dingen, die Becker einpackte, waren auch die drei Kisten, in denen das Material für seine Dissertation lagerte. Er nahm sie wieder mit, ungeöffnet. Und kehrte nach Göttingen zurück.

Weder der Rundfunk meldete sich bei ihm, noch wurde etwas aus dem Job in der Entwicklungshilfe, über den Becker sogar in der Wochenzeitung »Die Zeit« öffentlich nachgedacht hatte. Weihnachten 1985 schrieb er einen Brief an seinen alten Geschäftsführer, aus dem pure Tristesse spricht.

»Jedenfalls bin ich ab 1. Januar tatsächlich arbeitslos«, klagte Becker. Er bat darum, die ihm geschenkte Reise »in gebündeltes Bares zu verwandeln«. Der Mann, der an der Schule als erste Amtshandlung ein Veto einführte, erklärte nun seinem Geschäftsführer haarklein, wie die Sonntags- und Notdienste der Post in Heppenheim aussehen – damit er seine Papiere rechtzeitig zurückbekommt.

Sonst hätte er ernsthaft damit zu rechnen, ab 1. Januar kein Arbeitslosengeld zu bekommen. Becker schrieb den Brief in Göttingen.

Die Lage war trostlos. Aber offenbar nicht hoffnungslos, denn er kokettiert damit, in Frankfurt eine Wohnung mit acht Zimmern zu nehmen, die man ihm »zu durchaus vertretbaren Bedingungen« angeboten habe. Freilich: Das gehe nur, wenn der Rundfunk sich meldete, schrieb Becker. Denn ohne das Gehalt eines Hauptabteilungsleiters sei eine solche Wohnung unbezahlbar.

Becker wähnte sich am Ende. Er bemerkte: »Im Grunde bin ich für all solche Sachen rettungslos unbegabt und ungeschickt, das hängt wahrscheinlich mit einem tiefen Widerwillen zusammen, den ich gegenüber dieser ganzen Welt von Anspruchs- und Berechtigungsregeln habe.«

Schon wenig später tauchte der Name Becker freilich wieder an pädagogischen Schlüsselstellen auf. Becker beriet bei der Lehrerausbildung an der Universität Witten/Herdecke, er gab Bücher heraus, glänzte bei Kongressen mit seiner Rhetorik, wurde Mitarbeiter der Hessischen Lehrerausbildung, auch stand er wieder auf der Gehaltsliste an der Odenwaldschule, jedenfalls bescheinigte ihm diese ein Arbeitsverhältnis von 1987 bis 1992. Becker wurde in die Kammer für Bildung und Erziehung der Evangelischen Kirche Deutschlands berufen. Becker beriet das Bundesland Bremen bei einer Schulreform. Er wurde geschäftsführender Redakteur der »Neuen Sammlung«. Überall hinterließ er seine Spuren. Und all jene, die von ihm berichten, sagen, wie verbindlich, eloquent und offen er gewesen sei.

Aber das war er nicht immer.

Beckers Essecke stand im Erker des Herderhauses. Dort saß Tomas, der einen Tag auf den Urlaub mit seinen Eltern warten musste, und aß mit Becker zu Abend. Die Odenwaldschule war leer, alle Schüler in die Ferien entschwunden. Der schmächtige 14-Jährige und Becker waren allein. Tomas weiß heute nicht mehr viel, an das Gefühl der Ohnmacht erinnert er sich. Und »dass der Becker ganz schön stark war. Ich konnte mich nicht befreien, ich war gefangen. Die Tür war zu, zum ersten Mal war diese verdammte Tür zu. Auf seinem Bett dieser ekelhafte Flokati.«

Tomas hat vergessen, wie er von den Nudeln am Tisch ins Bett auf die zottelige Überdecke kam. Er erinnert das Bord am Kopf des Bettes von Becker. Dass dort ein grauer Sony-Wecker stand. Er spricht von Beckers großem Penis. »Ich weiß nicht, ob er mich penetriert hat. Ich weiß nicht, wie ich dort überhaupt rausgekommen bin. Ich weiß nur, dass ich mich danach im Wald versteckt habe, stundenlang. Dass ich am nächsten Tag mit meinen Eltern nach Frankreich gefahren bin. Und mehr will ich auch gar nicht wissen von dieser Nacht.«

2.3 UNHEIMLICHE NÄHE

Für die Kinder war es stets ein besonderes Ereignis. In Heppenheim gab es in den 1970er Jahren schon ein Kino. Gerold Becker lud seine Internatsfamilie und andere Schüler immer wieder ein, mit ihm dorthin zu gehen. Gemeinsam fuhr man in die nahe gelegene Stadt, all die vielen Kurven von Oberhambach hinunter. Man stellte Beckers VW-Bus ab und machte sich auf den Weg zu den Heppenheimer Saalbau-Lichtspielen, einem schönen Kino, gehalten im Stil der 50er Jahre.

Nachdem die Karten gelöst und am Eingang zu dem Kinosaal abgerissen waren, passierte stets etwas Merkwürdiges. Die Schüler begannen den durch Bögen von den Sitzreihen getrennten Gang hinunterzuflitzen. Wie auf ein geheimes Kommando rannten sie los, um möglichst schnell in die Kinosessel zu kommen. So schnell konnte Becker gar nicht gucken. Er beeilte sich hinterherzukommen.

»Der Letzte war der Mops, weil er neben Gerold sitzen musste«, zitiert ein ehemaliger Lehrer einen Schüler, der sich ihm anvertraut hatte. Und wer neben Gerold Ummo Becker saß, der bekam schnell seine Hand zu spüren. Den begrapschte er, so der Schüler.

Stell dir vor, du sitzt neben deinem Schulleiter im Kino, und er fängt an zu fummeln.

Die Wahrheit über die Odenwaldschule heute, über 25 Jahre nach dem Abgang Beckers, nachzuvollziehen, ist nicht leicht. Aber es gibt viele Beobachtungen, Berichte und Beweise für ein verstörendes Bild. Es sind längst nicht alle Puzzleteile bei der Hand, aber jene, die bislang vorliegen, lassen sich so zusammenlegen: Die Odenwaldschule ist seit Ende der 1960er Jahre schrittweise unter den Einfluss einer Gruppe pädophiler Lehrer gekommen.

Diese Gruppe ist konsequent ihren pädosexuellen Neigungen nachgegangen. Die Frage ist: Hat sie die Besonderheiten der Reformpädagogik genutzt? Welche Rolle spielen reformpädagogische Versatzstücke wie die Nähe zum Kind, die Abgeschlossenheit der Internatsfamilien oder die pädagogisch inspirierten Ausflüge?

Für die Kinder an der Odenwaldschule war es schwer zu unterscheiden, welche Art von Nähe ihnen die Lehrer entgegenbrachten. War es gerade die rettende Nähe der Reformpädagogik? Oder die manipulative und missbrauchende Nähe der Pädophilie? Für sie war es eine unheimliche Nähe.

Ausflüge ins Reich des Eros

»Nach dem Frühstück stürzten wir alle in den Stall zu den Geräten«, berichten die Schüler. Sie sind auf einem Ponyhof in der Nähe von Soltau untergebracht. Es ist Wanderwoche und die neunte Klasse verbringt sie auf einem Gestüt. »Zuerst mussten wir die Pferdeäpfel zusammenkratzen. Das war oft sehr mühsam, denn die Pferdeäpfel lagen ganz schön zerstreut da.« Damit die mühsame und nervige Arbeit schneller geht, bilden die Schüler eine

Gruppe, »die sich gegenseitig half, die Haufen aufzuladen. Was erstens schneller ging und zweitens nicht so anstrengend war.«

Wanderwoche, das hieß an der Odenwaldschule, dass sich alle Klassen auf den Weg machen, um in der Ferne etwas zu lernen. Manche fahren nach Hamburg, andere auf einen Reiter- oder Bauernhof, wieder andere in die Berge. Oder nach Clausthal in den Südharz. Der Ausflug war fester Bestandteil der reformpädagogischen Elemente der Odenwaldschule. Erlebnisreisen zählten zu den wunderbarsten Erfahrungen, die man Schülern bereiten konnte. Die seitenlangen Berichte von den kleinen und großen Wanderwochen der OSO lesen sich wie Leistungsschauen. In diesen Berichten war keine Spur mehr von der Apathisierung des Lebens der Schüler zu finden, die ab den 1970er Jahren häufig so beklagt wird.

Heute gehört die herausfordernde Reise, die Schüler allein oder mit unsichtbaren Begleitern bestreiten, zum festen Repertoire der besten deutschen Schulen. Die berühmte Helene-Lange-Schule in Wiesbaden schickt ihre Schüler in solche dosierten Abenteuer. Auch die Reformschule Hamburg in Winterhude und die Hamburger Max-Brauer-Schule sind berühmt für ihre Schülerreisen.

Hinter dem Ausflug steht eine Idee. Nach und nach habe die Schule die reale Welt um sich herum in Lernstoff verwandelt, heißt es in einem Buch über die Helene-Lange-Schule, das Gerold Becker Ende der 90er Jahre mit herausgegeben hat. Es sei für ein Kind aber wichtiger, eigene Erfahrungen zu machen, als diese im Unterricht vorerzählt und vorgeschwätzt zu bekommen. So sagte Becker es in den 1980er Jahren zu einem Radioreporter.

Manchmal allerdings lag die Nötigung der Kinder nur einen Fußbreit neben dem reformpädagogischen Erlebnis. Es war kaum mehr unterscheidbar, ob es sich dabei um den neuen, erweiterten Erfahrungsraum handelte, den Gerold Becker so eloquent begründen konnte, oder ob es schlicht ein Lager zur sexuellen Befriedigung der Lehrer war.

Ein Lehrer lobt seine Fahrt nach Griechenland in den höchsten Tönen. Er betont, dass sie auch therapeutisch hilfreich für Kinder sein könnte, »die uns hier anvertraut sind«. Gleichzeitig berichten andere Lehrer zweideutig. Jürgen Kahle etwa schreibt davon, wie er sich stets zurückhalten musste, um bei solchen Fahrten die angeblich eindeutigen Angebote der Schüler zurückweisen zu können. Es sei zu Annäherungen gekommen, und ganz offensichtlich sind damit auch intime Kontakte gemeint. Bei einer Reise mit dem Musiklehrer Wolfgang Held nach St. Moritz kann sich einer der Zöglinge kaum daran erinnern, »dass wir Ski gelaufen wären, obwohl schönes Wetter war. Wir haben die ganze Zeit im Haus verbracht, um Pornofilmchen zu drehen.«

An der Odenwaldschule hat die Reise als pädagogisches Instrument im Laufe der Zeit viele Wandlungen erfahren. Es gab eine große Wanderwoche, die viel länger als eine Woche dauerte, später eine kleine, die sich tatsächlich nur über eine Woche erstreckte und ein begrenztes Budget hatte. Der Ausflug war zunächst eine Angelegenheit der Klasse.

Unter dem Schulleiter Gerold Becker wurde dann aus der Klassenfahrt eine Familienfahrt. Es ist nicht zu klären, ob dies mit dem Hintergrund geschah, den einschlägigen Familien besseren Zugriff auf Kinder zu ermöglichen. Ohnehin nahmen manche Lehrer ihre Schüler zu privaten Fahrten mit, zum Teil sogar in den großen Ferien. Für den pädophilen Musiklehrer Wolfgang Held war dies sogar die Regel.

Beckers Theorie des Kindersex

In einem interessanten Essay von 1971 führt Becker Gedanken aus, wie man Kindern bessere Möglichkeiten zum sozialen Lernen geben könnte. Der Text ist nicht nur ein meisterhaftes Plädoyer für die großartigen Möglichkeiten eines über den Unterricht hinausgehenden Internatslebens. Es ist auch eine Schrift voller Sex.

»Die mich beglückende und die den anderen beglückende Funktion der Sexualität ist unter Konsumzwängen zumindest ebenso (vielleicht noch mehr) gefährdet wie unter Tabus«, schrieb Becker. »Das Individuum mit seiner eigenen Triebwelt ... zu befreunden, bleibt eine der immer wieder zu lösenden zentralen Aufgaben.«

Becker diskutierte in dem Text die sozialen Lernziele, die neben den kognitiven Lernaufgaben wichtig seien. Einer der ersten Punkte, die ihm dazu einfallen, ist dieser: »Bestimmt man als Lernziel ›Freude am eigenen Körper haben, die eigene Sexualität bejahen und genießen‹, wird unmittelbar deutlich, dass die Erreichung dieses Ziels außerordentlich erschwert wird, wenn das kleine Kind in einer Atmosphäre der Leibfeindlichkeit ... aufwächst.« Becker definierte in dem Text, noch ehe er die Odenwaldschule als Leiter übernahm, Sexualität als eines der zentralen Lernfelder des Kindes. »Was das kleine Kind lernt, sollte nicht grundsätzlich dem widersprechen, was es als Jugendlicher oder Erwachsener lernen wird.« Er schrieb sein Lernprogramm sogar zu einer Art Lusttherapie fort. Es gehe darum, »die Freude am eigenen Körper zu empfinden, zu erhalten und zu steigern zu lernen«.

Bei Becker wäre es womöglich hilfreich gewesen, genauer hinzusehen, ob er seine Theorie nicht doch in die Praxis umsetzt.

Denn es gab äußere Signale zuhauf, die darauf hindeuteten, dass Becker über erweiterte Erfahrungen nicht nur redete. Häufig stand Becker morgens vor dem Speisesaal, um die Schüler zum Frühstück zu begrüßen. Bei seinem Vorgänger Walter Schäfer gab es dabei stets einen kräftigen Handschlag, wird berichtet. Den Verspäteten habe der strenge Schulleiter dann eine anspruchsvolle Aufgabe gestellt, um das frühe Aufstehen zu erlernen.

Bei Becker war das ganz anders. Er gab den Kindern nicht die Hand, er begegnete ihnen mit Nähe, mit Berührungen und Umarmungen. Becker streichelte den Kindern über den Kopf und sehr viele Augenzeugen aus dieser Zeit erklären, Becker habe nicht die

Mädchen, sondern die Jungs am Kopf gekrault. Beinahe alle Zeitzeugen sagen wie selbstverständlich Sätze wie »Becker hatte es mit kleinen Jungs« oder »Becker stand auf kleine Jungs« oder »Becker mochte Mädchen nicht so«.

Der Schulleiter gab auch in seiner Internatsfamilie wie selbstverständlich Jungen den Vorrang. Mädchen wohnten selten in der Familie des Schulleiters. Heute fragen sie sich, so eine der ehemaligen Lehrerinnen, warum ihnen nicht schon damals aufgefallen war, dass praktisch nur Jungen bei Gerold Becker wohnten.

Becker fertigte während des Unterrichts regelmäßig Notizen über Schüler an. Jungen bekommen darin viel differenziertere und präzisere Einschätzungen. Ihnen brachte er viel mehr Verständnis entgegen, Mädchen tat er schneller ab als Jungen.

Wenn Besucher über den Campus der Odenwaldschule in den 1970er Jahren berichten, taucht stets die dominierende Figur des Schulleiters auf, meistens im Dialog mit Jungen. »Er war ein charismatischer Mann«, erzählt ein Besucher aus jener Zeit, »der stets einen Clan von Jungs um sich scharte. Jungs zwischen 12 und 15 Jahren, die sich als etwas Besonderes wähnten. Als die Auserwählten.«

»Becker war stets von hübschen Jungs umgeben«, sagt eine ehemalige Lehrerin.

Eva Knop hat 37 Jahre ihres Lebens an der Odenwaldschule verbracht. »Wenn man nochmal bei null anfängt und sich ganz neu fragt: ›Was ist da eigentlich passiert?‹«, sagte sie heute, »dann kann man es nicht fassen, dass das alles an unserer Schule möglich war. Dass mehrere Männer ihre Triebe an Jungs ausgelebt haben – und wir davon nichts bemerkt haben.«

Zonen des Lernens und der Gewalt

Die Odenwaldschule rutschte ab Mitte der 1960er Jahre in eine Krise. Der gesellschaftliche Aufbruch bringt eine neue Generation von Kindern in die Schule. »Alle haben damals auf einen Mann gewartet, der mit den aufrührerischen 68er-Kindern angemessen umgeht und sie in die bürgerliche Gesellschaft führt«, berichtet Wolfgang Harder. Becker schien der ideale Mann für eine Schule in revolutionären Zeiten. Die Odenwaldschule versuchte auch unter ihrem neuen Schulleiter noch, eine Schule zu sein. Aber sie artete zeitweise in ein großes Chaos aus. Dieses Chaos hatte System. Es ermöglichte, dass an der Schule regelmäßig sexuelle Gewalt stattfand, ohne dass es jemand bemerkte oder es gar anzeigte.

Manche Kritiker betrachten die Odenwaldschule als eine Ansammlung von Tätern und Opfern. Sie versuchen eine saubere Trennung zwischen diesen beiden Kategorien herzustellen. »Aber man findet nicht nur reinrassige Täter und Opfer«, sagt der ehemalige Schüler Gerhard Roese. »Es gab keinen entschädigungslosen Missbrauch an dieser Schule. Jeder bekam für etwas irgendetwas anderes.«

Man kann versuchen, die Odenwaldschule als ein ganz normales Internat anzusehen, bei dem es zeitbedingte sexuelle Ausrutscher gab. Oder man kann die Schule als eine kleine Cologna Dignidad oder eine linksliberale Missbrauchssekte porträtieren, wie es manche Zeitung getan hat. Beides ist wenig hilfreich. Das System war komplexer.

Die Odenwaldschule der 1970er und 1980er Jahre stellt sich im Rückblick als eine Art pädagogisches Paradies mit Folterkellern dar. Sie war ein Waldinternat mit einem Hexenhäuschen im Zentrum, dem sogenannten Herderhaus. Dort war die Odenwaldschule keine Schule mehr, sondern nahm Züge eines Knabenharems an. Dieser Begriff enthält keine positive Konnotation – denn die Schüler eines ganzen Hauses waren unter die Verfügungsgewalt zweier Pädophiler geraten. Dort geschahen furchtbare Dinge, selbst wenn sich einige Schüler des Zugriffs zu erwehren verstanden. Es hatte sich ein System des hingenommenen Übergriffs und Mitwissens etabliert. Im Herderhaus herrschte das »System Becker« in Reinkultur. Und es schickten sich Bewohner anderer Häuser an, auch ihre Internatsfamilien in Hexenhäuschen zu verwandeln. Das »System Becker« drohte auf die ganze OSO überzugreifen. Es begannen sich erste Zweigstellen und Zulieferbetriebe für das Hexenhäuschen zu etablieren.

Die Odenwaldschule bestand zu dieser Zeit aus mehreren Zonen.

In Zone 1 war sie zunächst eine ganz normale Schule. Dort taten Lehrer ihren Dienst. Sie hatten ein anspruchsvolles Schulprogramm zu verwirklichen, dessen ehrliches Prinzip es war, jedem Kind eine Chance zu geben. Die Lehrer waren durch die Doppelaufgabe von Unterricht und Familienbetreuung strukturell überfordert.

»Ich hatte gar keinen Nerv, über das Herderhaus nachzudenken«, sagt einer dieser Lehrer. »Ich habe meine Arbeit gemacht und nebenbei ein Studium absolviert.« Zu diesem vorrangig pädagogischen Teil der Schule zählte die überwiegende Zahl der rund 30 Häuser. Dort stand grundsätzlich noch das alte Motto von Leben und Lernen im Mittelpunkt.

Inmitten der Odenwaldschule fand sich eine zweite Zone, in der Schule und Lernen eindeutig einen geringeren Stellenwert einnahmen. Es herrschte eine intensive nichtschulische Erfahrungswelt vor. Es regierten Alkohol und Nikotin und Drogen. Für die Lehrer war es lange Zeit nichts Ungewöhnliches, im Unterricht zu rauchen. Für Schüler gab es mehr oder weniger offiziell die Erlaubnis, bereits am Nachmittag Bier zu trinken. Einerseits am Wochenende in der schuleigenen Schänke, dem Blockhaus, später in einem zum Bierhaus umfunktionierten »Teehaus«. Andererseits bei einer Bäckerei, die praktischerweise unmittelbar am Gelände der Schule lag. Bei Bäcker Schmitt, wie die Schüler ihn nannten, konnte man alles kaufen und natürlich auch Bier. Bäcker Schmitt hatte unkonventionelle Öffnungszeiten und machte mit den Odenwaldschülern ein glänzendes Geschäft. Auch die Lehrer nahmen am Alkoholkonsum regen Anteil.

Alkohol und Drogen, das war aber nicht allein eine Erscheinung der gesellschaftlichen Revolution der 1970er Jahre, sondern eine spezifische Variante der Becker'schen Reformpädagogik. »Verzicht zu lernen und zu lehren (Verzicht auf tödlich-lähmende Gifte, die die Industriekultur uns per Konsum injiziert) wird gefährlich erschwert, wenn der Mangel erst künstlich hergestellt werden muss«, sagte Becker 1974 in seiner Abiturrede, »wenn es außer pädagogischen keine einsehbaren Gründe mehr gibt, auf die unmittelbare Befriedigung beliebiger Bedürfnisse zu verzichten.« Wahrscheinlich verstand damals kein Schüler diesen typischen Becker-Satz. Becker argumentiert in etwa so: Da Rauschmittel überall zu haben sind, gerät der neinsagende Lehrer in eine unbequeme Position. Aber auch für den Schüler ist das nachteilig, weil er durch das Nein des Pädagogen die Selbtsregulation nicht lernen kann. Das bedeutete so etwas wie die vom Schulleiter lizenzierte Freigabe von Rauschmitteln.

Noch heute stehen Lehrer an der Schule für diesen Ansatz. »Wir haben immer die Auffassung vertreten, dass man bestimmte Sachen nicht einfach verbieten kann – auch wenn sie nicht gut sind«, sagt ein kürzlich in den Ruhestand getretener Pädagoge.

Die Folge dieser Politik war, dass sich in den 1970er Jahren Rauschmittel an der Odenwaldschule ausbreiteten, in den 1980ern kamen harte Drogen hinzu. Die Schule hatte jahrzehntelang damit zu kämpfen, die in den Internatsalltag eingesickerten Drogen wieder loszuwerden.

»Das Blockhaus war ein rechtsfreier Raum, ich habe nicht vermocht, es ruhigzustellen«, beschreibt etwa Beckers Nachfolger Wolfgang Harder die Situation der Schülerschänke. »Wir haben das Alkoholproblem nie in den Griff bekommen. Wenn wir das Kiffen weggedrängt hatten, kam der Alkohol.«

Auch dieser Teil der Schule zählt bereits zum System Becker. Denn der hohe Alkoholkonsum und die Drogen sind nicht nur ein Sucht-, sondern auch ein Tauschmittel. Becker belohnte mit dem Alkohol. Auch lieh er den Schülern seinen Wagen, damit sie Bier holen konnten. Beckers VW-Bus wurde zeitweise zu einem Bierlaster umfunktioniert und sorgte vollbeladen für Nachschub. Mancher Schüler aus der Becker-Familie hatte einen Bierkonsum von einem Kasten pro Tag.

Neben der normalen Schule und der alkoholisierten Schule gab es noch eine dritte Zone. Dort gewannen Sex und Gewalt die Oberhand. In dieser Zone herrschte der Körper – aber in einer ganz anderen Art, als es Gerold Becker theoretisch umrissen hatte. Hier fand kein beglückendes Bejahen von Körper und Sexualität statt. Hier quälten sich Schüler gegenseitig bis zur schweren Misshandlung; die Narben der Opfer sind noch heute zu sehen und zu spüren, am Körper wie an der Seele. Auch diese Zone hatte ihre Örtlichkeiten. Da war zum Beispiel das Geheebhaus, ein hässlicher Neubau, in dem mehrere Familien wohnten. Ende der 1970er Jahre entglitt den Familienoberhäuptern die Kontrolle weitgehend. Schüler übten dort ein brutales Regiment bis hin zur Körperverletzung aus.

Ein Ort des sexuellen Missbrauchs waren die Häuser verschiedener Lehrer, in denen Schülerinnen innerhalb der Internatsfamilie zur Lehrerfrau und Hausdame ›aufstiegen‹. Das konnte die Atmosphäre in der Familie schlagartig ändern. »Von da an interessierte sich der Lehrer nicht mehr die Bohne für uns«, sagt ein ehemaliger Schüler. »Er war verliebt und hatte nur noch eines im Sinn.« Lehrer und Schülerinnen pflegten vermeintlich gleichberechtigten Geschlechtsverkehr. Manche Schüler vermuten, dass zeitweise sogar jeder dritte Lehrer Beziehungen zu Schülerinnen unterhielt. In der Odenwaldschule sind nicht wenige Lehrer-Schüler-Ehen gestiftet worden.

Die Kompromittierung und Korruption, die in der sexuellen Zone der Schule entstanden, waren groß. In der Zeit Beckers gaben Schüler Lehrern mehrfach Hinweise, dass der Schulleiter sexuelle Gewalt ausübte. Diese Hilferufe wurden unter anderem deshalb nicht erfolgreich verfolgt, weil die betreffenden Lehrer nicht wagten, Becker zur Rede zu stellen oder ihn einfach anzuzeigen. Denn sie mussten befürchten, dass sie wegen ihrer eigenen kompromittierenden Verhältnisse ihren Arbeitsplatz verloren.

Das vermeintliche Chaos von Alkohol und Drogen, Sex und Misshandlung war ein System von Abhängigkeiten und Vorteilsnahmen. Die Prinzipien darin hießen: »Jeder kommt auf seine Kosten« und »Es wird nicht gepetzt«.

Auf ihre Kosten kamen dabei selbst die Odenwaldbewohner am unteren Ende der Hierarchie. Das Opfer verwandelte sich in einen Täter, indem es sich selbst zum Quälenden aufschwang. Indem es zum Beispiel mit einem Kumpan gewissermaßen im Vorbeigehen eine Schülerin auf ihrem Zimmer zum Sex nötigte. Das System pflanzte sich fort und fand immer neue Opfer. Einige Schüler bekamen ihren Lohn in Form von Alkohol und Drogen. Nicht wenige endeten als Alkoholiker. Oder wie ein Schüler als Heroinleiche, weil er sich kurz nach seiner OSO-Zeit den goldenen Schuss setzte.

Im Zentrum der Schule lag das Herderhaus. Es war wie eine abgeschlossene Burg von insgesamt je zwei Lehrer- und Schülerfamilien. Beiden Lehrerfamilien standen Pädophile vor. Sie übten dort intensiv sexualisierte Gewalt aus. Dazwischen lagen zeitweise Kameradenfamilien, das sind von älteren Schülern geleitete Internatsfamilien. Sie hatte einen niedrigeren Rang, konnten also nichts verändern.

Die eine Pädophilenfamilie lebte oben unter dem Dach. Sie wurde über 20 Jahre hinweg praktisch von der gesamten Schule als Sonderform hingenommen. Das Familienoberhaupt Wolfgang

Held gab sich nach außen hin als Homosexueller, war aber ein kaum verhüllter Pädophiler. Er rekrutierte ausschließlich männliche, zum Teil sehr junge Schüler für seine Familie. Allen fiel diese Familie der Sonderlinge auf – aber niemand stellte Fragen.

»Da ist nichts nach draußen gedrungen. Es war klar, die sind für sich und die sind ein bisschen spinnert«, sagt eine ehemalige Lehrerin heute. »Ich kann mir auch nicht erklären, warum wir das hingenommen haben. Wir haben im Traum nicht gedacht, dass da was passiert.«

»Ich habe die Familie Held noch erlebt«, sagt ein Lehrer der Schule, »und ich fand es komisch, dass es Schüler gab, die man praktisch nie sah.«

Der Lehrer der Pädophilenfamilie unter dem Dach trug, weil er als so hässlich galt, den Spitznamen Lurch oder auch Frosch.

Im Erdgeschoss des Herderhauses regierte der Schulleiter. Offiziell war er ebenfalls homosexuell, er war gleichfalls alleinerziehend in seiner Familie und auch dort lebten beinahe durchgehend Jungen. Die beiden Pädophilen waren grundverschieden in ihrer Art. Oben der unansehnliche, zurückgezogene Mann, unten der eloquente Schulleiter und Menschenversteher.

Dennoch korrespondierten die beiden auf ihre Weise miteinander. Der Lehrer oben warnte die Jungen, wenn sie ihn nicht brav weiter masturbierten, dann könnte es unten beim Schulleiter auch ganz anders zur Sache gehen. Gerold Becker kam dann tatsächlich ab und zu nach oben, um sich zu bedienen. Sonntags zum Beispiel, nur mit einem Bademantel bekleidet, ließ er sich mit dem Mund befriedigen.

Auf das alles gibt es keine plausiblen Antworten, die aus der Logik einer Schule erklärbar wären. Normalerweise gibt es an einer Schule sensible Pädagogen oder Kontrollinstanzen, die achtgeben, etwa Vertrauenslehrer oder eine Heimleitung. Allerdings existierte diese Sicherung an der Odenwaldschule nicht mehr.

Noch dem zweiten Nachfolger von Gerold Becker, Whitney Sterling, ist es in den 2000er Jahren nicht gelungen, eine eigene Heimleitung durchzusetzen – unter anderem, weil die Lehrerschaft es als Eingriff in ihre Autonomie ansah und deswegen verhinderte.

Kulturprogramm sexuelle Gewalt: Untersuchungsberichte von Aufklärern

Um das Herderhaus zu verstehen, muss man andere Kategorien als pädagogische anwenden. Zum Beispiel die, mit denen Päderastie erklärt wird. Gemeint sind damit die individuellen Täterstrategien, die Pädophile sehr einfühlsam und gekonnt einsetzen, um sich ihre Opfer gefügig zu machen. Dazu gehören Verhaltensweisen gegenüber Kindern und ihrem Umfeld, die in der Öffentlichkeit gerne als besonders perfide bezeichnet werden. Dabei erfüllen diese Strategien das Ziel des pädosexuellen Täters: Kinder in eine Zwangssituation zu manövrieren, in der er sie möglichst lange sexuell ausbeuten kann.

Wissenschaftliche Studien und Erfahrungsberichte aus der Pädophilenszene, wie sie der Investigativjournalist Manfred Karremann vorgenommen hat, zeigen sich ähnelnde Muster des Anwerbens: Pädophile haben einen Plan, der sich unter Umständen gezielt auf bestimmte Kinder und deren soziales Umfeld richtet. Sie nähern sich mit einer großen Sensibilität, sie tun dies besonders bei Kindern, die Defizite in Bezug auf Anerkennung und Liebe haben. Die Täter kombinieren die Annäherung mit zufällig anmutenden intimen Berührungen. Sie vermitteln den Opfern, dass sie etwas Besonderes seien und dass sie das sexuelle Verhältnis selbst wollten. Die Täter integrieren das engste soziale Umfeld des Opfers in den Missbrauch nach dem Prinzip: »Nicht mit der Mutter, aber auch nicht ohne sie.« Die Täter schaffen und nutzen eine Täterlobby, die sich dadurch auszeichnet, dass sie entweder ahnungslos oder aber bestens informiert ist über das pädophile System.

Die Täter benutzen und täuschen das Kind, sie manipulieren aber auch die Bezugspersonen, um ihr System aufzubauen. So beschreiben Autorinnen des Deutschen Jugendinstitutes in München die Muster. Die Täter konstruieren ein Zuneigungs- und Abhängigkeitssystem. Darin gibt es Belohnungen und Strafen. Die wirksamste Strafe ist die Mitschuld: Wenn du petzt, verpetzt du dich selbst! Denn du hast mitgemacht.

»Das schlimmste Vergehen gegen den OSO-Kodex war es, zu petzen«, sagt eine ehemalige Lehrerin heute. Eine Regel, die beispielhaft zeigt, wie sich pädophile und pädagogische Elemente an der Odenwaldschule überlagerten. An bestimmten Orten wie dem Herderhaus waren sie bereits identisch geworden.

Schockierte Gutachter

Beim genauen Betrachten der Odenwaldschule fällt eine Diskrepanz auf.

In pädagogischen Kreisen werden die Anschuldigungen gegen Gerold Becker zunächst in Frage gestellt oder abgestritten. Das war in der Odenwaldschule genau wie in der reformpädagogischen Szene der Fall. Später wurde Becker als Einzeltäter und Verbrecher dargestellt. Damit wollte man belegen, dass seine Handlungen keinerlei Berührungspunkte mit der reformpädagogischen Konzeption zu tun hätten, die Becker stets sehr prominent vertrat. Hat Gerold Becker eigentlich in erster Linie als Pädagoge oder als Pädosexueller an seiner Schule agiert? Ein Diskurs über diese Frage ist mit den meisten Pädagogen praktisch unmöglich. Sie wird wahlweise als Provokation, Unverschämtheit oder Dummheit abgetan.

Ganz anders und viel härter urteilen die Missbrauchsexperten. Sie erkennen in der Art, wie die Pädagogen den Täter von Anfang an freigesprochen und beschützt haben, ein die Pädosexualität begünstigendes System. Psychologen entlarven dies als den für das Umfeld von Pädophilen typischen Täterschutz. Und Missbrauchsanalysten sehen Gerold Becker auch nicht als großen Pädagogen, sondern einfach als mutmaßlichen Täter.

Bisher haben zwei formelle Bestandsaufnahmen der sexuellen Gewalt an der Odenwaldschule stattgefunden. Das war im Jahr 2009 und 2010, also Jahrzehnte nach den Taten. Die Untersuchungen stützen sich auf eine Vielzahl von Aussagen, die Betroffene und Zeitzeugen abgegeben haben. Und beide Gutachten kommen zu einschneidenden Urteilen. Sie nennen den Missbrauch als zum Kulturprogramm der Schule gehörig. Oder kommen zu dem Schluss, es habe einen Kodex der Übergriffigkeit gegeben. Das heißt, prinzipiell habe jeder Lehrer an der Odenwaldschule die Möglichkeit gehabt, übergriffig zu werden.

Ein psychologischer Gutachter hat 2009 Gespräche zwischen Betroffenen des Missbrauchs und der Schule moderiert. Er hat über diese »Frankfurter Gespräche« einen Beitrag verfasst. Darin heißt es unter der Überschrift »Was wir wissen«, dass »hierarchisch höher stehende Personen« die Schüler der Odenwaldschule in Zwangssituationen gebracht hätten.

»Sie waren aufgefordert, massageartige Dienstleistungen zu erbringen.

Während üblicher Duschvorgänge gesellten sich Pädagogen mit unter die Dusche. Dies teilweise täglich.

Schüler wurden morgens durch Berührungen im Intimbereich aufgeweckt.

Einzelne Schüler waren ausgesucht, als sexuelle Dienstleister für den Abend bzw. das Wochenende zu fungieren.

Neben den mehrheitlich homosexuellen Übergriffen kam es auch zu sexuellen Kontakten heterosexueller Natur. So kam es z. B. zu gemeinschaftlichen sexuellen Misshandlungen einer Schülerin in einem Kleinbus in Anwesenheit eines Pädagogen.

Über langfristig angelegte Partnerschaften zwischen Schülerinnen und Lehrern wurde ebenfalls berichtet. In einem Brief wurde dies nachträglich als natürlich und regelkonform dargestellt.

Neue Schüler wurden durch Mittagsschlaf mit dem zuständigen Familienhaupt in die zu erbringende Dienstleistung eingewiesen.

Von Pädagogen mitgebrachte Gäste konnten sich am sexuellen Missbrauch beteiligen.

Der Schulleiter selbst, dem Alkohol sehr zugetan, war jederzeit bereit, für die Kinder und Jugendlichen entsprechenden Nachschub an legalen und illegalen Rauschmitteln zu finanzieren und zu organisieren.«

So eindrucksvoll und zugleich erschütternd sich das Papier liest: es wurde nie veröffentlicht, sondern geistert lediglich als Kopie durch die E-Mail-Verteiler der Schule. Die Veröffentlichung lehnten 2010 übrigens beide Seiten ab: der Vorstand der Schule, weil es zu radikal sei; die betroffenen Exschüler, weil es angeblich nicht gut genug formuliert sei.

Die beiden offiziell von der Schule bestellten Ermittlerinnen waren die Rechtsanwältin Claudia Burgsmüller sowie die ehemalige Präsidentin des Oberlandesgerichts Frankfurt, Brigitte Tilmann. Sie haben eine Vielzahl von Berichten ausgewertet und spannen Zeitraum und Anzahl der Taten viel weiter als der Gutachter. Sie reichten demnach von den 1960er bis in die 1990er Jahre. Die beiden Aufklärerinnen glauben, »dass sich in der Odenwaldschule in einem Mikrokosmos die gesellschaftliche Realität von sexuellen Missbrauchstaten widerspiegelte«. Sie sprechen für die Odenwaldschule jener Zeit von einem Kodex. Es seien nicht nur die engen familiären Strukturen gewesen, die den Missbrauch begünstigt hätten. Auch sei es nicht allein um die sexuelle Bedürfnisbefriedigung des narzisstischen Pädosexuellen Gerold Becker gegangen. Vielmehr seien die Übergriffe durch einen herrschenden Kodex erleichtert worden, »der möglicherweise von allen Erwachsenen geteilt wurde«.

»Der Kodex lautete, dass es Zugriffsrechte für Lehrer und Lehrerinnen und andere MitarbeiterInnen auf Schüler und Schülerinnen gab; d. h. auf alle diejenigen, die strukturell abhängig waren als Schutzbefohlene und darüber hinaus aus unterschiedlichsten Gründen besonders verletzlich waren.«

Dieser Befund ist ein Desaster für die Odenwaldschule und die Reformpädagogik. Denn er bedeutet, dass Gerold Becker und sein System ausgerechnet für die besonders hilfebedürftigen Schüler eine Gefahr war. Die herrschende reformpädagogische Ideologie machte es ihm besonders leicht, sein Verhalten rechtfertigen. Die Idee der Nähe zum Kind, des Lernens und Lehrens auf Augenhöhe, die erlebnispädagogischen Ausflüge und die Struktur der Internatsfamilie waren beides für Pädosexuelle: ein idealer Instrumentenkasten, um eine übergriffige Nähe zu Kindern und Jugendlichen herzustellen. Und zugleich eine perfekt harmlose Tarnung für teilweise brutale Übergriffe auf Schüler.

Gerold Becker setzte sich die für einen Pädophilen geniale Tarnkappe auf: Er spielte den liberalen Reformpädagogen.

»Ich kenne keinen Menschen, der Kinder besser versteht als Gerold«, lautet die Einschätzung einer Lehrerin von damals.

Klaus Bregler war Lehrer an der Odenwaldschule. Er kam Mitte der 1970er Jahre dort an und wurde zu einem der Kritiker des Schulleiters. Er nennt die Schule in der Rückschau eine Bedürfnisbefriedigungsanstalt.

Die Untergrund-Odenwaldschule

Das System Becker ist gespalten und doch ein Ganzes. Die Odenwaldschule war eine Art Doppelstaat.

Offiziell herrschte an der Odenwaldschule eine Ideologie aus Kinderfreundlichkeit, Liberalität und griechischem Erziehungsideal. Die überwältigende Mehrheit der Lehrer teilte dieses Ideal. Das höchste in dieser amtlichen Odenwaldschule sind die Kinder, in Beckers Worten: die pädagogischen Bedingungen, die dem Aufwachsen des Kindes guttun.

Allerdings existierte innerhalb dieser offiziellen Odenwaldschule noch eine zweite Odenwaldschule, eine Art Untergrund-OSO. Dort galten die Ideale nur zum Schein, in Wahrheit wurden sie grob verletzt. Hier herrschten genau jene Bedingungen, die dem Aufwachsen nicht bekommen. Es haben sich geradezu mafiöse Bedingungen breitgemacht. Es gibt eine rohe, teils brutale Körperlichkeit. Es werden alle möglichen Rauschmittel, von Bier bis Heroin, benutzt und verdealt. Hier sterben auch junge Männer, meist nachdem sie die OSO verlassen haben. Sie sterben nicht direkt an der sexuellen Gewalt, die sie erlebt haben, sondern an den Folgewirkungen, die sich ergeben, am zerstörten Leben, an Aids oder an einer Überdosis Heroin. Es gibt ein Dutzend toter ehemaliger Schüler, bei denen die Eltern wissen wollen, ob sie zu den Betroffenen der sexuellen Gewalt gehörten. Die beiden Ermittlerinnen Burgsmüller und Tilmann versuchen nun, anhand der Mitteilungen von ehemaligen Schülerinnen über Missbrauch herauszufinden, welche Zusammenhänge es unter Umständen gibt.

In der Geheim-OSO spielen Rituale und Initiationen eine große Rolle, die Kinder Teil einer Tätergemeinschaft werden lassen. Dazu gehört die Initiation durch die Internatskameraden, von Ausziehen über Heißduschen bis zu grausamer sexueller Demütigung. Und dazu zählt auch die Initiation kleiner Jungen in die sogenannte Knabenliebe durch pädosexuelle Lehrer.

Die offizielle Odenwaldschule und die inoffizielle schließen sich in ihrem Zweck eigentlich gegenseitig aus. Nach außen sind auch nicht zwei Odenwaldschulen, sondern nur eine erkennbar. Das System ist sich an den Nahtstellen zum Verwechseln ähnlich. Das heißt, die Untergrund-OSO betreibt eine perfekte Mimese. Sie macht aus der Kinderfreundlichkeit die Kinderliebe. Sie nimmt das griechische Erziehungsideal wörtlich und praktiziert den pädagogischen Eros in seiner ursprünglichen Form. Das System braucht auch die Liberalität. Sie nutzt die unter Gerold Becker zur Regel erklärte Regellosigkeit, um an der amtlichen Odenwaldschule essenzielle Kontrollen zu korrumpieren oder zu beseitigen.

Für die Odenwaldschule ist das der Sündenfall. Weil ihre mit Inbrunst, Naivität und Arroganz vorgetragenen Glaubensbekenntnisse vom besseren ganzheitlichen Lernen ein wichtiger Teil des Becker'schen Missbrauchssystems waren. Die reformpädagogische Ideologie war eine perfekte Tarnung für Gerold Becker. Er hat aus dem emphatischen »Ich helfe dir«-Angebot an OSO-Schüler ein heimtückisches »Ich helfe dir – in mein Bett« gemacht.

In Gerold Beckers Familie lebte ein Junge, der aus einem Waisenhaus gekommen war. Er besuchte an der Odenwaldschule über Jahre den Unterricht kaum mehr. Er wurde mehrfach pädagogisch versetzt. Das heißt, der Schüler rückte in die nächste Klasse ohne Lernen, Noten oder Prüfen auf. Dieser Junge versorgte sich mehr und mehr mit Alkohol, geduldet von Gerold Becker. Der Schulleiter missbrauchte ihn auf verschiedene Arten. Der Schüler flüchtete sich davor in die totale Isolation. Für ihn war die Schule keine Schule mehr, sondern ein Ort der vollkommenen Auslieferung. Er lernte nicht mehr, er war einfach da und versuchte irgendwie, dem Missbrauch zu entgehen.

Die Existenz eines solchen Falles stellt die Zweiteilung in den Doppelstaat Odenwaldschule von besonderer Fürsorge und gleichzeitigem Missbrauch, von Wissen und Nicht-Wissen in Frage. Denn der Schüler konnte dem pädagogischen Personal und den offiziellen Gremien der Schule unmöglich verborgen bleiben.

Es gibt darauf zum heutigen Zeitpunkt keine befriedigende Antwort. Ein solcher Mensch und sein Schicksal sind ein intellektuelles Problem für die Darstellung. Aber er bleibt eine reale Person aus Fleisch und Blut und gelebtem Leben. Der Fall zählt zu den vielen Ungereimtheiten und Fassungslosigkeiten, die an der Odenwaldschule möglich waren. Ein solcher Fall lässt diese Frage umso dringlicher erscheinen: Was wussten die Lehrer wirklich?

Das Schweigen der Lehrer

Die Lehrer der Odenwaldschule sind bis heute die kritische Größe jeder Aufklärung. Einige von ihnen waren verstrickt in das System Becker. Viele verübten sexuelle Übergriffe auf Kinder oder sie hatten, wie sie es nennen, einvernehmlichen Sex mit Schülerinnen. Es besteht in dieser Gruppe noch großer Aufklärungsbedarf. Denn bislang ist nicht beschrieben, welche Taten aus diesem Kreis heraus begangen wurden. Es ist also unklar, wie regelmäßig, wie intensiv und unter Nutzung welcher Abhängigkeitsverhältnisse sexuelle Ausbeutung betrieben wurde.

Es gibt eine klar erkennbare Kompromittierung, die bis heute wirksam ist: Die Nebentäter haben sich schuldig gemacht – und weigern sich aus diesem Grund, über die Haupttäter zu sprechen. Sie sind Teil des Schweigekartells, das immer noch rund um die Haupttäter gebildet wird.

Obwohl es inzwischen vollkommen unstrittig ist, dass an der OSO schwerer Missbrauch stattfand, üben sich die meisten ehemaligen und die aktiven Lehrer zum Teil immer noch im Bagatellisieren oder Negieren. Dabei haben diese Lehrer zum Teil gewusst, dass Gerold Becker pädophil war. Becker selbst gestand einem Lehrer offen seine Neigung. »Das Einzige, was ich nicht in den Griff bekomme, ist meine Pädophilie«, sagte er. Zwei weitere Lehrer haben zugegeben, dass sie während der Amtszeit Beckers von Schülern erfuhren, dass Gerold Becker übergriffig war. Beide haben keine entschlossenen Versuche unternommen, das System Becker aufzuklären. Beide wollen ihre Namen nicht veröffentlichen. Einen offensiven Umgang mit der pädophilen Vergangenheit gibt es bis heute an der Schule kaum.

Viele Lehrer mauern, sie lassen das Thema überhaupt nicht an sich heran. Sie weigern sich zu sprechen. Entweder sie beschimpfen den Fragenden, warum er sie mit diesen Anwürfen beschmutze, oder beginnen sofort, die Vorzüge ihrer Schule zu verteidigen.

Andere reagieren enttäuscht und verletzt: »Ich kann nicht mehr mit Stolz sagen, dass ich an der Odenwaldschule Lehrer bin«, sagt etwa der Lehrer Dirk Höflich, der sich aktiv an der Selbstfindung der Schule beteiligt. »Es ist so, dass ich erst jetzt beginne, die Möglichkeit von Missbrauch in mein Weltbild zu integrieren.« Höflich ist einer jener Lehrer, die das Unbegreifliche an sich herangelassen haben. Ein traumatisierter Exschüler erzählte ihm in einem langen Gespräch, was an der Schule alles möglich war. Die Schilderungen dieser Nacht haben für den Lehrer Höflich vieles verändert. »Es hat mir das Ausmaß des Schreckens und der Verbrechen vor Augen geführt.«

Was den Lehrern heute schwerfällt, ist, mit anderen über die Taten Beckers zu sprechen. Und wenn sie es doch tun, dann korrigieren sie ihre Worte später wieder und formulieren sie zu langen Deklarationen um. Zum Beispiel Uta Forstat, eine Lehrerin, die einst aus New York an die Schule kam. Sie hat die Odenwaldschule nie als eine Eliteschule gesehen, aber stets als etwas Besonderes. »Sie war eine Schule, die ermutigte, sich etwas zu trauen, etwas auszuprobieren, Fehler zu machen und daraus wirklich zu lernen.« Den Missbrauch habe sie nicht bemerkt, sagt sie. Es im Nachhinein zu erfahren sei ein Schock für sie.

»Die mir bekannt gewordenen Berichte der Betroffenen haben mich zutiefst an meinen bisherigen Lebenserfahrungen und meinen eigenen Sinneswahrnehmungen (ver)zweifeln lassen. Allein die Vorstellung, unsere damalig gelebte Realität und die Realität der betroffenen Schüler hätten sich zur selben Zeit und am selben Ort abgespielt, lässt sich in Worten nicht ausdrücken. Und es sich heute, nach so langer Zeit, nun retrospektiv doch vorstellen zu müssen und gleichzeitig fassungslos vor diesem unergründlichen Abgrund zu stehen, ohne zu verstehen, wie das in einer Gemeinschaft passieren konnte, die sich von allen Gemeinschaften, die ich bis dahin kennengelernt hatte, so überzeugend positiv unterschied, ist weder verstandes- noch gefühlsmäßig angemessen möglich. Der Glaube an unsere unumstößlichen gemeinschaftlichen Werte, die für alle gelten sollten und die so unsäglich außer Kraft gesetzt wurden, hat sich als Phantom erwiesen. Dies ist ein existenzieller Verlust für jede und jeden und uns fehlen die Worte, uns gegenseitig darüber zu trösten.«

Opfer kommen in den Gesprächen der Lehrer häufig nicht oder nur in negativer Erwähnung vor. Eine Lehrerin mit viel Theatererfahrung äußert erst Bedauern – und pickt sich dann einen bestimmten Betroffenen heraus. »Ich habe das Gefühl, dass der aufgebaut wurde. Er spielt es, damit es besser rüberkommt.«

Ein anderer Lehrer wundert sich über jenen Betroffenen, der bereits Ende der 90er Jahre erst durch einen Brief und dann durch einen Zeitungsartikel den Fall aufgedeckt hatte. »Ich war überrascht von ihm, dass er sich nicht interessiert, wie es heute eigentlich an der Schule ist – er will scheinbar nur abgegolten werden.«

Ein ehmaliger Lehrer sagt, man müsse »die Opfer auch als Komplizen beschreiben«.

Ein Lehrer, der sich seit langem und als einer der ersten Lehrer offen zu den Opfern bekennt, heißt Salman Ansari. Andere Lehrer haben ihn als Judas beschimpft, weil er Gerold Becker kritisierte.

Nicht alle Mitarbeiter der Schule sagen, dass sie nichts gewusst haben. Ein Lehrer etwa, der einst in leitender Stellung an der Odenwaldschule war, berichtet im Jahr 2010 in einem dreistündigen Gespräch darüber, wie wunderbar die Schule gewesen wäre. Ganz am Schluss fällt ihm ein, dass auch er es erfahren habe. Eine Mitarbeiterin, die gastweise an der Schule weilte und im Herderhaus untergebracht war, hätte es ihm damals erzählt. Der Schulleiter dusche immer wieder gemeinsam mit den Schülern und werde dabei übergriffig. Die Schüler hätten sich in ihrer Not an sie, den Gast, gewandt.

Nun wäre es an dem leitenden Lehrer gewesen, die Konsequenzen zu ziehen. Nur wusste er nicht, wie er damit umgehen sollte. »Ich bin drei Tage durch die Odenwaldschule gelaufen, unschlüssig, was ich machen sollte.« Schließlich fasste er einen Entschluss. Er ging zum Schulleiter, stellte ihn zur Rede und – kündigte. Er verließ die Schule. Der Vorfall blieb erneut ohne Konsequenz. Der Mann sagt heute im Rückblick: »Ich fühle mich schuldig.«

Im Jahre 1976 musste ein Schüler die Schule für zehn Tage verlassen, weil er gestohlen hatte. Die pädagogische Konferenz beschloss, ihn für eine Weile nach Hause zu schicken. Er sollte die Abwesenheit von der Schule nutzen, um zu verstehen, was sein Diebstahl bedeutete.

Diebstahl, das war in dieser Zeit ein großes Thema an der OSO. Immer wieder wurden in der Küche Lebensmittel gestohlen. Schüler räuberten auch Materialien aus den Chemieräumen. Selbst untereinander beklauten sich die OSO-Schüler. Wegen eines Einbruchs in den Speisesaal formulierten Schüler einen dramatischen Appell. »Wir wollen und können diesen Einbruch gar nicht rechtfertigen, denn wer ihn jetzt rechtfertigt, macht ihn morgen wieder möglich«, schrieben sie und riefen zur Solidarität auf. »Wir, die unterschrieben haben, sehen diesen Einbruch als großen Fehler an und sehen, dass auf dieser Basis kein Zusammenleben möglich ist.« Die Schüler selbst wandten sich damit gegen die Diebstähle.

Und nun hatte die pädagogische Konferenz beschlossen, einen Schüler für elf Tage nach Hause zu schicken.

Aber schon wenige Tage später war der Schüler wieder da. Er saß beim Altschülertreffen der Schule herum. Als Lehrer fragten, was er hier mache, antwortete der Junge gelassen, er wäre Gerolds Gast. Der Junge galt als der hübscheste Knabe der Schule. »Ein bildschöner Kerl«, erinnern sich die Protagonisten des Vorfalls aus dem Jahr 1976.

Die Lehrer schrieben daraufhin einen wutschnaubenden Brief, der Schulleiter möge sich erklären. Aber Becker ließ die Gruppe auflaufen. Nach mehr als zwei Wochen antwortete er, er hätte wegen Zahnschmerzen den Sachverhalt nicht darlegen können. Den Schüler nannte er in dem Brief bei seinem Kosenamen.

Damit hatte der Schulleiter vor aller Augen eine ganze Gruppe von Lehrern lächerlich gemacht. Er hatte gezeigt: Wenn ich es will, kehrt ein schöner Knabe an die Schule zurück – egal, was die Konferenz beschlossen hat.

Aber noch im Jahr 2010 sind von Lehrern der Odenwaldschule solche Sätze zu hören: »Es war nicht alles schlecht unter Becker.« Oder: »Irgendwann muss man doch mal einen Schlussstrich ziehen.«

Es gab viele Sünden im Odenwald: die Sünde der Gewalt und der Lüge Beckers; die Sünde des Schweigens und Wegsehens der Konferenz; die Sünde der Leugnung und der falschen Treue der pädagogischen Platzhirsche, die im Odenwald ein und aus gingen. Aber es gab auch eine Sünde der Reformpädagogik: Sie war blind für die Versuchungen, die von ihr ausgehen.

2.4 ORGANISIERTE VERANTWORTUNGSLOSIGKEIT

Das Herderhaus liegt im Herzen der Odenwaldschule. Es ist das größte der Häusergruppe auf dem Mittelweg des Waldhangs und wirkt wie eine Zitadelle. Im Herderhaus ist Platz für drei Internatsfamilien, eine davon leitete lange Zeit Gerold Becker. Er konnte es mit den Großen der zeitgenössischen Pädagogik aufnehmen. »Der Gerold war die Lichtgestalt der Landerziehungsheime«, schwärmen seine Freunde noch heute. Beckers Lebensgefährte Hartmut von Hentig glaubte, der Freund sei ihm an Gespür im Umgang mit Kindern sogar überlegen.

Aber das alles sieht Benita Daublebsky in diesem Augenblick nicht mehr. Sie ist entsetzt darüber, wie es in Beckers Wohnung aussieht. »Du spinnst«, sagt sie zu ihm, ja sie fährt ihn geradezu an. »Was sollen die ganzen Bierflaschen auf dem Tisch?«

Daublebsky ist eine sehr elegante Frau. Sie kam als promovierte Psychologin an die beste deutsche Schule. Nun muss sie erkennen, dass es beim Schulleiter wie nach einem Saufgelage aussieht.

Gerold Becker hatte seine Wohnung im Erdgeschoss des Herderhauses. Sie stand stets offen für die Schüler. Sie machten sich dort regelrecht breit. Die Schüler saßen in Beckers Fernsehecke, tranken Bier und freuten sich darüber, »dass man bei Gerold den Kühlschrank leer fressen konnte«. So berichtet es ein Schüler seiner damaligen Internatsfamilie. »Wenn man zu Becker gesagt hat, ›Gerold, du störst‹, dann ist er tatächlich gegangen. Und wir saßen dann weiter in seiner Wohnung und guckten fern.« Beckers Toleranz ist Schülern noch heute, über 30 Jahre später, ins Gedächtnis gebrannt.

Dr. Benita Daublebsky hatte 1970 an der Odenwaldschule als Schulpsychologin ihre Arbeit begonnen. Es war der vibrierende Moment der großen Schulreformen in Deutschland. Und sie war da gelandet, wo alle Pädagogen hinwollten, die etwas auf sich hielten: an der Odenwaldschule Ober-Hambach, dem progressivsten Landerziehungsheim in Deutschland. Benita Daublebsky war glücklich, zu dieser Liga von Schule zu gehören. Die Österreicherin hatte in Graz in Psychologie und Philosophie promoviert. Damals erschien sie manchen wie die Kronprinzessin der Odenwaldschule. Auf langen Spaziergängen räsonnierte sie mit Gerold Ummo Becker über fachliche Fragen.

»Benita wurde doch als Gerolds Lebensversicherung nach Ober-Hambach geschickt«, erzählt heute einer aus dem innersten Kreis.

»Die dachten, wenn die Benita da ist, dann passiert dem Gerold nichts. Solange die beiden zusammen da sind, da fasst er niemanden an.«

Benita Daublebsky ist über solcherlei Vermutungen empört. »Da bleibt einem die Sprache weg von so viel Naivität«, sagt sie heute. »Natürlich wusste ich, dass es Homosexualität gibt, und ich wusste auch, dass ich als Frau dies nicht ändern konnte. Also persönlich als Frau, da war ich doch eine Null bei Gerold Becker.«

Gerold Ummo Becker war ein liberaler Pädagoge. Er konnte im Umgang mit den Kindern immer noch Dinge zulassen, wenn andere mit ihrem pädagogischen Latein schon längst am Ende waren. 17-Jährige wegen mangelnder Sauberkeit zu ermahnen sei doch im Grunde peinlich, schrieb Becker damals über die Autorität des Lehrers. »Vor allem kann es leicht die entgegengesetzte Wirkung haben.«

Was sich in der Theorie so elegant anhörte, das war in der gelebten Realität allerdings bisweilen irritierend.

Eine Lehrerin ging mit einem Jungen über den Campus, als der Schulleiter des Wegs kam. Der Schüler der 8. Klasse schlich ihm ein paar Schritte nach und schlug ihm dann mit der Hand fest auf die Schulter. »Na, Gerold, alter Sack, wie geht es dir!« Aber Becker reagierte gar nicht, er erduldete es beinahe demütig. Die Lehrerin jedoch schämte sich und stellte den Jungen später zur Rede. Aber sie war auch schockiert. Am meisten erschreckte sie die apathische Haltung, mit der ihr Schulleiter das Verhalten des Schülers hinnahm.

Das Chaotische und zugleich auch das Planvolle waren stilbildende Elemente einer Schule, die Becker seit dem Jahr 1972 als Leiter regierte. Der Mittdreißiger mag manchem wie ein organisatorischer Analphabet vorgekommen sein. Aber er begann sofort und ohne Umschweife, die Schule nach seinen Vorstellungen umzugestalten.

Diktator Gummo?

Im März 1973 traf in der Odenwaldschule ein unfreundlich gehaltener Brief ein. Barsch stand darin, dass es »letztlich Sache von Herrn Becker und der Konferenz ist«, sich über einen Passus der Konferenzordnung zu einigen. Absender des Briefes war ein Mitglied im Trägerverein der Odenwaldschule, der zugleich Hausjurist der Odenwaldschule war.

Der Jurist war damals mehr als genervt. Es ärgerte ihn, dass er sich nun seit Gerold Beckers Amtsantritt im Jahr 1972 mit den neuen demokratischen Spielregeln in der Konferenz den Kopf zerbrechen sollte – obwohl Becker, formell betrachtet, noch nicht einmal Schulleiter war. »Weit wichtiger erscheint es mir«, schrieb der Anwalt, »dass wir nun endlich die Verträge mit Herrn Becker und Ihnen unter Dach und Fach bekommen.«

Aber Gerold Becker hatte andere Prioritäten. Mehrfach ließ er seinen Geschäftsführer umfängliche und komplizierte Briefe an den Hausjuristen schicken. Becker wollte der Schule eine neue Grundordnung geben. Als er an die Schule kam, habe er, so schrieb er später im Rückblick, »nur Bruchstücke einer verbindlichen ›Verfassung‹ oder präziser Ordnungen und Regelungen für Konfliktfälle« vorgefunden. Erst unter seiner Führung sei aus der OSO eine mustergültige Demokratie mit hoher Schülerbeteiligung geworden.

Im Zentrum der Schuldemokratie an der Odenwaldschule steht die Konferenz der Mitarbeiter. Sie war das wichtigste demokratische Gremium, gewissermaßen ihr Herz. Seit Paul Geheeb die Schule gründete, wurde an der Odenwaldschule größter Wert darauf gelegt, dass die Mitarbeiter eine weitgehende demokratische Mitsprache besitzen. Auch bevor Becker die Schule übernahm, galt die Konferenz als der Motor der Schulentwicklung. Immer wieder kamen aus ihrer Mitte neue pädagogische Impulse. Die Konferenz war Antreiber und Taktgeber in Unterrichtsfragen.

Doch mit dem neuen Schulleiter Becker sollte das offenbar anders werden. Denn Gerold Becker bat sich damals ein Vetorecht aus. Er wollte Nein sagen können, wenn die Konferenz in pädagogischen Fragen einen Beschluss fällte.

In jeder demokratischen Verfassung ist das Veto ein scharfes Schwert. An einer Schule aber stellt ein Veto in pädagogischen Fragen so viel wie eine Generalvollmacht dar. Ohne seine Zustimmung ging nichts mehr an der Schule. Der Schulleiter würde so zu einem Präsidenten der Schule, manche würden ihn auch Diktator nennen. »Das war ein Ermächtigungsgesetz«, nennt Jens Jörg Hoffmann die Vorlage, mit der Becker damals die Odenwaldschule veränderte. Hoffmann ist ehemaliger Schüler der OSO und Anwalt, der Betroffene vertritt.

Ermächtigungsgesetz – das ist ein Vergleich, der jeden Mitarbeiter und Fan der Odenwaldschule auf die Palme treibt. Die OSO ist die Schule des besseren Deutschland. Sie wurde 1910 gegen eine autoritäre Staatsschule gegründet, in der es wie auf dem Kasernenhof zuging. Nach 1945 wurde die Odenwaldschule erneuert, da sie nach Meinung Geheebs unter den Nazis nicht genug Distanz zu den braunen Machthabern gehalten hatte. Es leitete sie zunächst Minna Specht, eine bekennende demokratische Sozialistin. Später übernahmen Kurt Zier und Walter Schäfer die Schule. Der eine aus der Kriegsgefangenschaft zurückgekehrt, der andere aus der Emigration.

Die Odenwaldschule hat in ihrem ungeschriebenen Grundgesetz stehen, dass sie erstens demokratisch ist, dass sie, zweitens, Kinder zu Demokraten erzieht und dass sie, drittens, nicht mehr zulassen werde, dass in Deutschland vor Unrecht wieder weggesehen werde.

Die OSO also mit dem Ermächtigungsgesetz in Verbindung zu bringen, das Gesetzgebung ohne Parlament und gegen die Verfassung möglich macht, ist ein Frevel für jeden Odenwaldgläubigen.

Jens Jörg Hoffmann lächelt bei diesem Vergleich. Es gefällt ihm, zu karikieren, wie grundlegend Gerold Becker die Struktur der Schule verändert hat.

Hoffmann ist einer von denen, die meinen, dass Gerold Becker erst die Organisation Odenwaldschule manipulierte und dann ihre Insassen. Tatsächlich könnte man auf die Idee kommen, dass Becker die Verfassung der Schule präpariert hat. Er hatte sich damals seine Machtposition sowohl in der Konferenz der Odenwaldschule als auch im Vorstand des Trägervereins stärken lassen.

Es gibt andere, die halten das für eine groteske Analyse. Gerold Becker war ein so weicher und inkonsequenter Mann, viele nannten ihn deswegen auch in Anspielung auf seinen zweiten Vornamen »den großen Gummo«. Dieser biegsame Gummo sollte sich also diktatorische Befugnisse geholt haben? Nein, da schütteln viele, die ihn gut kannten, den Kopf. Ein Diktator, das wäre das Letzte, was Becker hätte sein wollen.

Aber warum hat er dann sofort, als er Schulleiter wurde, ein Vetorecht beantragt und in stundenlangen Sitzungen durchgesetzt?

»Kinderfreunde« an der Macht

Das diktatorische Zwischenspiel Gerold Beckers ist eines der Mirakel der Odenwaldschule. Niemand konnte Anfang der 1970er Jahre begreifen, um was es Becker mit seiner Reform der OSO-Verfassung ging. Denn Becker formulierte stets die besten Absichten. Er wollte zwar ein Veto – aber er begründete es mit dem Wohl des Kindes.

Das machte die Lage kompliziert für jene, die nicht wollten, dass ein Einzelner an ihrer demokratischen Schule das Sagen hatte. Sie konnten Becker schlecht vorwerfen, dass er sich diktatorische Gewalten anmaßte. Denn der Schulleiter trat als Freund der Kinder auf. Über allem schwebte stets die Rede vom Kind und seinen unantastbaren Rechten. Es entwickelte sich eine regelrechte Ideo-

logie. Die Konferenz der Odenwaldschule teilte sich bald in zwei
Lager. Dieses Parlament der Schule war seit ihrer Gründung niemals eine homogene Gruppe. Aber die Lagerbildung in den 1970er
Jahren war scharf, die Umgangsformen verletzend. »Es gab zwei
Lager an der Schule«, berichtet ein Lehrer: »Die Kinderfreunde, die
an den Lippen des Meisters, ihrem Gerold, hingen. Und die andere
Gruppe, die eher für strengere Regeln waren.« Wie diesem Lehrer
ging es vielen. »Ich bin jedes Mal aus den Konferenzen rausgeschli-
chen und habe mich gefragt: Wieso habe ich jetzt wieder nichts
gesagt«, erinnert sich ein anderer Lehrer an die Zeit damals. »Das
Klima an der Schule war nicht zu ändern, es lag außerhalb meiner
Macht.«

Die Fraktionsbildung hatte eine pädagogische Grundlage. Und
die hatte ihre Wurzeln im Zeitgeist der 1960er Jahre. Wir stehen
am Beginn einer gesellschaftlichen Revolution in Deutschland. In
Abgrenzung zu den autoritären und menschenverachtenden Prinzipien der Nazizeit heißt das Zauberwort jetzt Demokratisierung.
Der neue Bundeskanzler Willy Brandt nahm das auf und sagte in
seiner Regierungserklärung: »Wir wollen mehr Demokratie wagen.«

In manchen Sphären der Gesellschaft reichte die Bewegung
noch viel weiter, etwa in den Bildungseinrichtungen. Es entsteht
eine antiautoritäre Kinderladenbewegung. Die wollte nicht moderne Kindergärten oder eine progressive Pädagogik erreichen, sondern schlicht die Gesellschaft ändern. Als die Kinderläden sich zu
sehr für Pädagogik zu interessieren begannen, putschte der sozia-
listische Studentenbund SDS gegen die Führung der Läden: »Es
geht nicht um eine Revolution der Erziehung, sondern um eine
Erziehung zur Revolution.«

Wer in dieser Zeit für Regeln votiert, wird schnell als ein auto-
ritärer Charakter gebrandmarkt. Damit meinte man einen Typus,
den man direkt für die Verbrechen des Nationalsozialismus ver-

antwortlich machen konnte. Die ganze Gesellschaft befand sich damals im mentalen Umbruch, der sich besonders stark in den Sphären der Erziehung auswirkte.

Zu dieser Zeit erschien zum Beispiel immer noch ein Erziehungsratgeber von Johanna Haarer. Die hunderttausendfach gelesene Autorin empfahl Müttern in den 1970er Jahren, nicht zu sehr auf die Wünsche ihrer Kinder einzugehen. »Nur ja keine Schwächen, kein langes Zögern! Kinder merken dies mit tausend feinen Sinnen – und dann bist du verloren, liebe Mutter!«, schreibt Haarer. »Werde hart! Fange nur ja nicht an, das Kind aus dem Bett herauszunehmen, es zu tragen, zu wiegen, zu fahren oder es auf dem Schoß zu halten, es gar zu stillen.«

Haarer hatte den Ratgeber »Die Mutter und ihr erstes Kind« schon einmal herausgegeben – zur Zeit Adolf Hitlers. Damals hieß das Buch »Die deutsche Mutter und ihr erstes Kind« und enthielt Passagen aus »Mein Kampf«.

Diese direkt aus dem Nationalsozialismus stammende Übermutter war in der jungen Bundesrepublik, nach kurzer Schamfrist, wieder aktiv und sehr beliebt. Erst mit der 68er-Bewegung wurde sie hinterfragt – und durch das Personal der neuen Zeit abgelöst: die Revolutionäre, die Spontis und die neue Frauenikone, das linke Nacktsternchen Uschi Obermeier.

Auch innerhalb der Odenwaldschule wurde der Konflikt zwischen einer Erziehung mit Regeln und dem Ideal der antiautoritären Erziehung ausgetragen. Nur geschah das hier persönlich. Die Ideologien befanden sich gewissermaßen im Nahkampf. Die Schule war zwar eine teure und private Einrichtung, aber ihre Insassen taten gerade deswegen umso mehr dafür, sich als freie und superdemokratische Schule zu geben. Die Lehrer schickten ihre Schüler auf Demos oder nahmen sie gleich selbst mit zum Kampf gegen die Startbahn West am Frankurter Flughafen. Lehrer, die mehr Struktur an der Schule wollten, wurden in dieser Zeit an den Rand gedrängt. Sie galten nicht nur als Kinderfeinde. Manchmal wurden sie auch kurzerhand als Faschisten beschimpft.

Es gibt eine unmittelbare Verbindung zwischen dem Zeitgeist in der Gesellschaft und dem an der Odenwaldschule. Es ist die Burg Waldeck, eine Burgruine im Hunsrück, die seit 1920 ein Hort der alten Jugendbewegung war. Dort hatte sich eigentlich der so genannte »Nerother Wandervogel« eingenistet. Das ist ein konservativer Zweig der bündischen Jugend, der von der Erneuerung der Gesellschaft durch Rittertugenden und feierlich-mythische Rituale träumte. In den 1960ern aber wurde die Waldeck zum Schauplatz eines kleinen deutschen Woodstock. Studenten linksliberaler Jugendgruppen organisierten auf der Waldeck ein Musik- und Kulturfestival, dessen Teilnehmerzahlen auf bis zu 6.000 anwuchsen und den Nerothern das Leben schwermachte. Das Festival fand große mediale Resonanz und gilt als einer der kulturellen Vorläufer der 1968er-Bewegung.

Das Festival und die Ruine, von einer Jugendgruppe nach dem Ersten Weltkrieg entdeckt, wurden für die 200 Kilometer entfernte Odenwaldschule ein wichtiger Kristallisationspunkt. Ein späterer Lehrer der Odenwaldschule erfand und organisierte das Festival mit. Immer wieder fuhren Lehrer der Schule mit ihren Schülern dorthin und übernachteten in einer Holzhütte auf dem Gelände der »Wiesbadener Hütte«. Die Burg Waldeck war auch ein Ort, an dem Odenwaldschüler immer wieder sexuell missbraucht wurden.

Gesellschaftlich steht die Waldeck für den kulturellen und politischen Aufbruch zu Beginn der 1960er Jahre. Die Ruine wird zu einer Bühne für kritische Liedermacher wie Franz Josef Degenhardt oder Hannes Wader und Kabarettisten wie Hanns-Dieter Hüsch. Die Musikfestivals bereiteten einer spontanen und unangepassten Bewegung den Boden. 1964/65 hätten bei dem Festival zunächst leise Lieder dem Empfinden einer Generation von jungen Intellektuellen Ausdruck gegeben, schreibt der Presseforscher und Waldeck-Kenner Holger Böning. Später jedoch »entfalteten die auf der Waldeck gesungenen Lieder mit explosiver Kraft ihre Wirkung«.

Beim deutschen Woodstock traf sich eine aufmüpfige Generation, die in der »Spiegel«-Affäre der jungen Bundesrepublik im Jahr 1962 erste Protesterfahrungen gemacht hatte. Zugleich war diese Generation tief verwurzelt in der jugendlichen Protestbewegung von Anfang des Jahrhunderts, der so genannten bündischen Jugend. Die Erfinder und Macher des Festivals, unter ihnen auch der spätere Odenwaldschullehrer Jürgen Kahle, stammten direkt aus Jungenschaften. Das Festival organisierten sie als studentische Gruppe der »Arbeitsgemeinschaft Burg Waldeck«. 1968 wurde den Polit-Spontis das romantische und demokratische Liedgut auf der Waldeck zu lahm. Sie forderten »Stellt die Gitarre in die Ecke und diskutiert« – und begannen die Liedermacher über den politischen Gehalt ihrer Texte zu verhören. Das Festival wird 1969 eingestellt.

Zu diesem Zeitpunkt hatte der Waldeck-Manager Kahle bereits bei der Odenwaldschule angeheuert. Er traf dort auf einen sich ständig erweiternden Kreis ehemaliger Jungenschaftler und Bündischer. Gerold Becker scharte an der Schule Leute um sich, die sein jugendbewegtes Lebensgefühl aus Göttinger Zeiten teilten. In die Odenwaldschule hinein rekrutierte er Bekannte aus seinem Netzwerk der bundesweit korrespondierenden Gruppen, besonders aus dem Göttinger Kreis, sowie von den Waldeckern, die wiederum Bezüge zur schwäbischen Jungenschaft haben.

Die früheren Jungenschaftler der Odenwaldschule stehen fast alle unter dem Verdacht, dass sie Schüler missbraucht haben sollen. Zu ihnen gehören bis zu sechs Lehrer. Sie pflegten einen libertären, vordergründig kinderfreundlichen Umgang – und häufig übergriffiges Verhalten. Die großen Reisen nach Griechenland oder Frankreich wurden häufig von einer Kerngruppe von vier Leuten unternommen. Sie gingen auch paarweise auf Reisen. Dabei kam es zu regelrechten Eifersüchteleien um die Jungen. Da habe dann, wie ehemalige Schüler berichten, »ein Lehrer gehen müssen, weil er um die gleichen Favoriten buhlte wie der Leitwolf der Schule.« Es entstand so eine nach außen nicht ohne Weiteres erkennbare Männerfraktion rund um Becker, an der niemand vorbeikam. Es mutet an wie eine feindliche Übernahme der Schule durch eine homoerotische Fraktion, die sich ursprünglich aus Kameraden jugendbewegter Gruppen rekrutierte.

Diese Gruppen kommen teilweise aus der Tradition der so genannten »Autonomen Deutschen Jungenschaft«. Das ist ein Zweig der Jugendbewegung, der einerseits demokratischer gesinnt ist als der Rest der Bewegung, andererseits aber einen betont elitären Zug pflegt. Dazu gehört, dass man nicht einfach Mitglied einer Jungenschaft ist, sondern eine geistige Haltung jugendlicher Unabhängigkeit und Protestes teilt. Die Jungenschaftler kürzen ihre Herkunft mit der Chiffre dj 1.11. ab, die sich auf den Gründungstag der autonomen Jungenschaft am 1. November 1929 bezieht. Die Nachfolger der dj 1.11. sehen sich als den ästhetisch und politisch radikalsten Flügel der bürgerlichen Jugendbewegung. Die homoerotische Linie in dieser Jungenschaft ist besonders ausgeprägt. Zu ihren Entstehungsmerkmalen zählt die bewusste Abkehr vom Prinzip des Lebensbundes. Auf deutsch: Die Jungenschaftler lehnen die Teilnahme von Frauen ab. Ihnen schwebt das Ideal des Ideologen der frühen homoerotischen Jugendbewegung Hans Blüher vor, der die These vertritt, dass es wahre geistige und sexuelle Größe nur zwischen Männern geben kann.

Das dj 1.11.-Netzwerk ist weit verzweigt. In Nachfolgegruppen der elitären Jungenschaft finden sich ein Missbrauchs-Verdächtiger aus dem Odenwald und mindestens ein Mitglied des damaligen Hentig-Lehrstuhls in Göttingen. Zudem die halbe Liedermacher-Combo, die auf der Waldeck sang, sowie der – inzwischen verstorbene – Sexualwissenschaftler Helmut Kentler, der folgende These verbreitete: »Pädosexuelle Kontakte« könnten »trotz der Ungleichheit der Partner gleichberechtigt und einvernehmlich gestaltet werden«. Kentler prägte lange den pädophilen Diskurs in der Gesellschaft.

Auch an der Odenwaldschule ging die Anwesenheit einer starken Gruppe mit pädophiler Einstellung nicht spurlos vorüber. »Es war die Zeit der ausgehenden Hippie- und Flower-Power-Bewegung, die Zeit der langsamen Umsetzung der 68er-Ideen, in denen unsere Generation die verschimmelten Tabus und Konventionen unserer restaurativen Vätergeneration über Bord warf«, schrieb Jürgen Kahle über diese Zeit, »und ein völlig neues Gefühl der Freiheit entwickelte – auch auf emotionalem und sexuellem Gebiet.«

Mit diesem Kulturprogramm wurde die Schule anschlussfähig bis ins radikal linke Milieu. Einer der Lehrer, der ebenfalls zum pädophilen Männerbund in der OSO zu rechnen sein dürfte, wechselte später zur linken Tageszeitung »taz«. Dort eroberten sich die Pädophilen bald einen Redakteursplatz und eine eigene Seite, auf der sie Propaganda für die Entkriminalisierung des Sex mit Kindern machen.

Die Lehrer mit anderen Auffassungen taten sich schwer, gegen den neuen OSO-Geist anzukommen. Einmal wollte eine Gruppe von Lehrern in der Konferenz der Odenwaldschule über ein heikles Thema sprechen: das Zusammenleben an der Schule und die Sexualität. Manchen Lehrern ging nämlich die aus der Waldeck herüberwehende sexuelle Libertinage zu weit. Sie verlangten deutlichere Grenzziehungen zwischen Lehrern und Schülern. Becker nahm den Ball auf, indem er sich einen prominenten und beliebten Exschüler als Helfer einlud: Daniel Cohn-Bendit. Er sprach über die Sexualität Jugendlicher – in die sich Erwachsene nicht regulierend einzumischen hätten. Die Becker-Fans johlten. Die Lehrer, die einen pädagogischen Diskurs beginnen wollten, waren blamiert. »Becker hat es gefallen, die Lehrerschaft zu spalten und gegeneinander auszuspielen«, berichtet ein ehemaliger Lehrer.

Einen besseren Zeugen für einen entgrenzten sexuellen Umgang auch mit Kindern hätte sich Becker damals kaum aussuchen können. Cohn-Bendit beschrieb in einem frühen Memoiren-Band 1975, wie ihn kleine Mädchen in einem Kinderladen anmachten. »Es ist mir mehrmals passiert, dass einige Kinder meinen Hosenlatz geöffnet haben und angefangen haben, mich zu streicheln.« Die Reaktion des grünen Gurus fiel in der Situation ebenso zwiespältig aus wie später, als er dafür zur Rede gestellt wird. Er habe »je nach Umständen unterschiedlich reagiert«, berichtet er über die Situation, und die Kinder ebenfalls gestreichelt, »wenn sie darauf bestanden«. Als er 2001 gefragt wurde, was das sollte, antwortet Cohn-Bendit: Es sei darum gegangen, »in einem kollektiven Diskurs eine neue Sexualmoral zu definieren«. Cohn-Bendits Diskurspartner aus dem Kinderladen waren zwischen zwei und fünf Jahre alt.

Gegen Beckers neues Programm an der Odenwaldschule war indes wenig zu machen. Es passte perfekt in den libertären Zeitgeist. Und es wendete sich direkt an die Schüler. Es werde an der OSO, so Becker, »ein unerschütterbares Vertrauen in die Entwicklungsmöglichkeiten jedes einzelnen Kindes und Jugendlichen« gesetzt. Dieses Vertrauen geht so weit, dass man es durch Verbote, Rausschmisse oder Regeln nicht stören darf. Beckers oberster Erziehungsgrundsatz lautete: Keine Strafen. »Durch rigorose Maßnahmen (z. B. Relegation) kann man sich zwar manchen Unbill und manchen Ärger ersparen, auf dem Hintergrund ernsthafter pädagogischer Reflexion sind solche Sanktionen im Regelfall wohl eher eine Art Offenbarungseid.«

Abgewiesene Opposition

Uwe und Herta Lau gehörten zu jenen Lehrern, die mit Beckers neuem Programm nicht übereinstimmten. Die beiden hatten sich von ihren Berliner Schulen freistellen lassen, um an die Odenwaldschule zu gehen. Sie waren bereits vor Beckers Amtsübernahme da. »Wir haben diese Schule geliebt«, erzählt Herta Lau, »und ich liebe sie immer noch.« Die Laus schätzten zunächst »die liebenswerte Art des Schulleiters«. Beim Reden und Entwerfen des Schulprogramms, so erinnert sich Herta Lau, habe sich das alles sehr gut angehört. »Herr Becker konnte charmant über seine Pläne plaudern.«

Allerdings ließen sich die Laus und eine Reihe anderer Lehrer von den freundlichen Formulierungen Beckers nicht beirren. »Es steht außer Zweifel, daß Herrn Beckers Scheu vor Konfrontation und Konflikten ein Klima von Unsicherheit und Orientierungslosigkeit bei Kindern und Erwachsenen erzeugt hat«, schrieb Uwe Lau damals in einem kritischen Brief. »Von einem Bestand allgemein verbindlicher Normen kann kaum gesprochen werden.«

Uwe und Herta Lau waren 1971 an die OSO gekommen. Die beiden Lehrer waren alles andere als autoritär. Sie unterrichteten zuvor an einer Neuköllner Hauptschule, später wechselten sie an eine Gesamtschule. Uwe Lau engagierte sich in Projekten, bei denen die Schüler weitgehende Freiheiten erhielten. Er wollte aber zugleich »Kindern dabei helfen, aktiver zu werden«. Lau fiel auf, dass an der Oso ähnliche Verwahrlosungsphänomene zu beobachten waren wie an der Staatsschule in Problemvierteln.

Lau beklagte die sich an der Odenwaldschule ausbreitende Lustlosigkeit, die erschreckende Apathie und die vielen Fälle von Unterrichtsverweigerung. Als Gegenmittel initiierte er unter anderem ein großes Sportprogramm. Und er startete ein Griechenlandprojekt. Lau plädierte energisch für ein Lernen mit Kindern und Erwachsenen »in einem stark verfremdeten, unbelasteten Lebensraum«. Das ist ganz im Sinne der alten Idee der Odenwaldschule. In Griechenland könnten gerade mit schwierigen Schülern »zahlreiche Begegnungen und soziale Prozesse stattfinden wie in keiner mir bekannten Erziehungssituation«.

Die Laus sind zugleich Lehrer, die die pädagogische Linie vertreten, dass es Grenzen geben muss. »Regeln sind nicht alles, aber sie sind ein hilfreiches Gerüst«, formuliert es Herta Lau heute. Die Rolle des Lehrers ist die des Grenzenaufzeigens. Geschieht dies nicht, schreibt Uwe Lau, wird freie Entfaltung junger Menschen zu »einem Umherirren in einem Raum ohne Begrenzung und Widerstand«.

Unter Walter Schäfer, dem Vorgänger von Becker, herrschten an der Odenwaldschule glasklare und harte Regeln. Schäfer waren Umgangsformen sehr wichtig, im Extremfall schmiss er Kinder auch von der Schule. 1972 legte der »Rektor der 1950er Jahre«, wie ihn manche nennen, sein Amt nieder. Schon drei Jahre später war die Atmosphäre unter Gerold Becker eine ganz andere. Das Pendel schlug nun in die andere Richtung.

Passivität und Apathie machten sich an der Odenwaldschule breit. Die Schüler selbst erlebten die Realität ihrer Schule in den 1970er Jahren als statisch, untätig und leblos. Der Mitschüler wird zu »nichts mehr gebraucht, außer vielleicht einer Zigarette oder Streichhölzern«, schrieb ein OSO-Schüler 1975 in der hauseigenen Zeitschrift »OSO-Nachrichten«. »Man sitzt all dies tödlich gelangweilt im Unterricht ab, um schließlich einen schnöden Credit verabreicht zu bekommen«, berichtete er über manche Schulstunde. Und weiter: »Nicht nur im Unterricht ist der Rückzug angetreten worden, auch im Alkoholismus und im Rauschgiftkonsum quittiert man diese Welt. Es ist ein Ruhm, besoffen zu sein. Nicht nur das Rauchen, auch schon haarsträubend bei jungen Kameraden, zeugt von Selbstaufgabe, von Gleichgültigkeit sich selbst gegenüber.«

Die Laus waren nicht die einzigen Lehrer, die sich gegen die extrem liberale Art Becker'scher Pädagogik auflehnten. »Die Odenwaldschule bot immer viele Freiheiten, die man nutzen konnte«, blickt der Lehrer Salman Ansari zurück. »Aber sie hatte bereits zu diesem Zeitpunkt eine gemeinsame Idee von Schulemachen verloren.« Ansari hatte an der Schule das chemisch-technische Praktikum eingeführt, das zu einer Berufsausbildung neben dem Schulabschluss führte. Ansari wuchs mehr und mehr in die Rolle des schärfsten Kritikers des Schulleiters Gerold Becker hinein.

Auch Peter Dehnert kam in dieser Zeit an die Schule, er war ein ausgewiesener Linker. »Ich arbeite grundsätzlich nicht an einer Privatschule«, war er anfangs noch überzeugt. Dann sah er sich die Schule an und ließ sich anstellen, weil der Schulleiter ihn beeindruckte. Dennoch war Dehnert vollkommen überrascht von der Struktur der Schule. Der Schulleiter war das »Zentralgestirn«: Er hatte einen Vertrauensrat, der ihn lediglich beriet, er war gleichzeitig Heimleiter und hatte keinen Stellvertreter. Zudem hatte er einen festen Sitz mit Stimme im Vorstand des Trägervereins. Damit hatte er die Aufgabe, die wichtigsten leitenden Mitarbeiter zu kontrollieren – also auch sich selbst.

»Das kann doch nicht wahr sein«, meint Dehnert noch heute darüber. Damals konnte er nicht glauben, dass an einer Schule, die so viel Wert auf Demokratie legte, der Schulleiter sein eigener Kontrolleur sein sollte.

Die Situation der 1970er Jahre ist paradox. Die pädagogische Szene schaut gespannt auf das, was diese Schule an Vorbild und Beispiel zu liefern hat. Im Trägerverein der Schule etwa sitzt niemand Geringeres als Hellmut Becker, der Gründer des Berliner Max-Planck-Instituts für Bildungsforschung.

Und dennoch verabschiedet sich die Odenwaldschule gerade von ihrer bildungspolitischen Leitfunktion. Sie ist kein Motor von Schulentwicklung mehr.

Als die Laus der Schule den Rücken kehren, scheint der neue Schulleiter erreicht zu haben, was er wollte. Zusammen mit den beiden Berliner Lehrern verlassen sechs weitere Pädagogen die Schule. Die Odenwaldschule hatte, wie alle Landerziehungsheime, stets einen regen Wechsel an Lehrern. Aber dass beinahe 20 Prozent der Lehrerschaft gingen, bedeutete einen schweren Schlag. Die Gründe der Lehrer für ihre Flucht aus der Schule waren individuell. Diesmal verließen Lehrer die Schule, die ein starkes gemeinsames Motiv hatten: Sie gehörten zur Anti-Becker-Fraktion.

»Ich selbst halte es nicht für richtig, eine Opposition zu neutralisieren«, hatte der Hausanwalt der Odenwaldschule 1973 mahnend geschrieben. Drei Jahre danach erwies sich sein Brief als eine Prophezeiung. Der Gegenpol zum Schulleiter ist an der Schule ab 1976 praktisch ausgelöscht.

Auf den ersten Blick wirkt der Prozess, der an der Odenwaldschule abläuft, einfach. Diktator schwächt Demokratie. Und tatsächlich kann man festhalten, dass der neue Herr im Hause, Gerold Becker, mit seinem Eintritt in die Odenwaldschule der Konferenz sofort das Rückgrat gebrochen hat.

Allein, Becker war von seiner Art her alles andere als ein idealer Alleinherrscher. Er war eher ein chaotischer Regent.

»Becker war in Verwaltungsdingen ein organisatorischer Analphabet«, sagt der Lehrer Klaus Bregler heute über den Schulleiter. Bregler kam an die Schule, als der große Aderlaß an Lehrern um die Anti-Becker-Gruppe gerade stattgefunden hatte. »Becker wollte im Grunde gar nicht Schulleiter sein. Wenn man zu ihm kam, weil man eine Unterschrift brauchte, sagte er spöttisch: ›Geben Sie mir das, ich unterschreibe alles.‹«

Das ist ein großes Rätsel: Warum hatte Gerold Becker sich in seiner Schule eine so außergewöhnliche Machtfülle erkämpft – um sie dann gar nicht anzunehmen? Wenn der neue Schulleiter ein Superdemokrat gewesen wäre, dann hätte er kein Veto gebraucht. Wenn er aber ein Diktator wäre, der die Schule in einen straff geführten Apparat hätte verwandeln wollen, dann hätte er das Veto anwenden müssen. Aber das tat er nicht. Becker entriss der Konferenz die Zügel – und warf sie weg. Die OSO war steuerlos. Ihre Konferenz entmachtet. Ihre ehrgeizigsten Lehrer gegangen.

In der OSO brach sich etwas Bahn, was für eine Vorzeigeschule, die ständig Besuch bekommt und von den Besten im Lande beaufsichtigt wird, eigentlich unvorstellbar ist: Die Odenwaldschule verwilderte.

Ein Beispiel dafür waren die so genannten Jugendamtskinder. Sie an die Schule geholt zu haben gehört zu den wichtigen Innovationen, die sich Gerold Becker auf die Fahnen schreibt. Es waren häufig schwierige Jugendliche, die für die Schule pädagogisch eine riesige Herausforderung darstellten. Zugleich waren sie aber ein finanzieller Segen. Denn die Zahl der so genannten Selbstzahler, also der Kinder reicher Eltern, die sich 2000 Mark Schulgebühren pro Monat leisten konnten, nahm schon damals beständig ab. Auch die Industrie hatte damals begonnen, ihre Industriestipendiaten aus der Schule zurückzuziehen. So wurden die Kinder aus zerrütteten, überforderten oder alkoholisierten Elternhäusern eine wichtige Einnahmequelle. Ihr Anteil stieg stetig. Zu Beckers Zeiten waren es zunächst schnell zehn Prozent der Odenwaldkinder, später stellten sie ein Drittel der Schülerschaft.

Doch solche Kinder wollten pädagogisch betreut werden. Die Lehrer aber beklagten sich, dass sie auf so schwierige Biografien nicht vorbereitet waren. Sie sollten plötzlich sozialpädagogische Spezialisten sein, die wissen, wie man traurige oder aufsässige, verhaltensauffällige oder gar suizidgefährdete Kinder auffing. Beckers Innovation ging nach hinten los. »Wir wurden eine sozialpädagogische Anstalt – aber ohne Sozialpädagogen«, berichtet heute ein Lehrer im Rückblick. »Es war im Grunde unverantwortlich, was wir machten.«

Selbst die Anhänger von Gerold Becker an der Schule, die so genannten Kinderfreunde, legen heute die Stirn in Falten, wenn sie auf die Jugendamtskinder zu sprechen kommen. Sie finden es wichtig, dass eine Schule wie die OSO, die Gesamtschule sein will, Kinder aus allen sozialen Lagen aufnimmt. Zugleich wissen sie aber: »Über das Jugendamt wurden sehr komplizierte Kinder an die Odenwaldschule geschickt. Ich hätte gesagt, die nehmen wir gar nicht.« So berichtet es Beckers Nachfolger Wolfgang Harder.

»Auf Beckers Schreibtisch stapelten sich die unfertigen Berichte für die Jugendamtskinder«, berichten damalige Mitarbeiter. Die Jugendämter verlangten, anders als manche reiche Eltern, ausführliche pädagogische Berichte über die Kinder, die sie der Odenwaldschule anvertraut hatten. Becker hatte die Eigenart, wunderbare Berichte über diese Kinder zu schreiben – wenn er sie denn schrieb. »Es gab Zeiten, da haben Jugendämter die Zahlungen eingestellt, weil die Berichte nicht rechtzeitig eingingen«, erinnert sich Wolfgang Harder, der ab 1983 für zwei Jahre Stellvertreter Beckers war.

Aber nicht nur die Jugendämter, auch Mitarbeiter haderten mit der organisatorischen Lethargie ihres Chefs. »Die Schulleitungssitzungen waren einfach ein Graus«, erzählt Harder über die Amtszeit Beckers. »Ich meine, für mich als ›Systematiker‹ war da keine Struktur erkennbar. Keine Tagesordnung, keine Protokolle, rein gar nichts. Dann habe ich ab 1985 dafür gesorgt, dass da Struktur reinkommt.«

Schon in den 1970er Jahren war man von den ordnenden Fähigkeiten des Schulleiters wenig beeindruckt. »Beckers Vorgänger war ein ungemein verlässlicher Mann«, erinnert sich Karl Büchsenschütz, »wenn man aber mit Gerold Becker verabredet war, dann war das ganz anders. Der kam dann – oder er kam auch nicht. Ihm fehlte die Verlässlichkeit und Konsequenz.« Die Ausreden für Beckers Nichterscheinen zu Treffen mit seinem Stellvertreter waren originell. »Da hieß es dann, der ist mit Hänschen oder Fränzchen Kleider einkaufen. Ich dachte mir: ›Was soll denn das? Die können doch selbst einkaufen!‹ Heute sehe ich das ein bisschen anders, um was es damals ging.«

Es ist sowohl pädagogisch als auch politologisch nicht einfach, das System Becker zu fassen. Die Schule bestand vor Gerold Becker aus zwei Polen, die sich gegenseitig kontrollierten, aber auch inspirierten: der Konferenz und dem Schulleiter. Kurze Zeit nach Beckers Amtsantritt waren beide Pole der Schule verschwunden. Die Konferenz war entmachtet und der Schulleiterposten praktisch verwaist.

Wolfgang Edelstein, der die Konferenz immer als Motor der Schulentwicklung sah, sagt heute über die Verfassungsänderungen der Schule: »Gerold Becker hat sich in den 1970ern eine Position erschlichen. Er ist durch anfängliche Mitwirkung an den Reformen Schulleiter geworden, um diesen Posten dann de facto abzuschaffen. Becker transformierte aber auch die Konferenzordnung der Odenwaldschule, das heißt er entmachtete die Konferenz – und hielt nur noch ihren Schein aufrecht.« Edelstein war nie ein großer Freund Beckers.

Aber selbst engste Bekannte des damaligen Schulleiters kommen heute zur beinahe gleichen Analyse. »Gerold hat die Macht monopolisiert, nicht unbedingt der geschriebenen, aber der gelebten Verfassung. Und er hat zugleich die Macht diffundiert – in die Familien hinein, wo niemand das Recht hatte, nachzufragen oder gar nachzuschauen, was passiert da eigentlich«, sagt Otto Herz, der lange Jahre ein Weggefährte Beckers war.

Das sind interessante Analysen, die freilich keinen Namen haben. Dabei existiert ein Begriff, der ziemlich genau beschreibt, welches Regime an der Odenwaldschule herrschte: Es ist das Modell einer »aristokratischen Androkratie«. Das bedeutet eine Herrschaft, in der die Männer mit der größten Ausstrahlung den Staat leiten. An der Odenwaldschule übten in der Tat einige wenige Männer die Macht aus. Sie drückte sich in sexueller Verfügungsgewalt aus, die durch eine vermeintlich höhere Theorie von pädagogischem Eros gerechtfertigt wurde. An der Spitze steht Gerold Becker, dessen Ausstrahlung beständig hervorgehoben wird. Der Kreis jener Lehrer, die die Schule als ihr sexuelles Revier betrachten, geht aber weit über die Gruppe der Pädosexuellen hinaus.

Das Konzept der aristokratischen Androkratie wird Hans Blüher zugeschrieben. Blüher sah für Frauen unverhohlen die Aufgabe des Gebärens, Kochens und Haushaltens vor. Eine derartige Haltung wäre in der Odenwaldschule selbstverständlich vordergründig nicht regierungsfähig gewesen. Gleichwohl hinterfragen nicht wenige Zeitzeugen die Rolle der Frau an der Odenwaldschule zu Zeiten Gerold Beckers. Es gab einige Frauen, die den von ihnen verehrten Gerold Becker wieder ans richtige Ufer herüberzuziehen versuchten. »Ach, die war doch schon immer in Gerold verliebt«, lautet ein OSO-Witz über eine der Verehrerinnen Beckers. »Aber sie kommt nicht ran, da stehen zu viele kleine Jungs im Weg.«

2.5 INTERNATSFAMILIE: RETTUNG UND ÜBERGRIFF

Der Herr des Hauses bittet freundlich herein. »Darf ich Ihnen zeigen, das ist die Wohnung unserer Internatsfamilie.« Der Gast bekommt der Reihe nach die Zimmer der Schüler im Flur geöffnet. Die kleine Wendeltreppe führt hinauf in die Wohnung des Familienoberhaupts. Seine Frau ist ebenfalls da. Zur erweiterten Begrüßung zieht sie eine präparierte Mozzarella-Tomaten-Platte aus dem Kühlschrank. Es ist die De-luxe-Version des Abendessens. Der zweite Teller mit Käse und Schinken scheint der Standard zu sein. »Die Schüler sind leider nicht mehr da, die wollten noch mal raus«, entschuldigt der Gastgeber. Man verzehrt gemeinsam die Brotzeit italienischen Einschlags. Und muss sich beeilen. Denn gleich möchte der Lehrer ein Fußballspiel sehen. Leider findet der Hausherr den richtigen Sender nicht. Die Fernbedienung mag nicht so wie er. Man wird das Haus wechseln müssen, wenn man das Spiel mitbekommen will.

Willkommen in einer Internatsfamilie der Odenwaldschule. Das so genannte Familienoberhaupt und sechs bis acht Kinder leben und wohnen hier miteinander. Fast wie eine richtige Familie, nur dass der Vater zugleich ein Lehrer ist. Er wird es ab morgen früh wieder sein, von 8 bis 13 oder 17 Uhr, je nachdem, wie lange der Schultag dauert. Danach verwandelt sich der Pädagoge erneut in einen Ersatzvater für die Kinder, deren echte Familien irgendwo anders in Deutschland leben.

So präsentierte sich die Odenwaldschule vor dem großen Knall im März 2010, als bekannt wurde, dass es an der Schule über 20 Jahre hinweg systematischen Missbrauch gegeben hatte. Die Familie, das war vor dem 6. März gelebte Harmonie. Aufregend allenfalls das Zubettbringen im Pestalozzi-Haus, das am anderen Ende der Knusperhäuschen auf dem Campus der Odenwaldschule liegt. Dort leben traditionell die jüngeren Schüler, sie spüren das Heimweh nach ihren echten Familien abends am stärksten. Keine leichte Aufgabe für das Familienoberhaupt, das die Buben und Mädchen oft trösten muss.

Aber so harmlos, wie das Bild an ihrer Oberfläche suggerierte, war die Odenwaldschule nie.

Für manche Schüler war die Schule eine Pein, besonders die Internatsfamilie. Dort wurde gequält und missbraucht. »Ich bin vor meinen Familienkameraden geflohen, so haben sie mich gepeinigt«, erinnert sich zum Beispiel der Altschüler Mathias (Name geändert). Für ihn war es in jeder Sekunde möglich, geschlagen zu werden, selbst wenn er mit Freunden zusammen war. Als sein Zimmergenosse mit einem Freund ins gemeinsame Zimmer kommt, sitzt er auf der Heizung. Sie führen ein ganz normales Gespräch. Scheinbar. Plötzlich schlägt ihm der Mitbewohner ins Gesicht. Ohne Anlass, ohne Vorwarnung, aber mit aller Wucht. Hinterher lebt man weiter zusammen, als wäre nichts geschehen. Jedenfalls muss Mathias so tun als ob. Er wurde in die Dusche gestellt und mit brühheißem Wasser übergossen, in voller Montur. Es gab auch Kaltduschen, dann aber wurde die grausame Prozedur wiederholt, sobald Mathias wieder trockene Sachen angezogen hatte. Immer wieder. »Ich habe gebrüllt wie am Spieß. Alle konnten es hören, aber es ist nie einer gekommen, um mir zu helfen«. Mathias denkt zurück an seine Schule, die angeblich das Kind in den Mittelpunkt stellt. Ihm bot diese Schule damals eine Zeit lang keinen Ort der Zuflucht.

»Ich habe in permanenter Angst gelebt«, erzählt er. »Ich bin vor meinen Familienmitgliedern zur Lehrerin geflohen. Ich habe sie umklammert und gefleht: ›Hilf mir, die quälen mich.‹« Seine Lehrerin schützte ihn einmal. Und sie schützte ihn auch ein weiteres Mal. Aber da hatten Mathias' Peiniger schon kaum mehr Respekt. Sie warteten wie Hyänen vor der Türschwelle der Lehrerin. Die Lehrerin versprach, dem Jungen Judo-Griffe beizubringen. Aber die konnte die Frau gar nicht. Irgendwann sagte sie: »Du musst lernen, dich selbst zu wehren.« Damit war die Sache für sie erledigt. Mathias' Familiengenossen hielten das für einen Persilschein zum Quälen. Sie haben ihn auch sexuell erniedrigt.

22 Jahre später wird die Lehrerin Mathias eingestehen, dass sie von Erziehung keine Ahnung habe. Sie habe damals die Schulleitung mehrfach gebeten, »schickt mir keine Schüler aus der Mittelstufe, ich kann das nicht«.

Mathias ist heute ein Mann von 40 Jahren. Die Odenwaldschule hat er hinter sich gelassen. Die Angststörungen, unter denen er leidet, nicht. »Es war damals die Hölle, und ist es manchmal noch immer.« Gelernt, ängstlich zu sein, hat Mathias in seiner Internatsfamilie. »Ich schaue seitdem meinem Absturz in Zeitlupe zu.«

Es war nicht die Schule als Ganzes, sondern die Internatsfamilie war der Ort der Gewalt im Odenwald. Die Mehrzahl der bislang bekannten rund 120 Missbrauchsfälle hat sich in den Familien der Schule zugetragen. Sie bildeten die abgeschlossenen Räume, in denen sich die Kameraden gegenseitig peinigten. Und in denen sich ein halbes Dutzend Lehrer seit Mitte der 60er Jahre in pädosexuelle Täter verwandelten. Morgens und mittags, abends und in der Nacht.

Das Motiv des Eingeschlossenseins taucht immer wieder auf in den Berichten der damals Betroffenen. »Es war wie Folter, und es konnte jeden Moment losgehen«, sagt Jan (Name geändert), der im Herderhaus lebte. Das ist jenes Haus, in dem gleich zwei pädosexuelle Täter Zugriff auf ihn hatten, der Schulleiter Gerold Becker und der Musiklehrer Wolfgang Held.

Ein anderer Schüler berichtet, dass er Angst davor hatte, in die Familie Gerold Beckers zu ziehen. Denn er war von seinem Schulleiter einmal bedrängt worden. Nun aber fragte ihn sein Mitbewohner: »Wollen wir nicht zu Becker ins Herderhaus?« Was sollte er dazu sagen? Ich will da nicht hin, weil der mir Gewalt angetan hat? Es gab keinen vorzeigbaren Grund, ohne ein Tabu zu brechen.

Was war die Bedeutung der Familie innerhalb der Heimschule im Odenwald: War sie für die Kinder die Rettung vor der Beziehungslosigkeit ihrer leiblichen Familien? War sie das warme Pendant zur kalten Staatsschule? Oder war sie das Verderben einer grenzenlosen Nähe, in die manche Kinder gerieten?

Zunächst ist die Internatsfamilie der Ort des größten anzunehmenden Widerspruchs. Denn die Familie ist nicht nur Langeweile oder Qual, sie ist der Fetisch aller Schülergenerationen aus Ober-Hambach bei Heppenheim. Es gibt die Familie seit Gründung der Odenwaldschule vor 100 Jahren. Sie ist eine Institution in der Institution. Die Lehrer stellen ihre Internatsfamilien bis heute nicht in Frage, und für den naiven Besucher sind sie die glückliche Heimat der Kinder, das wohlbehütete Heim. Gerold Becker nannte die Internatsfamilie auf Kongressen das »zweite Zuhause«, eine

Chance, sich selbst zu finden »wie in keinem anderen erzieherischen Kontext«.

»Ich finde das Familienprinzip gut«, sagt auch der ehemalige OSO-Schüler Philipp Sturz im Jahr 2010. Und so wie er denken die meisten der Ex-Odenwäldler. »Ich bin kein Fachmann, aber wenn man sich so überlegt, was Kindern heute fehlt, dann ist eine Internatsfamilie genau das Richtige.«

Sturz ist alles andere als naiv. Der Zahnarzt mit zwei Doktortiteln gehörte zu denjenigen Altschülern, die Anfang des Jahres 2010 energisch für Aufarbeitung an der Schule gesorgt haben. Sturz war mehrere Wochen lang kommissarischer Sprecher des Trägervereins der Odenwaldschule. Er weiß also heute genau, wie viele grausame Missbräuche in bestimmten Internatsfamilien geschehen sind. Dennoch mag er das Prinzip Familie nicht aufgeben. »Ich habe fünf oder sechs Jahre in einer der so genannten Spießerfamilien der OSO gelebt. Dort bin ich sozialisiert worden, das waren die wichtigsten Jahre für mich. Ich habe die Internatsfamilie nicht als Ort der Bedrängnis oder gar des Grauens erlebt.«

Die Internatsfamilien werden in der Odenwaldschule bis heute nicht als Gefahr begriffen. Für die Lehrer stellen sie allenfalls ein ernsthaftes Problem für ihr Arbeitspensum dar. »Familie ist anstrengend«, heißt es unisono bei ihnen. Ein Lehrer muss beinahe 24 Stunden im Einsatz sein, wenn er zugleich der Lehrer, der Aushilfsvater und der Erzieher seiner Schüler sein soll. Etwa ein Drittel der 21 heute noch existierenden Landerziehungsheime, zu denen die Odenwaldschule gehört, verfolgen dieses Prinzip. Es gibt dramatische Schilderungen ehemaliger Landerzieher über ihre Familienbelastung. Sie reichen weit in die Gründerphase der Heime vor rund 100 Jahren zurück.

Heute ist es nicht viel anders. Hinter vorgehaltener Hand sagen die Lehrer: Eine Internatsfamilie betreuen *und* tagsüber Lehrer sein – das ist eigentlich zu viel. Wenn jemand die Familien an der

Odenwaldschule abschaffen wollte, dann wegen Überlastung, aber nicht wegen des Missbrauchs.

Ursprünglich war die Internatsfamilie eine pädagogische Idee. Wenn Bildung nicht nur die Vermittlung von Wissen sein soll, sondern ein ganzheitlicher Prozess, dann brauchte es die Einheit von Leben und Lernen. So dachten es die Gründerväter der Landerziehungsheime, allen voran die bekanntesten unter ihnen, Hermann Lietz, Paul Geheeb oder Gustav Wyneken. Nicht umsonst nannte Lietz damals seine Neuerfindung einer Schule: Land-Erziehungs-Heim. Fernab der verwirrenden Städte der Jahrhundertwende wollte er die Kinder in Sicherheit bringen und erziehen. Idealerweise geschah dies in einem Heim, wo die letzte Schulstunde um 16 Uhr enden mochte, das Lernen aber weitergehen sollte, das Lernen im Leben. Das war im Wesentlichen: die Natur und die Familie.

»Ich hätte kein Landerziehungsheim übernommen, wenn ich nur Schulleiter gewesen wäre«, berichtet Otto Herz, ein bundesweit bekannter Pädagoge, Ex-OSO-Schüler und ehemaliger Oberleiter der Hermann-Lietz-Schulen. »Ich wollte auch Heimleiter sein. Ich war durchdrungen von der Einheit von Leben und Lernen, wie man damals sagte.« Herz war ein Weggefährte Gerold Beckers.

Becker selbst wartete mit ausgefeilten Begründungen auf, wenn er über die Idee einer Internatsschule sprach. Kinder wüchsen in einer Welt der allgegenwärtigen Katastrophen auf, referierte er etwa auf einer Tagung in Hofgeismar in den 1990er Jahren. Er bezog sich dabei auf das Theorem einer Risikogesellschaft, die neue Urängste bei Kindern auslöse. Bei der evangelischen Tagung suchte Becker nun nach Gegenmitteln. Dazu gehöre die Möglichkeit, Erfahrungen zu sammeln. Für ihn war das alles, »was wirklich nützlich ist und mir damit zugleich Lebensangst nimmt, indem es mich sicherer macht«. So dozierte der Mann, der als Schulleiter das Leben von vielen Kindern und Jugendlichen unsicher gemacht hatte. »Es ist sozusagen ein ›Lernen‹ vor (und parallel zu) dem ›eigentlichen‹ schulischen Lernen.« Der ideale Ort dafür war laut Becker: die Internatsfamilie.

Die pädophilen Ursprünge der Internatsfamilie

An Pfingsten wird eine mehrtägige Wanderung unternommen. Mit dabei ist auch der Schulleiter. Im Verlauf des Marsches übernachtet die Schüler-Lehrer-Gruppe mehrfach. Der Rektor landet einmal in einem Zimmer mit einem 12- und einem 17-Jährigen. Er unterhält sich mit ihnen über die tiefe Zuneigung, die er für sie empfindet. Der Schulleiter beginnt, die Jungen zu umarmen und zu küssen. Er überredet die Jungs, sich nackt auszuziehen. Der Mann legt sich mit einem Schüler aufs Bett, küsst und streichelt ihn. Er zieht ihn zu sich heran und hält ihn, jetzt sind sie beide nackt, fest an sich gedrückt. So beschreibt es der andere Teenie später. Er selbst landet ebenfalls mit dem Schulleiter im Bett und verschafft ihm sexuelle Befriedigung.

Der Fall sorgt für große Aufregung. Gehört es wirklich zu den pädagogischen Aufgaben des Rektors, bei einer Wanderung seine nackten Schüler zu küssen? Dass dies geschehen ist, bestreitet der Mann gar nicht. Die große Frage, die die Öffentlichkeit bewegt, lautet: Hatte der Schulleiter Sex mit den Burschen?

Der Schulleiter hingegen sieht schon die Frage falsch gestellt. Es sei im Umgang mit den beiden nackten Buben keinesfalls um das platte Ausleben sexueller Triebe gegangen. Was geschah, wäre vielmehr »natürlicher Ausdruck eines sehr innigen Liebesbundes«, begründet er seine Annäherung an die Jugendlichen. »Um es klar zu sagen: Wir sprechen hier von einer Liebe im Sinne des griechischen Konzepts des Eros, wie ich es nenne. Es geht nicht um sexuelles Begehren.« Der Schulleiter sieht keine Päderastie. Er nennt das Geschehen ein höheres und heiliges Erlebnis für den 12- und den 17-Jährigen. Im Bett mit ihrem Schulleiter.

Die Szene spielt nicht etwa zu Zeiten Gerold Beckers an der Odenwaldschule. Es geht um den historischen Fall des Gustav Wyneken an der Freien Schulgemeinde in Wickersdorf. Wir befinden uns im Jahr 1920, lange vor den sexuellen Missbrauchsfällen an der Odenwaldschule. Dennoch gibt es einen engen Zusammenhang. Denn Wyneken ist wichtiger Impulsgeber für den Charakter der Internatsfamilien im Odenwald. Die Kameradschaft in Wickersdorf und die Familien an der Odenwaldschule weisen erstaunliche Parallelen auf. Wyneken ließ sich nicht von irgendwelchen Schülern befriedigen. Er hatte die enge Beziehung zu ihnen in der Kameradschaft aufgebaut, an der Odenwaldschule würde man sagen: in seiner Internatsfamilie.

Vor Gericht kam es später zu einer peniblen Untersuchung, ob der Schulleiter erigiert gewesen sei, als er mit seinen Schülern im Bett lag, und woher die Pfütze stammte, die dabei entstand. Es wurde sogar ein Gutachter berufen. Dieser versuchte nachzuweisen, »dass ein Exzess aus dem Gebiete rein platonischer Liebe in das Genital-Geschlechtliche nach dem Stande der Wissenschaft ausgeschlossen scheint«. Der Gutachter war ebenjener Hans Blüher, der Ahnherr der Pädophilen unter den Jungenschaftlern und Vertreter jener aristokratischen Androkratie, mit der sich Gerold Beckers Herrschaftssystem an der Odenwaldschule so gut erklären lässt.

Wyneken selbst argumentierte mit Goethe und Nietzsche. Er versuchte so zu zeigen, dass der pädagogische Eros und die Knabenliebe nichts mit Triebabfuhr zu tun hätten, sondern einer ernsten und heiligen Atmosphäre dienten. Der als Stellvertreter amtierende Schulleiter verteidigte Wyneken mit den Worten, dass in jeder Erziehungsgemeinschaft fortwährend erotische Beziehungen herrschten. »Diese Beziehungen sind etwas sehr Wichtiges, Zartes, Feines, das man nicht unter Begriffe bringen kann. Die Grenzlinie des Sexuellen wird da leicht gestreift.« Das waren wichtige Hinweise auf eine konzeptionelle Verbindung von Familie und pädagogischem Eros.

Die Kameradschaft war an der Freien Schulgemeinde in Wickersdorf die Basiseinheit. Die Schule ist das Dach, aber die eigentliche Heimat, das Bett der Schüler steht in der Kameradschaft. Sie ist eine Art Wohngemeinschaft mit Lehrer. Ganz ähnlich ist im Odenwald die Haltung zu den Internatsfamilien. Die Familien gelten als die wichtigste Institution der OSO. Nicht umsonst schickten die beiden Schüler, die 1998 Aufklärung verlangten, ihren ersten Anklagebrief an den Schulleiter – und zugleich an die Familienoberhäupter. Die starke Stellung der Familien ist an der Odenwaldschule ein durchgängiges Prinzip über die Jahre hinweg. »Es gibt nicht nur eine Odenwaldschule, sondern so viele, wie es Familien gibt«, pflegte Wolfgang Harder zu sagen. Harder war direkter Nachfolger Gerold Beckers. »Es war das erste Prinzip, das man lernte: Man hatte zu akzeptieren, dass jede Familie nur für sich ist«, berichtet ein Lehrer.

Die Parallele zwischen der Kameradschaft und der Familie ist nicht überraschend. Der Pädophile Gustav Wyneken war ein enger Wegbegleiter von Paul Geheeb, jenem Mann, der die Odenwaldschule 1910 gegründet hat. Sie waren gemeinsam Leiter der Schulgemeinde Wickersdorf und teilten viele Vorstellungen. Ihnen ging es um die Pflege und Ausbildung des Körpers und die Erziehung der Schüler zur Selbsttätigkeit im Lernen. Sie sahen ihre Zöglinge als absolut gleichberechtigte Personen an. Das Verhältnis zwischen Lehrern und Schülern sollte freundschaftlich und eng sein. Gerold Becker stellte sich, als er 1972 die Schule übernahm, ganz in diese Tradition. Er erhob die nahe Beziehung zwischen Schülern und Lehrern zum zentralen pädagogischen Instrument.

Auch sonst ähneln sich die Ideen von Becker und Wyneken, von Odenwald und Wickersdorf bis ins Detail. Die Familienoberhäupter und Kameradschaftsführer duschten hier wie da mit ihren Kindern. Um Schüler wurden regelrechte Buhlschaften geführt. »Der Wyneken war so skrupellos«, schimpfte Geheebs Frau Edith noch in den 1970er Jahren, sich an ihre Zeit in Wickersdorf erinnernd. Er habe die älteren Schüler seiner Familie entsandt, um jüngeren zuzuflüstern: »Wyneken will dich in seiner Familie, aber du darfst nicht darüber sprechen.« Das Kind habe sich dann geschmeichelt gefühlt »und so hat er im ganzen 17 Kinder gefragt. Und diese 17 Kinder hat er dann morgens an seinen Frühstückstisch, den er dann vergrößert hat, hingesetzt und gesagt: Das ist meine Familie.« Man warb sich gegenseitig die Schüler ab.

In Wickersdorf wie an der Odenwaldschule waren die Familien autonome Einrichtungen, in die niemand Einblick hatte. Bereits 1920 stellte die Elternschaft von Wickersdorf nervös fest, dass der Schulleiter praktisch nur Jungen in seine Familie aufnahm. Es ist die gleiche Frage, die Eltern im Jahr 2010 an der Odenwaldschule umtreibt. Weil sie nicht verstehen können, warum eine vermeintliche Familie wie bei Wolfgang Held oder Gerold Becker nur oder überwiegend aus Jungs und ihrem alleinstehenden pädophilen Meister bestehen konnte.

Die Kameradschaft war in Wickersdorf an der Freien Schulgemeinde nicht nur Basiseinheit des Lebens neben dem Unterricht. Sie hat unter Wyneken auch eine definierte pädagogische Aufgabe – sie ist der zentrale Ort des pädagogischen Eros. Darunter versteht Wyneken nicht einfach Lernen mit Esprit, es ist eine Form von höherer Erkenntnis. Der Mann unterrichtet den Knaben und er begehrt ihn zugleich. Ein Motiv der griechischen Erziehung, das in Deutschland konsequent von einem prominenten Pädagogen vertreten wird: Hartmut von Hentig, dem Lebensgefährten Gerold Beckers. Jeder Erzieher solle etwas von pädagogischer Liebe in sich tragen – auch als »eine Form der ›persönlichen Liebe‹«, sagte Hentig Anfang 2010 bei einer Festrede in Stuttgart. »Unsere aufgeklärte Gesellschaft ist in diesem Punkt kleinmütig. Sie blickt misstrauisch auf jede Zärtlichkeit und errichtet fürsorgliche Schutzvorkehrungen gegen den scheuen Gott.«

Auch Gustav Wyneken war ein glühender Anhänger der griechischen Erziehungskunst. Der Mann sieht den Knaben, schrieb Wyneken, »so schön und adlig, wie seine Liebe ihn sich träumt. Diesem Eros des Mannes kommt aber eine Sehnsucht des Knaben entgegen.« Es gehe um »die wunderbare Vertiefung des Gefühlslebens und der Empfänglichkeit«. Wyneken schließt übrigens Frauen von vorneherein aus dieser höheren geistig-erotischen Verbindung aus. Sex mit Frauen ist seiner Meinung nach etwas anderes. Nicht Erkenntnis, sondern Fortpflanzung. »Es ist kein Glück für einen Jungen, wenn diese große Spannung sofort auf das Weib als einzigen Gegenstand seiner Liebe zielt.«

Wynekens Text stammt aus dem Jahr 1921 und heißt »Eros«. Der pädagogische Vorfahr der Odenwaldschule schrieb ihn, als er auf seinen Prozess wegen Päderastie und Verführung Minderjähriger wartete. Wyneken verstand den Text als Verteidigungsschrift.

Auch im Odenwald gab es Anhänger der Erziehungsauffassung von Gustav Wyneken. Sie gehörten nicht ganz zufällig dem näheren Umfeld Gerold Beckers an der Schule an. Sie bilden den Kreis derer, die auch nach den Prinzipien Wynekens lebten. Und sie standen oder stehen noch aktuell in dem begründeten Verdacht, Kinder missbraucht zu haben.

Der seit langem pensionierte Lehrer Jürgen Kahle zum Beispiel. In einem flammenden Brief verteidigt Kahle im Januar 2000 seinen Schulleiter Becker. Er bittet darum, »trotz seines Fehltritts den Stab nicht über ihn zu brechen«. Becker habe sich gehenlassen und sei seinen Trieben gefolgt. Kein Wunder, so Kahle, denn der ehemalige Schulleiter Becker habe, »über einen starken pädagogischen Eros verfügt, den er normalerweise zum Wohle der Schüler ... zu sublimieren und umzusetzen vermochte«. Die Kinder hätten ihren Schulleiter geliebt und umworben, ist sich Kahle sicher.

Kahle lobt ausdrücklich die Idee seines Chefs, die »unhandlichen Klassenfahrten in die viel effektiveren Familienfahrten umzuwandeln«. Diese Ausflüge und privaten Reisen mit Schülern führten ihn selber zu »mehrwöchigen Fahrten in den Balkan, nach Griechenland, die Türkei, nach Skandinavien«. Sie brachten, wie Kahle es formuliert, große emotionale sowie zärtliche Erlebnisse mit Schülern. Gegen Kahle liegen mehrere eidesstaatliche Versicherungen vor, denen zufolge er bei Jungen wie Mädchen sexuell übergriffig geworden sein soll. Persönliche Anfragen weist Jürgen Kahle ab. Er sei ein alter Mann, der sich nicht erinnern könne an Vorgänge, die nunmehr 30 Jahre zurückliegen.

Die Rückblende auf die Verfechter des Familienprinzips eröffnet eine neue Perspektive auf die Geschehnisse in der Odenwaldschule. Was dort in manchen Internatsfamilien in den 1970er und 1980er Jahren stattfand, ist eben kein Zufall. Es ist nicht so, dass bestimmte Lehrer die Familienstruktur der OSO missbraucht hätten. Sie haben sie im Gegenteil wieder zu dem gemacht, was der eigentliche Zweck der Internatsfamilie nach ihren Gründervätern war. »Die Keimzelle der Gründung Wickersdorfs« war in Gustav Wynekens Vorstellung der Eros, sein Ort war die Kameradschaft, also die Familie.

Nicht die ganze Odenwaldschule war so. Und es war auch nicht so, dass alle Familien in Reinform gelebt haben, was sich Wyneken einst unter einer heilig erotisierten Kameradschaft vorstellte. Aber es gab nach heutigen Erkenntnissen mindestens drei Familien der Odenwaldschule, in denen pädophile Sexualität zum festen Bestandteil des Lebens gehörte. Die Verhältnisse im Herderhaus kamen der Kameradschaftsidee von Gustav Wyneken sehr nahe. Wolfgang Held errichtete sogar eine Art Außenstelle in Heppenheim, wo er Schüler missbrauchte. Dort wurden Filme gedreht, und Held lud auch schulfremde Personen ein, die dort Sex mit seinen Schülern haben konnten.

Wenn Becker in den OSO-Heften Ende der 1980er schreibt, die Internatsfamilie sei ein »zweites Zuhause« mit der Chance, sich selbst zu finden, dann steht das in scharfem Kontrast dazu, wie er sich verhielt. Becker überfiel Jungen nachts im Schlaf.

Jeder Widerstand gegen diese Form von Familienführung war sinnlos geworden. Es waren ja nicht alle Lehrer blind, manche haben gespürt, dass da etwas schiefgeht. Sie fragten, was man an professionellen Instrumenten brauche. Sie opponierten gegen die Isolierung der Familien. Sie wollten in die Familien hineinsehen. Aber man hat sie nicht gelassen.

Der Lehrer Klaus Bregler war einer der Kritiker. Er wollte eines Tages wissen, was es damit auf sich habe, dass ein Lehrer eine von zwei Duschen in seinem Haus in eine Sauna umgebaut habe. Bregler führte in der Konferenz der Odenwaldschule aus, dass damit den Schülern keine getrennte Dusche mehr zur Verfügung stünde. Aber Bregler wurde, wie so oft, von seinem eloquenten Schulleiter mit einem spöttischen Hinweis abgefertigt. In der Konferenz rührte sich keiner, der Bregler unterstützte.

Bregler macht sich noch heute Vorwürfe, weil er nicht entschieden genug gegen die geschlossenen Veranstaltungen in den Familien vorgegangen ist. »Mir war es unheimlich, was in einigen Familien vor sich ging. Es gab Momente, wenn wir auf Konferenzen waren, da war in den Häusern Halligalli. Eine Kollegin erzählte mir einmal, dass sie zwei Schüler beim Sex entdeckt hatte. Ich fragte sie, was sie gemacht habe. Sie sagte, ›nichts, das sind doch erwachsene Jugendliche.‹ Ich sagte, ›nein, das geht nicht, das werde ich unterbinden, wenn es in meiner Familie geschieht.‹«

Zu den Familien, die ihm besonders auffielen, zählte damals auch die des Schulleiters, Gerold Becker.

Becker fuhr einmal mitten in der Nacht los, um seine Schüler irgendwo abzuholen. Einige seiner Kinder saßen auf einer Polizeiwache, möglicherweise in Frankfurt. Bregler war damals irritiert von der Regellosigkeit in Beckers Familie. Er fragte sich, wie die Kinder Beckers nach Frankfurt gekommen waren. »Wieso lässt er das zu? Wieso hat er es nicht vorher bemerkt, dass sie nicht da waren?« Aber Bregler traute sich nicht, dies bei den Schulbehörden anzuzeigen. Bei anderen Familien war es ähnlich. »Es waren Kinder an der Schule, die sahen aus, als hätte man sie aus der Mülltonne gezogen«, regt sich Bregler noch 30 Jahre später auf.

Klaus Bregler, der vor seiner Zeit an der Odenwaldschule als Sprecher des Sozialistischen Deutschen Studentenbundes in Heidelberg agitierte, war an der Odenwaldschule längst kein Revoluzzer mehr. Draußen war er ein SDS-Funktionär, den der Staatsschutz beobachtete, in der Odenwaldschule fand er sich plötzlich in der Rolle eines Reaktionärs wieder. Als Sohn eines kleinbürgerlichen städtischen Verwaltungsbeamten, der dem eloquenten Schulleiter unterlegen war. »Ich hätte nie an seinen Charme heranreichen können, das war mir klar.«

Bregler hatte seither Angst, in der Konferenz wieder fertiggemacht zu werden. »Wenn du angesprochen hast, wie verwahrlost die Kinder waren, wurdest du zu einem elenden Wicht erklärt, der irgendwas nicht verstanden hatte und der noch an sich arbeiten musste. Das heißt, es gab an der Schule keinen legalen Ort mehr, wo man das kritisieren konnte.« Die Familien selbst waren damit quasi unberührbar. »Man hatte keine Möglichkeit, in die Familie eines anderen Lehrers zu gehen und dort etwas zu monieren.« Heute sieht es Bregler als »eine schwere Kontrolllücke, dass die Familien als etwas Heiliges hochgehalten wurden. Es gab keinen Zugriff mehr auf diese Familien.«

Auch der Lehrer Salman Ansari beschwerte sich wieder und wieder über den distanzlosen Umgang. Ansari, promovierter Chemiker, war ein Außenseiter an der Schule. Er war aber zugleich geachtet, weil er ein vielseitiger Intellektueller war, der literarische Rundfunkessays schrieb und Bücher herausbrachte. In der Rückschau bemängelt Ansari, dass die Familien das Zentrum der Odenwaldschule geworden waren. Ein zerklüftetes Zentrum, die Schule hatte kein gemeinsames pädagogisches Herz mehr, sondern sie zerfiel in die Summe ihrer Familien, die keinerlei Kontrolle mehr unterlagen. »Jeder konnte im Unterricht und in seiner Familie machen, was er wollte«, sagt Ansari, der noch an der Schule zu einem der Gegner Beckers wurde. Ohne freilich zu wissen, was im Herderhaus im Detail alles geschah.

Der bekannte Pädagoge Otto Herz gehörte zu den Freunden und Anhängern Gerold Beckers. Dennoch kommt Herz heute zu dem gleichen Schluss wie Ansari. »Niemand hatte an der Odenwaldschule das Recht, von außen in eine Internatsfamilie nach dem Rechten zu sehen und zu fragen: Was passiert da eigentlich?«

»Das musste doch jemandem auffallen!«, äußert sich heute eine Mitarbeiterin der Odenwaldschule fassungslos, »dass in einem Haus, das mitten auf dem Gelände liegt, zwei Homosexuelle wohnen, bei denen nur Jungs zwischen 12 und 14 Jahren lebten.« Sie macht eine Pause der Empörung über die Verhältnisse unter Gerold Becker. »Überall sonst waren die Internatsfamilien gemischt. Im Herderhaus aber war das Prinzip der Schule gebrochen, das der Familie: Frauen gab es dort nicht. Jeder hätte es merken können.«

Was sie, wie viele Odenwäldler, nicht weiß: Das Prinzip von Familie, das ihr vorschwebt, ist ein ganz anderes als das, was Gerold Becker und Wolfgang Held lebten.

Umso überraschender ist, wie etablierte reformpädagogische Wissenschaftler und Berater dieses System betrachten. Der renommierte Schulentwickler Otto Seydel etwa lehnt die These eines Zusammenhangs von Internatsfamilie und sexueller Gewalt ab. »In jedem Fall ist es schlichter Unfug«, schreibt Seydel in der wichtigen Zeitschrift »Pädagogik«, »die Krisenphase der Odenwaldschule primär auf das enge Zusammenleben in so genannten Internatsfamilien zurückzuführen.« Und Irrwege einzelner Erwachsener seien keineswegs eine automatische Folge dieser Strukturen, schreibt Seydel, der ein eigenes Institut für Schulentwicklung betreibt. Seydel war ein enger Mitarbeiter von Gerold Becker. Er hat mit ihm Beratungsaufträgen abgewickelt und Publikationen verfasst.

Andere Schulexperten äußern sich kritisch zum Familiensystem der Odenwaldschule. »Ich war erschrocken darüber, dass man das Schlechte einer Familie, also dass es anstößige Geheimnisse gibt, als wichtiges Element einer Reformschule verteidigt«, sagt der ehemalige niedersächsische Kultusminister, Rolf Wernstedt. »Eine Schule, die nicht der Aufklärung und der Offenheit verpflichtet ist, kann keine gute Schule sein.«

Verteilsystem für hübsche Jungen

Die Gründer der Landerziehungsheime Odenwäldler Prägung Paul Geheeb und Gustav Wyneken waren sich in vielen pädagogischen Punkten einig – aber nicht bei der Verteilung der Kinder. Sie führte zur Trennung der beiden Pädagogen. Anders als es in den Statuten von Wickersdorf festgeschrieben war, entschieden nämlich keineswegs allein die Schüler über einen Wechsel. Die Lehrer spielten eine entscheidende Rolle, wenn es darum ging, Günstlinge anzuwerben. Es gab, wenn man so will, einen regelrechten Handel um die Kinder – und viele Händel. Das ist möglicherweise die grausamste Parallele zur Odenwaldschule, die mit einem schlimmen Verdacht verbunden ist: Dass es kein Zufall war, wer in welche Familie geriet.

Der ehemalige Schüler Jochen Weidenbusch glaubt, dass schon die Aufnahme von neuen Schülern in die Schule ein System hatte. »Wenn sich da schon Schwächen in der Persönlichkeit gezeigt haben und das Aussehen entsprechend war, dann hat das mit Sicherheit eine Rolle gespielt«, sagt Weidenbusch. Er glaubt nicht, dass dies für jeden Schüler gelte. Man hätte damals nicht alle 300 Schüler nach dem Kriterium der möglichen Knabenliebe auswählen müssen. »Es haben ja schon 20 gereicht oder zehn. Den Beweis leite ich für mich persönlich daraus ab, dass ich in ganz bestimmte Familien gesteckt worden bin. Die ersten beiden Familien konnte ich mir nicht aussuchen. Ausgerechnet in diesen beiden hatte ich dann pädophile Erlebnisse. Ich glaube nicht, dass das Zufall war, auch wenn ich das nicht beweisen kann.«

Ein anderer, ebenfalls von sexueller Gewalt betroffener Schüler vermutet eine Methode sowohl hinter der Aufnahme von Schülern an die Odenwaldschule als auch hinter ihrer Verteilung innerhalb der Schule. Es seien für die Schule in der Mehrheit Jungen und darunter dunkelhaarige hübsche Buben genommen worden, vermutet der Mann, der 1977/78 in der Pädophilie-Zentrale Herderhaus lebte. »Man kann sagen, es ist gezielt ausgesucht und gesteuert worden.« Die Verteilungsgeschichte der hübschen Jungs ähnele sich auf frappierende Weise.

Die Jungen kommen zu Beginn in das Jüngstenhaus, das so genannte Pestalozzihaus. Dort habe er so etwas wie Mobbing erlebt. Er sei hart angegangen worden. Er habe gelitten und immer wieder Heimweh verspürt. In diesem Moment kam Wolfgang Held und bot seine Hilfe an. Er gewann das Vertrauen und die Nähe des Kindes. Und machte es dann möglich, dass der Schüler früher als sonst üblich aus dem Pestalozzihaus zu ihm verlegt wurde. Dem Schüler gegenüber wurde dies als Ausnahme deklariert, tatsächlich war es gängige Praxis. In Helds Haus wurde Nähe schnell Übergriff. »Er hat mich dann bald zu sich ins Bett geholt.«

An der Odenwaldschule gab es ein formelles Auswahlverfahren und keine offensichtliche pädophile Auslese. An besonderen Schnuppertagen kamen Bewerber an die Schule und wurden in dafür eigens eingerichteten Klassen unterrichtet. Mit dabei waren dann Lehrer, die die Kinder beobachteten. Danach gab es eine Aufnahmekonferenz, in der die Pädagogen über die Schüler berichteten und sie schließlich auswählten. Daneben bestand die Möglichkeit, dass Schüler zu einer Woche Probe in die Schule aufgenommen wurden. Anschließend tagte erneut eine Konferenz. Freilich wurde dieses Verfahren stets durch Ausnahmen durchbrochen. Der Schulleiter etwa hatte bei Quereinsteigern die Möglichkeit, Kinder ohne Beratung aufzunehmen. In den Aufnahmekonferenzen saßen ohnehin auch jene Lehrer, die zum engeren Kreis um Becker gehörten. Ein Kreis, der die Ziele Beckers teilte oder zumindest billigte.

Auch die weitere Verteilung der Jungen über die Schule folgte einem Mechanismus. Er funktionierte über den Mangel an Nachfrage. Eine Lehrerin berichtet, dass es immer schwierig war, die Kleinen aus dem Pestalozzihaus in den anderen Familien unterzubringen. Nicht jede Internatsfamilie habe die Kinder aus dem Pestalozzihaus gewollt. »Es waren vor allem die Familien von Wolfgang Held, Jürgen Kahle und einer Lehrerin, die die Kleinen bekommen haben.« Die Familien von Held und Kahle gelten als zwei Familien von systematischem Kindesmissbrauch. Eine andere Lehrerin bestätigt den Eindruck ebenfalls. »Wolfgang Held gehörte zu denen, die immer wieder Kinder aus dem Pestalozzihaus genommen haben«, sagt sie. Das bedeutet: Er nahm nur Jungen, denn bei Held lebten immer nur Jungen. Aber er suchte sie sich vorher aus. Manche Kollegen machten sich sogar lustig darüber, andere ärgerten sich.

Konnte es an der hochmoralischen Odenwaldschule wirklich eine Art Verteilsystem geben, mit dem sich die Pädophilen die Jungen in ihre Familien holten? So war es. Die langjährigen Leiterinnen des Pestalozzihauses sprachen für »Sündenfall« darüber, wie das klandestine Verteilsystem funktionierte. Sie gehören zu den ersten Lehrern der Schule überhaupt, die sich kritisch mit ihrer Vergangenheit auseinandersetzen – auch weil es ihnen nach und nach und mit dem Wissen des Jahres 2010 deutlicher wird, wie sie selbst Teil eines Systems geworden sind. Ohne dieses System jedoch gänzlich durchschaut zu haben, wie sie berichten.

»Es war eine erschreckende Erfahrung, als ich nach Jahren feststellen musste, dass ich in einem bestimmten Abschnitt meines Arbeitslebens an der Odenwaldschule ahnungslos in der Gemeinschaft mit Mitarbeitern gelebt hatte, die sich des sexuellen Missbrauchs schuldig gemacht hatten«, sagt Rosi Stein heute. Sie war von 1949 bis 1985 Lehrerin an der Odenwaldschule. Sie hat die Anfangszeit der Schule direkt nach dem Krieg erlebt. 1971 gab Rosi Stein die Leitung des Pestalozzihauses ab. Ihr folgte nach der Interimslösung eines anderen Lehrerpaares Roswitha Riechmann. Sie leitete das Haus von 1973 bis 1988 mit zunächst 20 Kindern, später waren es weniger. Unterstützt wurde sie von ihrem Mann, ebenfalls Lehrer an der OSO, und einer Erzieherin.

Das Pestalozzihaus war das Haus für die jüngsten Schüler. Nach ein bis zwei Jahren Schonraum in diesem Haus, das gerne »die kleine OSO« genannt wurde, kamen die Kinder in Gruppen mit normaler Familienstruktur, das heißt mit kleinerer Schülerzahl. Sie lebten nun mit älteren Schülern in einer Familie und mussten lernen, ihren Alltag selbstständig zu organisieren, unterstützt von ihrem jeweiligen Familienoberhaupt. Mit diesem künftigen Oberhaupt und den einzelnen Kindern musste der Übergang in die normalen Internatsfamilien sorgfältig vorbereitet werden. Das übernahmen die Leiterinnen – normalerweise.

Irgendwann wurde Roswitha Riechmann aber stutzig, weil es ihr so schien, als sei der Übergang bestimmter Schüler aus dem Pestalozzihaus teilweise von anderer Seite vorherbestimmt. Ein Vorfall bestätigte ihre Vermutungen.

»Jetzt muss ich es dir aber doch erzählen«, mit diesen Worten kam eines Tages ein Junge abends zu Roswitha Riechmann. Die Lehrerin lachte und fragte: »Was musst du mir erzählen und wieso sollst du das nicht dürfen?« Da rückte der Junge heraus mit der

Sprache. Dass er fein essen gewesen sei mit dem Musiklehrer. Wie freundlich er gewesen sei und wie lecker das Essen in Heidelberg geschmeckt habe. Held habe ihn dabei gefragt, ob er nicht Lust hätte, in seine Familie zu kommen. Aber der Musiklehrer habe besonders darauf bestanden: Die Leiterin des Pestalozzihauses dürfe nichts erfahren.

Der Junge, so beschreibt ihn die Lehrerin heute, war ein hübscher, zarter Bub, ein extrovertierter Kerl auch, der etwas Herausforderndes hatte. »Man könnte fast sagen, der ideale Typ für diese Art von Männern.« Jedenfalls erkennt sie das im Nachhinein so. Mehrere Jungen aus dem Pestalozzihaus bestätigten auf ihre Fragen hin die Vorgehensweise von Wolfgang Held.

Das wollte die resolute Frau damals, Mitte der 1970er Jahre, nicht auf sich sitzen lassen. Sie war durchaus gefürchtet für ihren energischen Auftritt, auch bei ihren Schülern. Sie zählte zwar zu den Bewunderern Gerold Beckers, war aber vom Naturell ganz anders: zupackend, regelorientiert, eine Handelnde. Also ging sie zu Held und protestierte: »Sie werben immer wieder Kinder direkt aus meinem Haus ab – ganz bewusst und hinter meinem Rücken.« Der ertappte Musiklehrer hielt ihr vor, dass sich Riechmann in seine Angelegenheiten einmische. »Nein, es ist genau umgekehrt«, gab sie zurück, »Sie mischen sich in die Gepflogenheiten meines Hauses ein. Lassen Sie das.«

Helds Methode war denkbar einfach. Sie beruhte auf dem gleichen Prinzip, wie es der päderastische Vorfahr Gustav Wyneken beinahe 100 Jahre früher in Wickersdorf angewandt hat: Heimliches Belohnen und Abwerben. Wolfgang Held lockte die von ihm bevorzugten Kandidaten mit Anerkennung. Er lobte die 10- bis 12-jährigen Jungen. Er schmeichelte ihnen.

Riechmann konnte mehrfach verhindern, dass sich Wolfgang Held für seine Familie bestimmte Jungen aussuchte. Sie war allerdings verärgert darüber, wie sie berichtete, dass er als einziger Lehrer die notwendige Zusammenarbeit verweigerte. Als sie sich bei dem Schulleiter Gerold Becker darüber beschwerte, blieb das jedoch folgenlos. »Was mich damals empörte, wundert mich heute nicht mehr. Unter den jetzt bekannten Umständen war eine vernünftige Aussprache mit beiden Mitarbeitern illusorisch.«

Aber es mischte sich noch ein anderer Lehrer ein und stellte sich gegen Riechmann. Er war ein Wyneken-Kenner und Freund Helds. Dieser Lehrer habe sich bei ihr beschwert, erinnert sich Roswitha Riechmann, dass sie mit dem Musiklehrer Held so nicht umspringen könne. Allerdings hatte er keine Funktion oder Zuständigkeit in dieser Sache. Riechmann konnte es also egal sein, was der Lehrer sagte. Dennoch gelang es ihr nicht, Helds eigenmächtiges Handeln gänzlich zu unterbinden. Der Mann hatte Unterstützer.

Die beiden Lehrerinnen, die das Pestalozzihaus fast ununterbrochen seit Ende der 1950er bis in die 1990er Jahre hinein geleitet haben, müssen heute ihre Vergangenheit neu zusammenpuzzeln. Rosi Stein ist inzwischen 86 Jahre alt. Sie räumt ein, dass es ein durch die eigene Erziehung eingeprägtes Pflichtgefühl war, das sie veranlasst hatte, widerstandslos die Leitung des Pestalozzihauses mit 20 Kindern im Alter von 8 bis 12 Jahren zu übernehmen. Unterstützt wurde sie von zwei Kindergärtnerinnen, die zugleich vormittags den Kindergarten für die Mitarbeiter- und Dorfkinder betreuten und für die Sauberkeit in den Zimmern sorgten. Diese Arbeit im Heimbereich gleichzeitig mit Unterricht und Leitung der Grund- und Orientierungsstufe nahm ihre Aufmerksamkeit voll in Anspruch. Zugleich war es eine Überforderung – ein Bereich kam immer zu kurz. »Wie konnte ich da noch wahrnehmen, was sich in anderen Familien abspielte? Zumal die betroffenen Schüler nicht über ihre Notlage sprechen konnten.«

»Meine Arbeit war oft mehr als ein Fulltime-Job«, erzählt Roswitha Riechmann. »Die Aufmerksamkeit für Vorgänge, die sich außerhalb meiner beiden Tätigkeitsbereiche abspielten, war deshalb sehr eingeschränkt. Aufgrund meiner Erfahrungen mit Wolfgang Held hielt ich es schon für möglich, dass da etwas nicht stimmte«, sagt sie mit Blick auf die Pädophilie Helds. »Doch dafür hatte ich keine konkreten Anhaltspunkte. Dass wir bewusst weggeschaut haben, ist nicht wahr. Das gilt für Rosi Stein wie für mich gleichermaßen.«

Ob es ihnen jemals in den Sinn gekommen sei, einfach zur Polizei zu gehen? »Das kann man im Nachinein leicht fordern«, sagt die Lehrerin Riechmann, die etwas ahnte, aber nicht alles verstand. »Die Frage, ob es uns jemals in den Sinn gekommen sei, zur Polizei zu gehen, erübrigt sich also.«

Im Nachhinein allerdings entschlüsseln sich viele Merkwürdigkeiten der 1970er Jahre als Teil einer Strategie. Rosi Stein etwa wunderte sich lange darüber, dass Gerold Becker beinahe über Nacht ihrem Wunsch entsprach, sie aus dem Pestalozzihaus zu versetzen. »Ich kenne da jemanden, der ist der ideale Kandidat für das Pesta-Haus«, sagte er. Als Becker ihr den Mann schließlich vorstellte, war sie wie vor den Kopf gestoßen. »Weder der Schulleiter noch der neue Leiter des Pestalozzihauses wollten irgendeine Art von Übergabe«, erinnert sie sich. Die beiden interessierten sich gar nicht für ihre Erfahrungen bei der Leitung des problembehafteten Hauses mit den vielen jungen Schülern. Es ging offenbar nur um die Übernahme durch einen Becker-Kandidaten.

Worin die besondere Eignung des neuen Chefs des Pestalozzihauses bestand, erschloss sich Rosi Stein nicht. Bald stellte sich heraus, dass er zum Kreis jener Lehrer zählte, die ein besonders übergriffiges Verhalten gegenüber älteren Schülerinnen pflegten. Er war ein enger Vertrauter Beckers, den er bereits aus den Zeiten in der Göttinger Jungenschaft kannte. Es ist anzunehmen, dass er Einblick in die pädophile Neigung des Schulleiters hatte. Mit ihm hätten die Pädophilen im Odenwald ihr Verteilsystem für hübsche Knaben nicht mehr vor den Leiterinnen des Jüngsten-Hauses verheimlichen müssen: Sie hätten ihren Mann dann an der Schalt-stelle sitzen gehabt.

Doch die neue Leitung wurde den Anforderungen des Hauses nicht gerecht. Der Lehrer war völlig überfordert mit der Aufgabe, seine Frau erlitt einen Zusammenbruch. »Das Ehepaar hatte äu-ßerst freie Vorstellungen vom Umgang mit Kindern«, erinnert sich Roswitha Riechmann. »Es duldete ein ungeregeltes und chaoti-sches Leben und interessierte sich nicht für die Besonderheiten und Bedingungen eines Hauses, in dem etwa 20 Kinder der Un-terstufe lernten und wohnten.«

Schon nach zwei Jahren musste also wieder eine neue Leitung gesucht werden. Diesmal fiel die Wahl auf Roswitha Riechmann. Und so konnte ihre Vorgängerin Rosi Stein doch noch eine ord-nungsgemäße Übergabe machen. »Ohne ihre Ratschläge hätte ich das nie geschafft«, erinnert sich Roswitha Riechmann heute.

Das System Odenwaldschule mit der Internatsfamilie als dem Schauplatz des Knabenliebe genannten Missbrauchs existiert ak-tuell nicht mehr. Aber die Fundamente stehen noch. Zu ihnen zäh-len die prinzipiell unhinterfragte Wohnform in Familien und die Nähe zum Schüler als der pädagogischen Grundidee der Schule. Es gibt eine Reihe denkbarer Sicherungen gegen das erneute simp-le Ausnutzen dieser beiden Elemente. Aber sie wurden bisher an der OSO nicht errichtet. Als Beobachter drängt sich einem der Eindruck auf, dass die Lehrer das System heute noch nicht durch-schauen, an dem einige teilhatten. »Ich tue mich schwer zu sagen, dass Herr Becker hier eine Struktur hinterlassen hat, die wir im-mer noch verteidigen würden«, sagt ein Lehrer.

3 NICHT AUFKLÄREN, NICHT WISSEN, NICHT HANDELN

Sie schnitzten lange an dem Ding. Sie suchten einen mächtigen Stamm aus, er mochte fünf Meter lang gewesen sein. Sie schälten die Rinde ab. Sie formten und polierten die voluminöse Spitze. Beinahe vier Wochen arbeiteten die fünf Jungs im nahe gelegenen Wald. Am Tag vor der Aktion bohrten sie ein metertiefes Loch in den Boden. Sie wollten am nächsten Morgen das Ding aufrichten. Über das Loch legten sie etwas, damit niemand hineinfiele. Die fünf Abiturienten waren zufrieden. Alle sollten es sehen. Die Aktion würde gut werden. Ein Paukenschlag.

Am nächsten Tag mussten sie früh aufstehen. Schon um drei Uhr begannen sie den Stamm aus dem Wald zu ziehen, hinunter Richtung Schule. Auf der Wiese vor dem Speisesaal wollten sie den Baum errichten, direkt vor dem Büro Gerold Beckers. Der Schulleiter ewartete an diesem Tag neue Eltern, die einen ersten Eindruck von der Schule gewinnen wollten. Aber jetzt, da die Schüler klatschnass waren vom Schweiß und dem Tau der nassen Wiese, war noch niemand da. Der Tag war noch unberührt. Die Jungs hatten schwer zu schleppen. Und es fiel ihnen nicht leicht, den bearbeiteten Stamm in das Loch einzupassen.

Aber dann stand er da. Hoch aufgerichtet. Der größte Penis der Odenwaldschule. Vier oder fünf Meter zeigte er in die Höhe. Fest verankert im Boden. Unübersehbar, ein Kunstwerk und Symbol.

Die Jungen waren stolz. Und sie bekamen auch schon den ersten Applaus. Die Putzfrauen, die einzigen, die schon wach waren außer ihnen, erblickten den Phallus. Sie standen an den Fenstern des Waschhauses gegenüber. Es gefiel ihnen, sie riefen herüber, lachten und freuten sich über den mächtigen Stamm.

Nun stand vor dem Büro des Schulleiters ein riesiger Phallus. Was würden die neuen Eltern über das Kunstwerk denken? Würde es auch beim Rest der Schule so viel vergnügten Beifall finden wie bei den Putzfrauen?

Zunächst kam der Schulleiter. Gerold Becker rief die Arbeiter der Schule herbei, im Schuljargon die Dalton-Brüder genannt. Die wiederum holten den schuleigenen Trecker. Sie legten eine Kette um den Phallus und versuchten ihn umzulegen. Becker machte sich derweil auf den Weg zu den Tätern. Offenbar wusste er genau, wer ihn so gut kannte und wer zu so einer Aktion fähig war. Er klopfte, trat ein und sagte ruhig: »Addi, du bist mir verantwortlich dafür, dass das Ding da unten wieder verschwindet.«

Aber es verschwand nicht. Zwar war es noch früh am Morgen, es mochte gegen halb sieben gewesen sein. Aber der Phallus hielt dem Ziehen und Zerren des Treckers stand. Sosehr sich die Daltons auch abplagten, der Phallus ließ sich nicht einreißen. Er stand nicht mehr ganz so steil, aber er blieb stecken. Die Zeit schritt voran. Die Daltons überlegten. Die Jungs bangten. Die Eltern machten sich auf den Weg in den Odenwald.

Schließlich kam den Arbeitern ein Gedanke. Sie holten die Motorsäge. Die hatte zwar den Nachteil, dass nun nicht nur alle sehen konnten, was da los war, sondern es auch hörten. Aber die Säge war scharf. Früh um sieben Uhr zerstückelten die Arbeiter der Odenwaldschule mit ihr den Baumstamm in seine Einzelteile. Die Baumscheiben wegzuräumen, klappte nicht mehr schnell genug. Als damals kurze Zeit später die Schüler zum Frühstück in den Speisesaal kamen, lag ein Haufen Holz herum.

Ein Schüler erinnert sich heute, dass sie nicht recht kapierten, was da vorgefallen war. Sie setzten sich auf die Holzstücke, scherzten und versuchten sich ihren Reim auf die verrückte Sache zu machen. Als sich einer der Schüler genauer ansah, worauf er da saß, kam eine Ahnung auf. Er hatte auf der Eichel Platz genommen.

Die Geschichte des Missbrauchs an der Odenwaldschule ist ein Lehrstück über Wissen und Nichtwissen.

Für den Außenstehenden ist schon die Tatsache eines hölzernen Riesenpenis vor dem Fenster der Rektorenbüros der Beweis dafür, dass an der Odenwaldschule alle Bescheid wissen mussten. Wer wollte dieses Monstrum übersehen und missverstehen? Wer mochte das morgendliche Wimmern der Motorsäge überhören? Der Penis, den Adrian Koerfer und seine Mitstreiter, gerade fertige Abiturienten, auf den öffentlichsten Ort der Schule platzierten, er ist das Symbol für die Mitwisserschaft der ganzen Schule.

Und doch ist die Szene ebenso ein Beweis für die Uneindeutigkeit des Wissens. Lachten die Putzfrauen über Gerold Becker – oder kicherten sie über das Dargestellte? Konnte wirklich jeder die Symbolik entziffern? Der Erfinder der damaligen Aktion weiß, wenn man ihn heute befragt, nicht mehr genau, was das sein sollte: ein Aufschrei, Aktionskunst, ein Abschiedsgeschenk für den meistgeliebten wie bestgehassten Lehrer der Schule? Und auch der Schüler, der auf der gekappten Spitze des Phallus saß, kann wenig mehr berichten als das pubertäre Lachen über den gelungenen Witz.

Das Wissen über sexuelle Gewalt ist nicht schwarz-weiß. Es ist vieldeutiger, als sich Opfer erhoffen und Aufklärer mit der Gnade des späten Wissens behaupten. Missbrauch ist nicht nur die körperliche Befriedigung an einem Schutzbefohlenen, also eine Tat. Missbrauch ist auch ein Gespinst von Kommunikation und Konspiration. Die sexuelle Ausbeutung von Kindern und ihr tarnender Überbau ergeben zusammen ein komplexes soziales System. So geheim, roh und körperlich wie die Geschäfte der Mafia. Zugleich so intellektuell und symbolisch wie die feinen Unterschiede, mit denen die bürgerliche Gesellschaft Distinktionen erzeugt.

Der Phallus vor dem Rektorenbüro ist außerdem ein Symbol für das widerstreitende Nichtwissen außerhalb der Odenwaldschule. Was sahen kritische Beobachter und loyale Begleiter? Was wussten sie? Was taten sie, um herauszufinden, was wirklich geschah? Was unternahmen sie, um die Kinder in der Odenwaldschule vor sexueller Gewalt zu schützen?

3.1 VERSCHLAMPTE AUFKLÄRUNG

1998/1999

Um verstehen zu können, was in der Odenwaldschule geschehen ist, muss man sich nur den ersten Versuch der Aufklärung ansehen. Es ist eine Beinaheaufarbeitung, die damit beginnt, dass zwei Altschüler einen freundlichen und zugleich erschütternden Brief an die Schule schreiben.

»Wir sind zwei Altschüler der Odenwaldschule und waren von 1980 bzw. 1982 an der Odenwaldschule und schlossen 1988 mit dem Abitur ab«, heißt es darin. »In dieser Zeit wurden wir – und wir sind leider nicht die Einzigen – Opfer sexueller Übergriffe seitens Gerold Beckers, ehemaliges Familienoberhaupt und Schulleiter der Odenwaldschule.«

Die beiden jungen Männer bekannten damals, wie irritiert und wütend sie wären, dass ihrem Peiniger immer noch die gleiche Anerkennung entgegengebracht würde wie früher. Becker war nach seinem Ausscheiden ersatzweise als Lehrkraft eingesetzt. Bei verschiedenen Anlässen der Schule saß er auf dem Podium.

Für die beiden ehemaligen Schüler war das der Auslöser, seine Taten öffentlich zu machen. »Es ist wahrscheinlich für Euch ebenso schwer sich vorzustellen, dass jene Übergriffe stattgefunden haben, wie für uns zu glauben, daß niemand im Kollegium davon wusste oder es zumindest vermutete«, schrieben sie im Jahr 1998. Die Autoren des Briefs waren freundlich. Sie stellten keinerlei finanzielle Forderungen. Es gehe ihnen auch nicht darum, der Odenwaldschule als Institution zu schaden, wie sie schrieben. Es wäre ihnen wichtig, der Schule die Augen zu öffnen. Sie wollten Aufklärung darüber, wer Gerold Becker wirklich war.

Das war der Beginn der Aufklärung an der Schule. Zwei Schüler schrieben einen mäßig zornigen Brief und baten um eine Stellungnahme.

Der Brief versetzte die Schule in Unruhe. Denn er war zugleich an alle Familienoberhäupter gerichtet, das heißt er verbreitete sich schnell über die ganze Schule. Die Oberhäupter dieser Familien waren durch den Brief nun in heller Aufregung, und die Schulleitung nahm sich der Sache auch sofort an.

Es lief eine generalstabsmäßige Aktion an. Beim ersten öffentlich angezeigten Missbrauchsverdacht löste die Schule so etwas wie einen Alarm aus. Verglichen mit dem konsequenten Verschweigen der ersten Fälle etwa an katholischen Schulen war das geradezu vorbildlich. Jedenfalls schien es so.

Der Regisseur der ersten Aufklärung an der Odenwaldschule hieß Wolfgang Harder. Er war seit 1983 an der Schule und wurde zwei Jahre später der Nachfolger Gerold Beckers. Harder ist ein ungemein freundlicher Herr. Er stammt wie Becker aus der Göttinger/Bielefelder Schule um Hartmut von Hentig. Harder hat sich große Verdienste um die Reformpädagogik erworben. Auch wenn er stets im Schatten von Gerold Becker stand.

Der Schulleiter setzte sofort die wichtigen Gremien seiner Schule in Kenntnis. Er bekam den Brief der beiden Betroffenen am 16. Juni 1998. Noch am selben Tag versuchte er, die Exschüler telefonisch zu erreichen. Der Vertrauensrat, das engere Beratungsorgan des Schulleiters, traf sich sogleich. Tags darauf wurde auch in der Konferenz der Odenwaldschule davon berichtet. Wolfgang Harder informierte den Vorstand, er lud die Betroffenen zu einem Gespräch ein und er telefonierte – mit Gerold Becker.

Was der Schulleiter damals alles unternahm, liest sich aus heutiger Sicht wie das Drehbuch für eine optimale und schnelle Auf-

150

arbeitung. Bald berief Wolfgang Harder sogar eine Tagung ein, in der sich alle Mitarbeiter mit dem Thema befassen sollten. Im Gespräch gibt der Mann zur Schuld Beckers heute, 25 Jahre später, zu Protokoll: »Ich habe keinen Hinweis und kein überzeugendes Argument gefunden, an der Glaubwürdigkeit der beiden ehemaligen Schüler bzw. von deren Vorwürfen zu zweifeln. Ich habe deshalb so gedacht, geredet und gehandelt, als ob sie wahr seien.«

Wie kam es dann, dass die anfängliche Zurückhaltung der beiden Schüler ziemlich schnell in Wut und Verzweiflung umschlug? Wie kann es sein, dass jene, die sich mit dem Fall näher befassen, geradezu entsetzt sind, mit welcher Kaltschnäuzigkeit die Odenwaldschule ihren reformpädagogischen Grundsatz ad acta legte? Dass nämlich das Kind im Mittelpunkt der Schule zu stehen habe, ja, dass die Schüler, wie ihr Gründer Paul Geheeb einst sagte, die Schule bauen. Und warum sind die Jahreszahlen »1998/1999« für eine über die Jahre wachsende Gruppe von Aufklärern zum Sinnbild des Scheiterns und des Verrats an den Schülern geworden?

Der erste Teil der Antwort steht in einer dienstlichen Erklärung, die Wolfgang Harder abgab. Die Schulbehörden hatten ihn 1999 aufgefordert, den Ablauf der Aufklärung genau darzulegen. Im letzten Absatz des Papiers, das sich über neun lange Seiten erstreckt, ist die Philosophie der Aufklärung Marke Odenwaldschule festgehalten: »Ich möchte abschließend und zusammenfassend erklären«, schrieb Harder da, »dass ich glaube und hoffe, mich seit dem Bekanntwerden der Vorwürfe am 16.6.98 im Einvernehmen mit Vorstand und Konferenz der Odenwaldschule bei allen Schritten und Maßnahmen in dieser Sache zum Wohl der Schule eingesetzt zu haben.«

Es ist ein typischer Satz Wolfgang Harders, jenem sehr klugen und sehr bedächtigen Herrn. Wenn man ein paar Unds weglässt, dann steht da: »Ich glaube, dass ich mich zum Wohl der Schule eingesetzt habe.« Zum Wohl der Schule. Zuerst zum Wohl der Schule.

Heute braucht Harder keine neun Seiten mehr, um sein Prinzip deutlich zu machen. »Es ging um den Ruf der Schule. Ich wollte, dass die Schule keinen Schaden nimmt«, sagt er im Rückblick.

Der zweite Teil der Antwort auf die Frage, warum die Aufklärung 1998 scheiterte, steckt in den Maßnahmen, die die Odenwaldschule 1998 ergriff. Einerseits sieht die Folge von Schritten eindrucksvoll aus. Andererseits erweckte beinahe jeder einzelne Schritt der Odenwaldschule den Eindruck von Pseudoaufklärung. Es wurde viel versprochen – aber es tat sich nichts. Es drang kaum etwas nach draußen. Es wirkte wie ein perfektes So-als-ob-Handeln.

Keine Öffentlichkeit! Dieses Signal bekamen die missbrauchten Schüler relativ schnell. Bei aller Offenheit der Schule sollte unterm Strich eine Information der Öffentlichkeit auf jeden Fall verhindert werden. Im Dezember 1998 gab Harder es den beiden Schülern schriftlich. Die einmütige Position von Vorstand und Konferenz sei, so Harder, »die Vorwürfe und die gemeinsame Stellungnahme nicht in den ›OSO-Nachrichten‹ zu veröffentlichen.« Die Schule hatte eine Stellungnahme vorbereitet, in der der Fall Becker berurteilt und bedauert wurde.

Das bedeutete für die beiden Schüler: Sie blieben weiter allein mit ihrem Missbrauch. Der Fall zog keine öffentlichen Kreise. Es konnten sich keine weiteren Betroffenen melden. Denn sie erfuhren nicht davon, dass zwei Schüler den schmerzhaften Schritt gewagt hatten, sich von dem Verdikt des Schweigens zu befreien.

Wolfgang Harder rechtfertigt die Nichtveröffentlichung noch heute. Die gemeinsame Stellungnahme sei nur für den Fall aufgesetzt worden, dass die Presse über den Fall berichtet hätte. »Die Exschüler wollten, dass wir die Erklärung in die ›OSO-Nachrichten‹ setzten. Ich wollte das nicht«, sagt Harder dazu im Jahr 2010. »Oberstes Ziel über allem anderen war: Es darf nicht in die Presse kommen. Das war der gemeinsame Wille aller Beteiligten.«

Dabei ist diese Stellungnahme ein interessantes Schriftstück. Darin steht, dass die Gremien der Odenwaldschule »mit Betroffenheit und Bestürzung Vorwürfe zweier ehemaliger Schüler zur Kenntnis genommen haben, dass Gerold Becker sich in seiner Zeit als Mitarbeiter und Schulleiter der Odenwaldschule sexueller Übergriffe gegenüber Schülern – auch unter 16 Jahren – schuldig gemacht und es darüber an der Odenwaldschule Gerüchte gegeben habe, denen aber niemand nachgegangen sei. Gerold Becker hat gegenüber dem Vorstand den Vorwürfen nicht widersprochen.«

Das hätte der Beginn der Aufklärung sein müssen. Den beiden mutigen Schülern war zwar einerseits etwas Großartiges gelungen – sie hatten die Schule wachgerüttelt –, aber sie hatten es andererseits nur halb geschafft. Denn die Schule anerkannte zwar, dass sie ein Missbrauchsproblem hatte, und zwar von ganz oben her, weigerte sich aber trotzdem, ihr Eingeständnis des Versagens zu veröffentlichen.

Die Aufklärung sexueller Gewalt in einer Institution besteht, kurz gesagt, darin, erstens herauszufinden, was wirklich passiert ist, und zweitens zu untersuchen, wie es so weit kommen konnte.

Wenn der erste Teil der Aufklärung schnell ad acta gelegt wird, dann gibt es in Wahrheit keine Aufklärung. An der Odenwaldschule geschah dies im Jahre 1998. Die Aufdeckung und Ermittlung der pädophilen Straftaten wurde flugs beendet, wenn man so will: Sie wurde durch die Schulleitung erfolgreich *nicht*verfolgt.

Aber auch der zweite Teil der Aufklärung schlug fehl: Die Frage, wie es dazu kommen konnte. Zwar erörterten die Konferenzen der Odenwaldschule allgemein den Fall. Aber sie taten es in der Erinnerung von Teilnehmern derart abstrakt und von den konkreten Fällen gelöst, dass diese Versammlungen eher als ein folgenloses Blabla anzusehen sind. Augenzeugen berichten, dass sie sich gar nicht erinnern können, was das eigentliche Thema jener Sitzungen war. Der schlimme Verdacht gegen ihren ehemaligen

Schulleiter wurde nie konkret gemacht. Andere sagen, dass die Lehrer die Vorwürfe damals einfach nicht geglaubt haben.

Die Konferenz der Odenwaldschule hielt stets große Stücke darauf, ein gerühmtes demokratisches Entscheidungsorgan zu sein. Ihre Hauptbeschäftigung lag über Jahre hinweg darin, darüber zu reden und zu betonen, dass sie wahnsinnig demokratisch und machtkritisch sei. Als der ungeheuerliche Vorwurf gegen ihren ehemaligen Schulleiter aufkam, war sie weder kritisch noch demokratisch. Sie schenkte ihrem ehemaligen Schulleiter mehr Vertrauen als den Anklagen zweier Exschüler.

Das ist doppelt merkwürdig. Denn erstens hatte Gerold Becker dem Verdacht nicht einmal widersprochen, er hatte ihn vielmehr stillschweigend eingeräumt. Die Konferenz der Odenwaldlehrer wusste das, aber sie beachtete es nicht. Zweitens ist es der Grundsatz der Odenwaldschule, das Kind in den Mittelpunkt zu stellen. Auf diesen höchsten Wert der Schule wurde ja in der zitierten gemeinsamen Erklärung von Trägerverein, Konferenz und Schulleitung sogar Bezug genommen: Die Schule verpflichte sich, hieß es, das Thema Missbrauch »intensiv und systematisch – beispielsweise im Rahmen einer von auswärtigen Fachleuten unterstützten Mitarbeitertagung innerhalb des nächsten halben Jahres – zu bearbeiten«. Sie wollte damit sichern, und hier beginnt die Umkehrung, »dass die Odenwaldschule weiterhin ein Ort bleibt, der dem Aufwachsen von Kindern und Jugendlichen guttut und an dem die verschiedenen Generationen unbefangen miteinander umgehen und voneinander lernen können«.

Das ist frech. Oder zynisch. Zuerst wird die Schuld des Schulleiters eingestanden und dann, zwei Absätze später, vom Tisch gewischt mit der Formel, dass die OSO *weiterhin* Kindern guttut.

Es gab 1998 eine Vielzahl von Indizien, die darauf hindeuteten, dass die Vorwürfe der beiden Schüler richtig waren. Wie konnte die Konferenz diese übersehen? Die Antwort ist einfacher als ge-

dacht. Die Odenwalddemokratie musste gar nicht darüber hinweg-
sehen, dass sexuelle Gewalt an Kindern verübt worden war, denn
sie erfuhr nichts davon. Jedenfalls nicht auf offiziellem Weg. Sie
wusste es. Aber sie wusste es eben nicht offiziell.

Das ist der dritte und zugleich rätselhafteste Teil der Nichtauf-
arbeitungsgeschichte von 1998. Immerhin bekamen die beiden
missbrauchten Schüler Gelegenheit, mit der Schule zu sprechen.
Rund drei Wochen, nachdem ihr Brief die OSO für einen Moment
aufgeschreckt hatte, trafen sich die Betroffenen mit Repräsentanten der Schule.

Aber bei diesem Treffen fand etwas Seltsames statt. Über das,
was sexuelle Gewalt eigentlich ist, wurde nicht gesprochen. Wieso ist nichts davon bekannt geworden?

»Der Schüler hat erzählt, dass er missbraucht wurde. Mehrfach. Aber die Einzelheiten habe ich nicht gebraucht. Mir war das
unangenehm«, erzählt es heute ein Beteiligter des Treffens, das im
Jahr 1998 in Frankfurt stattfand. Eine dritte damals anwesende Person formuliert es ähnlich: »Wir haben das nicht richtig begriffen.
Die Betroffenen haben nichts anderes als das Wort Missbrauch
verwendet.« Sie selbst habe auch ein Einzelgespräch mit einem der
Opfer geführt. »Ich dachte mir: ›Darf ich ihn das jetzt fragen, was
da war?‹ Ich habe es nicht getan. Ich habe als Psychologin verstanden, dass er innerlich verletzt wurde durch das, was er Missbrauch
nannte. Nur hatten wir damals keine Bilder dafür, was dieses Wort
eigentlich bedeutete. Es war für mich wahnsinnig schwierig zu begreifen. Begriffe wie ›Penetration‹ oder ›ans Glied greifen‹ wurden
erst später in den großen Missbrauchsprozessen verwendet.«

Sexuelle Gewalt wird wie eine Blackbox behandelt: Keiner erfährt an der OSO, was in dieser Box eigentlich alles drin ist. Jedenfalls weiß es keiner der vermeintlichen Aufklärer.

Cornelia Dagenbach kam Ende der 1980er an die Odenwaldschule. Sie ist inzwischen Oberstufenleiterin, und sie ist wütend

über das, was 1998 geschah. »Ich war einfach schockiert. Ich dachte, wenn die mit den Betroffenen sprechen, dann finden die das raus. In Wahrheit haben sie das schön von uns weggehalten«, sagt sie. »Was geschehen ist, haben wir nie 1:1 erfahren.«

Die Frau war als Musiklehrerin eine Art Nachnachfolgerin von Wolfgang Held, einem der Intensivtäter der OSO. Sie hat nie von den näheren Umständen erfahren, vermutet aber, »dass wir unsere Vorgänger nicht kennenlernen durften. Wahrscheinlich war es Absicht, dass wir Greenhorns denen nie begegnen sollten.«

Die heutige Oberstufenleiterin will heute umso energischer den Neubeginn an der Schule angehen. Sie weiß, dass sie sich dabei auf jene demokratischen Gremien der Schule, auf die sie so lange stolz war, nicht unbedingt verlassen kann. »Wir haben als Konferenz damals versäumt herauszufinden, was den betroffenen Schülern wirklich passiert ist. Wir haben versagt, das ist so. Und die Leitungsebene hat uns das weggenommen.«

Dabei hätten Lehrer wohl auch früher ahnen können, was an ihrer Schule vorgeht. Denn in der täglichen Lebenspraxis der OSO war die Blackbox Missbrauch kein echtes Geheimnis. Sie war weit geöffnet, mit vielen schmierigen und brutalen Details. Und das über beinahe 30 Jahre hinweg.

Dass die Missbrauchsgespräche nicht zum Erfolg führten, lag freilich nicht nur an der Schamhaftigkeit der Beteiligten. Schon die Zusammensetzung der Teilnehmer der ersten Gespräche war – zufällig oder gezielt – so gewählt worden, dass sensible Themen vermieden werden konnten.

An dem wichtigsten offiziellen Gespräch nahm der Schulleiter Wolfgang Harder teil. Ein Mann, der in einem der Berichte an die Behörden bemerkt, »dass das Wort schwul – wie man heute häufiger sagt – nicht zu meinem aktiven Wortschatz gehört«. Weiter war an diesen Gesprächen Peter Conradi beteiligt, ein hochgebildeter und stets jovialer Architekt und Bundestagsabgeordneter.

Conradi würde das Wort schwul verwenden, ohne mit der Wimper zu zucken. Aber er ist eben auch ein politisch abgebrühter Taktiker, der im Verlauf der Odenwald-Nichtaufklärung einen symptomatischen Satz prägt: »Ein Lehrer, der mit der Presse spricht, ist ein dummer Lehrer.«

Zudem saß bei den Gesprächen Peter Dehnert mit am Tisch. Er war der Vertrauenslehrer, den die beiden Schüler sich gewählt hatten. Dehnert ist ein Lehrer mit politischen und pädagogischen Idealen, der ein moralisches Interesse an Aufklärung hatte. Aber auch er hielt sich zurück.

Es war Dehnert, der Folgendes einräumte: dass es nämlich keinesfalls so gewesen sein musste, dass wirklich niemand in der Odenwaldschule über die Umtriebe Beckers Bescheid wusste.

Im Protokoll des Gesprächs liest sich der Hinweis auf Mitwisserschaft innerhalb der Schule so: »In diesen Jahren (d. h. 1972–1985) gab es Gerüchte über ein Fehlverhalten von Gerold Becker, jedoch ist kein Mitarbeiter/keine Mitarbeiterin diesen Gerüchten nachgegangen. Hier liegt ein Versäumnis einzelner MitarbeiterInnen und insoweit auch der Odenwaldschule als Institution vor.«

Das war eine heiße Spur. Insgesamt gab es Hinweise auf sechs Mitarbeiter, die von Beckers Taten gerüchtehalber wussten. Der Schulleiter Wolfgang Harder wird später offiziell den Behörden haarklein auflisten, wie viele es waren und dass zwei davon 1998 schon nicht mehr an der Schule waren.

»Es habe hier und da Gerüchte gegeben; sie konnten sie aber nicht inhaltlich konkretisieren«, schrieb Harder. Was er nicht dokumentierte: dass es viele Hinweise und sogar Versuche seitens der Schüler gab, ihrem Schulleiter zu entkommen. Wolfgang Harder musste das zu diesem Zeitpunkt nicht wissen; aber er hatte immerhin vier Mitarbeiter, die in einer öffentlichen Konferenz von Gerüchten sprachen. Diesen Gerüchten wurden damals nicht energisch nachgegangen.

Dabei hätte der eine oder andere Lehrer nur besser zuhören müssen. Als 1998 die Briefe der beiden Schüler durch die Schule geisterten, fragte eine Lehrerin, was da dran sei. »Weißt du das nicht?«, fragte sie ein Lehrerkollege verdutzt. »Dieser Junge war die letzte große Liebe von Gerold.«

Die dienstliche Erklärung Wolfgang Harders, verschickt an die Behörden Ende 1999, war ein stattliches Dokument, das viele eng beschriebene Seiten füllte. Es suggeriert dem Leser ein gründliches Aufarbeiten des Missbrauchs durch den Schulleiter. Allen Fragenden wurde stets diese Erklärung vorgehalten, wenn sie wissen wollen, was geschehen war.

»Wir haben damals vielfältige Maßnahmen ergriffen«, verweist heute etwa Sabine Richter-Ellermann, die Vorsitzende des Trägervereins und damit des höchsten Gremiums der Odenwaldschule, auf das Papier: »Eine Supervision, und zwar mehrjährige für alle Mitarbeiterinnen und Mitarbeiter, wir haben zwei Tagungen zu dem Thema gemacht, mehrtägige, wir haben auch eine Gruppe, einen Ausschuss zum Schutz vor sexuellem Missbrauch gegründet. Es gab AnsprechpartnerInnen in der Schule und auch Telefonnummern von Institutionen außerhalb der Schule. Da ist damals sehr viel getan worden.«

Genau besehen waren die ganzen aufgelisteten Maßnahmen aber kein echter Beitrag zur Aufklärung. In Wahrheit entpuppt sich das Papier Wolfgang Harders als das minutiöse Protokoll, wie man einen Missbrauchsvorwurf kunstvoll aus dem Weg räumt.

Der Vorwurf, den die beiden Schüler erhoben, war ungeheuerlich. Immerhin sollte der in ganz Deutschland anerkannte Leiter der Vorzeigeschule im Odenwald Kinder fortdauernd sexuell belästigt und missbraucht haben. Das ist nichts weniger der Verdacht auf ein schweres Verbrechen – begangen vom Schulleiter in einem Internat, das Kinder ihren Lehrern direkt in Familien unterstellt. Becker aber brauchte geschlagene drei Wochen, ehe er sein Amt als Vorsitzender des Fördervereins und Mitglied des Trägervereins aufgab. Erst nach zehn Wochen informierte er die Schulbehörden. Und es dauerte gar drei Monate, bis er als Leiter des Verbandes der deutschen Landerziehungsheime zurücktrat.

Man fragt sich im Nachhinein, wer mehr versagt hat: Der Leiter, der immer auch seine Institution im Blick haben muss, oder die Konferenz der Odenwaldschule, in der die pädagogischen Mitarbeiter Sitz und Stimme haben und stolz sind auf ihre demokratische Kultur. Die pädagogischen Mitarbeiter, also die Lehrer, sind weniger der Schule und deren Ruf verpflichtet als den Kindern. »Wir haben uns ruhigstellen lassen«, erinnert sich ein Lehrer an die Konferenzen. »Im Prinzip haben wir es aus der Hand gegeben.«

Heute sagt Wolfgang Harder: »Es schwebt eine schwarze Wolke aus unwahren Behauptungen und ungerechten Vorwürfen über 16 Jahren meines beruflichen Lebens. Die wird immer bleiben.« Er scheint es hinzunehmen wie ein braver Soldat, der seinen Dienst getan hat, aber das Ziel dennoch verfehlte. Er besteht darauf, »von dem Missbrauch vorher nichts gewusst zu haben«. Und er weist die Idee empört von sich, er sei bestellt worden, um als Aufräumkommando nach Gerold Becker den Saustall zu beenden und die Spuren zu verwischen.

»Ich hatte damals die Vorstellung: In der OSO ist so etwas wie sexueller Missbrauch nicht möglich. Da war ich naiv«, sagt Wolfgang Harder. Und dass Gerold Becker Kindern so etwas angetan haben könnte, jener Mann, den er in zwei wichtigen Positionen beerbte, »das war mir bis zum Juni 1998 ›denkunmöglich‹ gewesen.« Harder verweist auf einen kategorialen Unterschied. Die Art, wie man 1999 mit solchen Vorwürfen umging und wie man es heute tun muss. Damals sei das Ziel gewesen, die Öffentlichkeit nicht zu informieren – um die Institution zu schützen. »Wenn ich heute die Institution Odenwaldschule schützen wollte, dann müsste ich es in die Presse geben«, sagt Harder.

Von den beiden Exschülern, die Aufklärung wollten, erhielt Schulleiter Harder wenige Tage später erneut einen Brief. Darin heißt es in Bezug auf das Gespräch: »Es erschien mir auch ausgesprochen naiv von Dir zu glauben, daß Gerold Becker mit seiner Pädophilie in verantwortungsvoller Weise umging. Ein Pädophiler, der Tag und Nacht von Kindern und Jugendlichen umgeben ist, über kein eigenes Badezimmer verfügt und von daher morgens immer mit den Jungs duschen geht, verhält sich ansonsten verantwortungsvoll?«

Harder freilich bestreitet vehement, jemals über Beckers Pädophilie gesprochen zu haben. Er habe nichts von ihr gewusst.

Es gibt allerdings jemanden, der eine Erklärung verfasst hat, in der er beschreibt, dass er Wolfgang Harder bereits 1985 über sexuelle Gewalt informiert habe. »Thomas P. erzählte mir, dass Gerold Becker mit ihm in der Nacht geschlafen hatte und er dafür eine Stereoanlage und Turnschuhe geschenkt bekommt«, steht in dem Papier. »Ich war sehr berührt, ging zu Wolfgang Harder und berichtete ihm den Vorfall.«

Das ist eine schwerwiegende Aussage, die den Verdacht nährt, dass Harder schon viel länger als seit 1998 Bescheid gewusst haben könnte. Und es ist zugleich ein Zeugnis, das über die Macht des Tabus und das vielschichtige Schweigen Auskunft gibt. Die Autorin des Papiers nämlich hat die Erklärung erst im Jahr 2010 abgegeben. Das bedeutet: Sie erfuhr schon 1985 davon, dass Becker offenbar einen Jungen aus der Schule sexuell missbrauchte. Sie berichtete dies sofort dem stellvertretenden Schulleiter Harder, und dann geschieht 25 Jahre lang – nichts. Keine Aufklärung, kein Polizist, der vorfährt, um Becker mitzunehmen, nichts tut sich an der Schule. Auch 1998/99, als Schüler es öffentlich machen, äußert sich die Frau nicht. Der See ruht still. Bis zum März 2010. Da erfährt sie aus den Medien, dass bekannt geworden sei: Becker habe Schüler missbraucht und misshandelt.

Wolfgang Harder freilich weiß heute nicht mehr, was los ist. Als die Frau ihn im Jahr 2010 anruft, um ihn in Kenntnis zu setzen, was 1985 passiert ist, sagt er zu ihr: »Warum, in aller Welt, hast du mich nie wieder danach gefragt? Wir haben doch, als ich Schulleiter war, zwölf Jahre lang praktisch täglich miteinander gesprochen und uns beraten, im Schulleiterzimmer. Warum hast du nichts gesagt bei unseren Diskussionen und Nachforschungen 1998/99?« Sie habe darauf geantwortet: »Du warst der Schulleiter. Ich hatte es dir gesagt, und damit war es nicht mehr meine Sache.«

Nur hat es der Odenwaldschule am Ende gar nichts genutzt, dass sie so kunstvoll aufarbeitete, ohne aufzuarbeiten.

Am 17. November 1999, ein gutes Jahr, nachdem die Schule die Sache intern hatte regeln wollen, brachte eine Zeitung die Geschichte. Der Journalist Jörg Schindler veröffentlichte einen Text in der »Frankfurter Rundschau«, in dem alles das steht, was man in der Odenwaldschule nicht für möglich gehalten hatte.

Schindler hatte beste Quellen und er beschrieb in Grundrissen schon damals die ganze Dimension des Skandals. Er machte in dem Text, bei dem alle Opfernamen geändert waren, deutlich, was der Missbrauch war. Dass er nämlich von Betatschen am Morgen (»Torsten Wiest war 14, als er eines Morgens aufwachte, weil ihm Becker ›an den Genitalien rumfuhrwerkte‹«) bis hin zu schweren Übergriffen ging: »Vor Gericht, sagt Dehmers, ›würde das, was er getan hat, heute als Vergewaltigung gewertet‹.«

In dem Text wurde auch deutlich, dass es sich nicht um zwei Betroffene handelt, sondern um viele. Und dass der Missbrauch kein punktuelles Problem war, sondern sich über lange Zeit erstreckte. Nach Lektüre des Textes des preisgekrönten Investigativjournalisten Schindler hätte eigentlich jedem klar sein müssen, dass die Geschichte des Leugnens und Vertuschens viel weiter zurückreicht, als man in der Odenwaldschule dachte. Denn Gerold

Becker hatte die Tat bereits 1997 gegenüber dem ersten Betroffenen zugegeben.

»Es gibt manches in diesen 61 Jahren, für das ich mich schäme oder schuldig fühle«, hatte Becker auf den Brief eines Betroffenen im November 1997. »Wenn ich Dich als 14- oder 15-Jährigen gekränkt, verletzt, beleidigt oder geängstigt habe, dann musst Du mir bitte glauben: Das wollte ich sicher nicht! Wenn es dennoch so war, dann bitte ich Dich jetzt dafür sehr ernsthaft um Verzeihung.« Becker unterschrieb den Brief mit »Dein Gerold« und äußerte sich in weiteren Briefen nicht mehr zu den Vorwürfen.

Mit der Veröffentlichung in der »Frankfurter Rundschau« war geschehen, was die Odenwaldschule unbedingt hatten verhindern wollen. Aber es geschah kurioserweise nicht das, was sie befürchtet hatte. Kaum eine andere Zeitung griff das Thema auf.

Die Geschichte der »FR«-Enthüllung des Missbrauchs war für die Betroffenen eine kleine Katastrophe. Zwei Jahre lang hatten sie versucht, öffentliche Anerkennung für ihr erlittenes Leid zu finden, indem sie sich an eine größere Öffentlichkeit wandten. Aber es gelang nicht, weil auch die Gesellschaft ihnen nicht zuhörte. Es entstand keine öffentliche Diskussion.

Immerhin zwang die Zeitungsveröffentlichung die Schule, sich noch einmal mit der Sache auseinanderzusetzen. An der Schule regierte inzwischen ein neuer Schulleiter, Whitney Sterling. Er veranstaltete zusammen mit einer Lehrergruppe eine Tagung, die sich ganz explizit dem »Schutz vor sexuellem Missbrauch« widmete.

Aus dem Blickwinkel der psychologischen Experten und Therapeuten ist eine Tagung zum sexuellen Missbrauch für die Zeit Anfang der 2000er Jahre eine Besonderheit. »Es ist nicht normal, dass sich eine Schule dem Thema so explizit widmet und seinen Lehrern eine Fortbildung dazu anbietet«, sagte eine Therapeutin, die sich viele Jahre mit sexuellen Übergriffen befasst hat.

Die Mitarbeitertagung, an der auch Schüler teilnehmen konnten, erstreckte sich über zwei Tage. Es begann mit einem Vortrag zu sexueller Gewalt, was das bedeutet, wie oft sie vorkommt. Es wurde darüber gesprochen, wie sich die Opfer äußern, welche Signale sie aussenden. Es gab Gespräche in Arbeitsgruppen und auch zwei Psychologinnen waren dabei.

»Es ging bei der Fortbildung von Anfang an nicht darum, eine konkrete Realität zu erkunden«, erinnert sich eine der beiden beteiligten Psychologinnen. Anders als suggeriert, waren die beiden Profis bei den Arbeitsgruppen nicht anwesend. »Wir waren höchstens zwei oder drei Stunden bei der Veranstaltung. Wir saßen hinten und haben auf unser Referat über den Frauennotruf gewartet. Anschließend sind wir wieder gegangen.«

Ihre Kollegin, Anja Lechleitner, hatte die Fortbildung im Jahr 2000 mit konzipiert. »Es saßen alle Lehrer drin«, erinnert sie sich heute. »Aber die haben die Fortbildung und das, was an der Odenwaldschule in den 70er und 80er Jahren passiert ist, nicht zusammengebracht. Es war eine stumme Veranstaltung. Da gab es ganz wenig Beteiligung.«

Auch ein Lehrer erinnert sich heute an die Veranstaltung. Und er glaubt zu wissen, warum die Lehrer einer Schule, die unter einem schweren Verdacht stand, das Thema nicht neugieriger behandelten. »Es war nicht strittig, dass es Missbrauch war, das war ohnehin klar. Es wäre mir aber voyeuristisch vorgekommen zu fragen, was das jetzt ganz genau ist.«

Dabei hätten die Lehrer und die beiden Psychologinnen viel zu tun gehabt. Für die Tagung hatte eine Lehrergruppe nämlich eine Materialsammlung zusammengestellt. Das Material war voller Indizien dafür, dass an der Odenwaldschule etwas gründlich falsch gelaufen war in der Zeit von Gerold Becker. Viele Lehrer aber haben dieses Papier nie zur Kenntnis genommen. Weder damals noch später. Es gibt Lehrer der Schule, die noch heute ehrlich empört sind, wenn sie in der Materialsammlung blättern. Und sie können nicht glauben, dass dieses Papier schon seit dem Jahr 2000 zu ihrer freien Verfügung gestanden hatte.

In einem darin abgedruckten Schreiben erzählte zum Beispiel ein ehemaliger Lehrer, wie er seine Frau an der Odenwaldschule kennengelernt habe. Er habe sich »unter den vielen wunderschönen und gescheiten Jungfrauen in Oberhambach« die geeignetste ausgesucht und sie »mit geziemendem Abstand, aber doch quasi von der Schulbank weg zu meiner Frau« genommen.

Auch die beiden Altschüler, die eineinhalb Jahre zuvor an die Schulleitung geschrieben hatten, sind mit einem Brief an den neue Rektor in dem Reader vertreten. Sie beschreiben die Schule darin als einen Kontext, »der Gerold Beckers perverse sexuelle Ausbeutung von minderjährigen Jungen zum zentralen Inhalt hatte«.

Viel deutlicher konnte das Vorbereitungsmaterial nicht sein. Es gab eindeutige Hinweise darauf, dass an der Odenwaldschule nicht etwa ein fehlgeleiteter Einzeltäter seine sexuellen Interessen befriedigte, sondern dass es ein System geben könnte. Ein System, zu dem mehrere Personen gehören und hinter dem eine Idee steckt.

Die Odenwaldschule ist diesem System nicht auf die Spur gekommen. Weil sie 1998 die Aufklärung verpasst hat. Aber sie hat sie nicht aus Schlamperei versäumt, sondern weil sie gezielt andere Interessen verfolgt hat.

Aufklärung 2009

Die zweite Aufklärung an der Odenwaldschule ähnelte ab dem Jahr 2009 einem plätschernden Flüsschen, das sich über Nacht in einen reißenden Strom verwandelt. Es regnet ein bisschen, aus Nebenflüssen kommt Wasser hinzu – und plötzlich entwickelt sich eine Flutwelle.

»Es gibt Dinge, die brauchen irgendeinen Auslöser. Aber man weiß dann nicht genau, was es war«, sagte eine der Beteiligten.

Das Unvorhergesehene hat einen Namen und ein Gesicht. Es gehört Schulleiter Klaus Mertes. Er steht nicht etwa der Odenwaldschule vor, sondern dem Canisius-Kolleg in Berlin, dem vielleicht besten Gymnasium der Hauptstadt. Mertes ist Jesuit und er hat Anfang 2010 etwas geradezu Ungeheuerliches für einen Katholiken getan. Er leugnete den sexuellen Missbrauch in seinem Vorzeigegymnasium nicht, der ebenfalls 30 Jahre zurücklag. Mertes legte stattdessen eine dramatische Beichte ab: »Mit tiefer Erschütterung und Scham habe ich diese entsetzlichen, nicht nur vereinzelten, sondern systematischen und jahrelangen Übergriffe zur Kenntnis genommen.« Das schrieb Mertes zuerst an Hunderte seiner ehemaligen Schüler. Dann sagte er ähnlich unmissverständliche Sätze auf einer Pressekonferenz. Damit war ein Star geboren und ein Exempel statuiert.

Es war der 28. Januar 2010, und auch an der Odenwaldschule machte Mertes alle betroffen. Den Vorstand des Trägervereins der Schule, weil er sah, wie klar und öffentlich man mit Missbrauch umgehen kann – und genau dadurch ein Held wird. Und die Altschüler. Sie lernten, wie man durch Öffentlichkeit einen quälend langwierigen Prozess enorm beschleunigen kann. Wie Dekonspiration das Tabu und die Scham hinwegfegen kann.

»Wieso sollen wir weiterhin versuchen, in den Gesprächen mit der Schule betulich mit Trippelschritten voranzukommen, wenn die Welt da draußen plötzlich viel weiter ist?«, fragt Stefanie Michael, eine Altschülerin, die sich den Betroffenen der Odenwaldschule seit 2008 an die Seite gestellt hatte.

Plötzlich ging es ganz fix im Odenwald. Schon drei Tage nach der Berliner Enthüllung fordern die betroffenen Exschüler in einem Brief nun auch von der Odenwaldschule eine klare Positionierung. Da der Brief unbeantwortet blieb, stellen die Schüler ein Ultimatum: Wenn bis zum 1. März 2010 keine öffentliche Entschuldigung vorliegt, dann gehe das Ganze auch im Odenwald an die

Presse. Außerdem verlangten die Altschüler Auskunft über »die Anzahl der Betroffenen, die Benennung der Täter und die Analyse des Systems, welches die Misshandlungen ermöglicht hat«.

Die Entschuldigung ging zwar bei einer Gruppe von Betroffenen ein. Aber denen war der Geduldsfaden inzwischen gerissen. Sie pflegten ohnehin schon seit einiger Zeit Kontakt zur Presse. Erneut war es Jörg Schindler, der in der »Frankfurter Rundschau« einen Artikel über das Thema veröffentlichte – und es begann ein mediales Gewitter. Es mutete an, als wären die Skandale des Canisius-Kollegs und einer Gruppe anderer katholischer Einrichtungen, die seit Ende Januar die Zeitungen beherrscht hatten, nur das Donnern vor dem Regenguss gewesen.

Am 6. März 2010 verfasste Schindler eine Zweitauflage seines über 10 Jahre alten Textes, nur dass die Details und die Systematik des Missbrauchs diesmal noch deutlicher wurden. Schindler berichtete über das Streicheln der Genitalien, das Einteilen »sexueller Dienstleister« für ganze Wochenenden und von erzwungenem Oralverkehr mit 13-Jährigen. »Einzelne Pädagogen hätten gar ihren Gästen Schüler zum sexuellen Missbrauch überlassen.« Es ergoss sich eine Flut von Meldungen über die Agenturen.

Wenige Tage später bekannte die TV-Moderatorin und Odenwaldschülerin Amelie Fried auf Seite drei der »FAZ«, dass sie vor ihrem Lehrer beim Pokern strippen musste.

Tanjev Schultz von der »Süddeutschen Zeitung« besuchte den Superpädagogen Hartmut von Hentig, der ihm bei einer Hühnersuppe den tieferen Sinn des pädagogischen Eros erklärte. Und zugleich seinen Freund Gerold Becker verteidigte, der ein Stockwerk über ihm wohnte. Wenn überhaupt, könnte allenfalls mal ein Schüler seinen Lehrer Becker irgendwie verführt haben, zitierte die »Süddeutsche« Hartmut von Hentig. Dass sein Freund Gerold den Willen eines Kindes gebrochen haben könnte, wäre für ihn nicht vorstellbar.

Diese Bemerkungen Hartmut von Hentigs lösten einen Schock aus. Von Hentig ist der wichtigste und populärste deutsche Pädagoge der Nachkriegszeit. Viele seiner Anhänger waren entsetzt. Andere verteidigten Hentig und erklärten ihn zum Betrogenen. Die Grünen-Politikerin Antje Vollmer nannte es »journalistischen Missbrauch«, wie das Interview mit Hentig geführt worden war. »Das Vertrauen Hentigs wurde ausgenutzt, um ihn zum Tontaubenschießen freizugeben«, sagte sie im »Tagesspiegel«. Das Bemerkenswerte: Antje Vollmer ist selbst Vorsitzende eines Runden Tisches, der sich mit Gewalt und Missbrauch von Schutzbefohlenen befasst, dem »Runden Tisch zur Aufarbeitung der Heimerziehung der 50er und 60er Jahre in der Bundesrepublik Deutschland«.

Sexuelle Gewalt bezeichnete Vollmer dabei als »sexuelle Verirrungen«. Der Journalist Volker Zastrow beschrieb in einer Artikelserie der »FAZ« später ganz genau, um was es bei den vermeintlichen Verirrungen ging. Er öffnete die Blackbox Missbrauch noch schonungsloser, als es sein Kollege von der »Rundschau« getan hatte. Er zeigte in doppelseitigen Reportagecollagen, wie es bei Gerold Becker, dem Musiklehrer Wolfgang Held und dem Lehrer Jürgen Kahle in der Odenwaldschule zuging. Gerold Becker als der Herr des Ganzen und dauerübergriffiger Triebtäter. Der zartfühlende Musiklehrer als der Mann für die »pädophile Nachwuchsarbeit«. Ein dritter Lehrer als der polternde Pädosexuelle, der die Kinder auf Ausflügen befummelt. Es entstand ein Unsittengemälde, das radikal mit dem Tabu brach, nicht zu benennen, was Missbrauch genau ist. Die Leser konnten sich im Detail ausmalen, was die drei pädosexuellen Täter mit den 12- bis 16-jährigen Schülern machten – und wie brutal sie bei Kindern eine seelische Notlage erzeugten und ausnutzten.

Die gesellschaftliche und politische Wirkung der Enthüllungen an den katholischen Schulen und dem Landerziehungsheim im Odenwald war enorm. Missbrauch wurde das gesellschaftliche

Thema des Jahres 2010. Von der katholischen Kirche bis zur links-liberalen Elite waren alle betroffen. Sogar der Papst wurde in die Nähe der Täterlobby gerückt, weil er als Chef der Glaubenskon-gregation des Vatikan zu nachlässig gegen einen amerikanischen pädophilen Priester ermittelt habe. Keiner konnte den Zeigefinger auf andere richten. Auch die Bundeskanzlerin griff das Thema auf, Angela Merkel sagte im Bundestag: »Es gibt nur eine Möglichkeit, dass unsere Gesellschaft mit diesen Fällen klarkommt, und das heißt: Wahrheit und Klarheit über alles, was passiert ist.«

Die Bundesregierung berief wenige Tage später zunächst die ehemalige Familienministerin Christine Bergmann (SPD) als »Un-abhängige Beauftragte zur Aufarbeitung des sexuellen Kindesmiss-brauchs«. Bergmann richtete ein Nottelefon ein und startete eine Kampagne. Sie zeigte im Herbst des Jahres 2010, dass die Opfer des sexuellen Missbrauchs ein schlafender Riese in der Gesellschaft sind. Innerhalb von zwei Monaten meldeten sich auf die Fernseh-spots und Anzeigen hin 5000 Menschen, die über Missbrauch be-richteten.

Ausgelöst hatte diese Kettenreaktion letztlich Pater Klaus Mer-tes. Denn er war durch seine schonungslose Veröffentlichung mit der sexuellen Gewalt anders umgegangen, als es vorher üblich war. Das Schweigen öffentlich zu brechen, das war es, was den neuen Standard setzte – auch für die Odenwaldschule.

Für die Leitung der Odenwaldschule kam die Lektion zu spät. Die damalige Vorsitzende des Trägervereins, Sabine Richter-El-lermann, gestand zwar: »Das Beispiel für den Brief an die Altschü-ler gab Pater Mertes.« Zu diesem Zeitpunkt aber war Richter-El-lermann bereits eine Frau von gestern. In dem Moment, als die »Frankfurter Rundschau« berichtete, war sie de facto weg vom Fenster. Es ging ihr wie der DDR-Staatspartei SED im Jahre 1989: Die selbsternannte Avantgardepartei lief ab einem bestimmten Zeitpunkt der gesellschaftlichen Entwicklung nur noch hinterher.

So war es auch an der Odenwaldschule. Weil die Schule mindestens zwölf Jahre lang Aufklärung in Zeitlupe betrieben hatte, holte sie die gesellschaftliche Realität nun ein. »Man kann ein noch so guter Chirurg sein – wenn man zu langsam ist, dann ist der Patient tot«, sagte Philipp Sturz, ein ehemaliger Schüler der Odenwaldschule, in einer der Verhandlungen im Trägerverein der Schule.

Die Altschüler hatten der Schule im Jahr 2010 vorgeworfen, »dass die einzige angemessene Haltung gegenüber den Opfern, bedingungslose Parteinahme und Respekt gegenüber ihrem Leiden, nicht eingenommen wurde. Es wurden die wichtigen Fragen nicht gestellt, nämlich: Was ist genau passiert, wem ist es noch passiert und wie konnte es dazu kommen?« Sie kommen in einem internen Papier zu dem Schluss: »Es hat keine Aufklärung stattgefunden.«

Als die Zeitungen an der Odenwaldschule den Job der Aufklärung übernahmen, setzte bei den Altschülern relativ schnell eine Art Jakobinismus ein. Über zwei Internetblogs entstand zunächst eine wichtige Plattform zum Austausch und zur Vernetzung der lange schweigenden Betroffenen. Dann aber schlug die Stimmung dort in die bei Weblogs üblichen Tiraden und Schmähungen um. Da man der echten Täter nicht wirklich habhaft werden konnte, suchte man sich neue Gegner: die Vorstände des Trägervereins.

Die neue Zeitrechnung begann bereits am Tag eins nach der Veröffentlichung in der »Frankfurter Rundschau«. Da forderte Schulleiterin Margarita Kaufmann, dass der Vorstand geschlossen zurücktrete. Für einen Neuanfang wäre es nötig, dass sich die Schule klar positioniere. »Das kann man nur, wenn man unbefangen ist«, sagte Kaufmann.

Diese Äußerung erstaunte und verbitterte eine Reihe Trägervereinsmitglieder. Gerade galten sie noch als Gesprächspartner – über Nacht aber wurden sie in der Öffentlichkeit als Täterschützer gebrandmarkt. Es entstand plötzlich ein massiver Konflikt, den es vor der Veröffentlichung so nicht gegeben hatte. Aus den Reihen der Altschüler fielen nun Sätze wie, man müsse »den alten Vorstand wie Würmer zertreten«. Das waren jene Fomulierungen, die dazu führten, dass die Vorstandsmitglieder im Gegenzug von Rufmordkampagne und Hetzjagd sprachen. Während andere denselben Vorgang Aufklärung nannten.

Um das zu verstehen, muss man noch einmal kurz betrachten, wie die Aufarbeitung im Jahr 2009 ablief. Die neue Qualität kam zunächst durch die Schulleiterin Margarita Kaufmann zustande.

Der Odem des Missbrauchs hing seit 1999 mehr als zehn Jahre über der Odenwaldschule. Einen radikalen Schnitt wagte erst Margarita Kaufmann, seit 2007 Schulleiterin. Das geschah möglicherweise auch deshalb, weil absehbar war, dass sie auf dem Feld der Schulentwicklung an der Odenwaldschule kaum Erfolge erzielen würde. Die ehemalige Friedrichshafener Bürgermeisterin für Kultur und Bildung kommt nicht aus dem reformpädagogischen Stall. Zwischen der Schulleiterin Kaufmann und der Lehrerschaft fremdelte es schon, als sie ihre ersten Powerpoint-Folien in der Schule präsentierte. Sie provozierte sofort Widerspruch. In den Abbildungen dominierte ein ökonomischer Ton. Kaufmann redete viel von Wettbewerbern, von starken Leitungsfunktionen und Positionierungen am Markt. Alles Begriffe, die an der Schule der ganzheitlichen Bildung fremd, ja verpönt waren. Das geschah lange bevor eine Gruppe von Altschülern den zweiten großen Versuch machte, den Missbrauch an der Schule aufzudecken. Die ehemalige Unesco-Beauftragte Kaufmann forderte in dem Vortrag kurz nach ihrer Amtsübernahme einen »Knigge für OSOianer: Verhaltensregeln für alle Lebensbereiche«. Offenbar hatte sie den richtigen Riecher.

Als Margarita Kaufmann sich an der Aufklärung beteiligte, ja sie vorantrieb, entstand eine merkwürdige Situation. Außerhalb der Schule feierte man sie als mutige Frau, die dem Missbrauch die nette Maske herunterriss. Die kriminelle Seite Gerold Beckers kam zum Vorschein. Der einstige Liebling stand plötzlich als Pädose-xueller da. Innerhalb der Schule hatte Kaufmann aber seitdem noch weniger Freunde. »Diese Frau hat keine Ahnung«, sagte einer, der die Schule pädagogisch beraten sollte. »Wenn Schulentwicklung hier klappen soll, dann muss ein pädagogischer Leiter kommen – und Frau Kaufmann kann als Frühstücksdirektorin agieren.«

Im damaligen Vorstand der Schule drückte man das feiner aus, meinte aber das Gleiche. Margarita Kaufmanns Faible für Lander-ziehungsheime und ihre spezielle Tradition war von vorneherein eng begrenzt. Daher war sie viel schneller bereit, die Loyalitäten aufzukündigen, die jahrzehntelang zwischen der Odenwaldschule und wichtigen gesellschaftlichen Institutionen sowie ihren Reprä-sentanten galten: Kaufmann setzte sich ab von ihrem Vorvorgänger Wolfgang Harder, sie agierte relativ bald gegen den Trägerverein, den so lange der Vorstandsvorsitzende und Unternehmer Hermann Freudenberg geleitet hatte. Kaufmann verspürte keine Verpflich-tung, etwa Hartmut von Hentig zuzuhören, einem Mann, der gele-gentlich sogar im Trägerverein der Schule Platz genommen hatte.

Manche werfen Kaufmann vor, sie habe nicht wegen der Opfer aufgeklärt, sondern weil sie als Schulleiterin bereits nach wenigen Monaten mit dem Rücken zur Wand gestanden hatte. Es sei für sie ein Geschenk des Himmels gewesen, sagen einige, als eines Tages ein Opfer des Missbrauchs an die Schule kam. Das ändert aber nichts daran, dass Kaufmann jene an der Schule war, die den Op-fern wirklich glaubte. Der inzwischen über 40-jährige Mann sag-te, er würde gerne darüber reden, was ihm hier widerfahren war. Die stets freundliche Frau sagte, »kommen Sie herein«. Und dann hörte sie zu. Sie war die Erste, die an der Schule eine Funktion in-nehatte und dennoch einfach zuhörte, als ein Opfer zu reden be-gann. Das war für die Betroffenen ein nie gekanntes Gefühl. Für Kaufmann war es so etwas wie eine moralische Selbstverständ-lichkeit.

Das sehen auch die Altschüler um Stefanie Michael so. »Seit Sommer 2009 gab es durch die Parteinahme Margarita Kaufmanns für die Opfer eine Wende«, hielten sie in einer internen Chronik der Geschehnisse fest.

Der zweite Grund für den anderen Verlauf der Aufklärung im Jahr 2009 war, dass die Gespräche mit den Betroffenen viel professioneller als zehn Jahre zuvor geführt wurden. Nach einigen Vorgesprächen trafen sich bei einem Frankfurter Coach alle an einem Runden Tisch. Diesmal war alles ganz anders: Es war ein Profi dabei, die Runde war größer und es kam endlich auf den Tisch, was wirklich passiert war. Das verfehlte seine Wirkung nicht. Die Vertreter des Vorstandes und der Schule waren schockiert, was an der Odenwaldschule in den 1970er und 1980er Jahren alles möglich war. Und sie waren zugleich beschämt darüber, was sie bei ihrem ersten Aufklärungsversuch alles falsch gemacht hatten. »Wir hatten den festen Willen zur Aufklärung«, sagt Sabine Richter-Ellermann, die damalige Vorsitzende des Trägervereins. »Es war mit allen Beteiligten, auch den Betroffenen, vereinbart worden, dass bis zur Beendigung der Gesprächsrunde beim Psychologen nichts nach außen getragen wird. Aber plötzlich begann ein Rachefeldzug.«

Was die damalige Vorsitzende beschreibt, ist eine Erfahrung, die viele von Seiten der Schule berichten. Manche Beteiligte erlebten es als schockierend und traumatisch, dass sie erkennen mussten: Ihr Bekannter oder gar Freund Gerold Becker, den sie doch als fantastischen Menschen beschreiben, war plötzlich ein möglicher Sexualtäter. Und es mehr als ein bloßer Verdacht gegen ihn, laut den Schilderungen seiner Opfer war es eine schreckliche Gewissheit. Mein Freund war ein Verbrecher und ich habe es nicht gemerkt, dachten sie. Dies alles war an ihrer wunderbaren Schule geschehen und sie hatten es trotzdem nicht bemerkt. Die Leute merkten, dass Becker auch sie missbraucht hatte. Sie waren hin-

und hergerissen zwischen Abscheu und Solidarität. Und sie wollten aufklären, jetzt wollten auch sie wissen: Was war da?

Aber jetzt war es schon zu spät. Denn die Altschüler kündigten den Pakt der Verschwiegenheit auf. Sie gingen an die Presse, sie riefen die Journalisten an, die nun wie eine Büffelherde über alle Beteiligten hinwegrasten – und das gleich mehrfach. Diese Geschichte enthielt alles: Sex, Crime, Prominenz, Opfer, ekelhafte Szenen und heilige Reden, Moral und Unmoral in einer Person. Aber es gab eigentlich gar keine Gegner. Denn alle wollten ja aufklären. »Es war doch alles auf dem Weg, ich kann mir nicht erklären, warum die an die Presse gegangen sind«, sagte ein ratloser Lehrer im Rückblick.

Bevor die Presse zu berichten begann, schien bei der Odenwald-Aufklärung des Jahres 2009 kein echter Konflikt zu bestehen. Der ebenfalls an den Frankfurter Gesprächen beteiligte Lehrer Salman Ansari bestätigt, »dass die Altschüler auch 2009 sehr vorsichtig und besonnen vorgingen«. Und er ergänzt: »Was sie allerdings wollten, war eine zielgerichtete und konkrete Auseinandersetzung mit dem sexuellen Missbrauch, der hier geschehen war. Und das wollten der Vorstand und Teile der Lehrerschaft erneut nicht.«

Hier lag der versteckte Dissens, der mit der Veröffentlichung durch Dritte zu einem offenen und scharfen Konflikt wurde.

»Wir haben am Beispiel des Canisius-Kollegs gesehen, dass die Presse intelligent mit dem Missbrauch umgeht. Und dass sie nach Tiefe sucht«, so sieht es Michael, die Altschülerin, die zu einer Art Anwältin und Sprecherin ihrer alten Freunde aus der Odenwaldschule wurde.

Die Vertreter des Vorstands der Schule sahen das naturgemäß anders. Sie nennen die Presse eine voyeuristische und skandalheischende Gruppe, die übertrieben, ja falsch berichtet habe und alles andere als Aufklärung im Sinn gehabt habe. Jemand sagt: »Die

Presse hat sich verselbstständigt.« Ein anderer lässt mitteilen: »Die Presse ist grundsätzlich nicht geeignet, Missbrauch aufzuklären.«

Das ist falsch, aber es enthält auch etwas Wahres. Ohne die Presse wird oft gar nichts aufgeklärt. Nur die konkrete Schilderung von Opferbiografien zeigt wirklich, wie schmerzhaft und zerstörerisch sexuelle Gewalt auch auf lange Sicht ist. Und zu dieser Radikalität der Enthüllung sind eigentlich nur die Medien bereit. Der Vorstand der Schule war es jedenfalls nicht. Er wollte an der Schule nicht über Details sexuellen Missbrauchs sprechen, sondern er wollte erneut herausstellen, wie groß die reformpädagogische Geschichte der Odenwaldschule sei. Das schien gerade im Hinblick auf die bevorstehende 100-Jahr-Feier in der Mitte des Jahres 2010 notwendig. Noch bis kurz vor dem Jubiläum haben die Vorbereitenden für die offiziellen Odenwaldfeiern den Missbrauch auf den Podien stets nur dann als Thema zugelassen, wenn er als generelles gesellschaftliches Phänomen angehandelt wurde. Salman Ansari, der sich früh auf die Seite der betroffenen Altschüler gestellt hat, wurde explizit nicht auf den offiziellen Podien gewünscht, auch kein Betroffener trat dort auf. Denn das hätte die Gefahr mit sich gebracht, dass das Verbrechen und dessen Tabuisierung direkt auf dem Festbankett gelandet wären.

Gleichzeitig ist eine versöhnende und verstehende Aufklärung mit der Presse praktisch nicht möglich. Denn für eine richtig gute Geschichte brauchen die Journalisten nicht nur den Ekelhaften und den Guten, sie brauchen auch den Bösen, der dem Ekelhaften hilft. Zu diesem Bösen wurden die vermeintlichen Mitwisser erklärt: die Lehrer, die Vorstandsmitglieder des Trägervereins, die Freunde und pädagogischen Bekannten Gerold Beckers. Unter ihnen mag es Mitwisser und echte Komplizen geben. Aber es sind sicher weniger, als man glaubt.

Nicht alle Beteiligten sind automatisch Mitwisser. Sie sind vielmehr oft Betrogene. Sie tragen zum Erhalt des Missbrauchssystems bei, aber sie tun es nicht bewusst: Sie stellen die naiv-freundliche Fassade her, hinter der sich das entsetzliche Spiel verbirgt. Es gehört zur Eigentümlichkeit der sexuellen Gewalt, dass der pädophile Täter seine Umgebung in Wissende und Nichtwissende spaltet. Das ist beim familiären Missbrauch genau wie beim institutionellen Missbrauch. Nur fällt es bei institutioneller sexueller Gewalt viel leichter, das gesamte Umfeld zum bösen Mitwisser zu stilisieren. Das liegt in der Natur der Sache.

Beim familiären Missbrauch ist die Zahl der Täter und Mitwisser überschaubar. Der Täter ist in der überwältigenden Zahl der Fälle der Mann, das Umfeld ist die Frau. Der Täter spaltet die Frau gewissermaßen in zwei Personen. Pädophile sagen, du kannst das Kind nur dauerhaft missbrauchen, wenn du es ohne die Mutter tust – und zugleich mit ihr. Das bedeutet, der Täter versucht das Vertrauen der Mutter zu gewinnen, um die Nähe zum Kind zu ermöglichen. Aber von der Tat darf die Mutter natürlich nichts wissen oder gar dabei sein. (Wenn sie dabei ist, dann wird der Missbrauch aufgedeckt – oder es handelt sich für das Kind nicht mehr um eine Familie, sondern um die Hölle.)

Beim institutionellen Missbrauch besteht das Umfeld aus vielen Leuten, im Prinzip sämtliche Mitglieder der Institution. Wenn sie alle Mitwisser und Komplizen wären, dann würde es sich nicht mehr um ein Kinderheim, eine Kirche oder ein Internat handeln, sondern um eine Sex-Sekte, die Colonia Dignidad oder ein Konzentrationslager. Die Odenwaldschule war aber kein Missbrauchs-Gulag im Wald, sondern nach wie vor ein gut beleumundetes Landerziehungsheim. Es ist unmöglich, dass dort alle Mitwisser waren, sonst wäre der Missbrauch sofort aufgeflogen – oder die Odenwaldschule die Hölle für alle Schüler geworden. Das aber war sie nachweislich nicht.

Dennoch geriet in der Serie von enthüllenden Artikeln nach dem Startschuss durch die »Frankfurter Rundschau« am 6. März

2010 praktisch die ganze Schule und alle Bekannten Gerold Beckers unter den Verdacht, von der sexuellen Gewalt gewusst zu haben. Das war zum einen logisch, weil es schwer vorstellbar ist, dass niemand etwas von dem systematischen, Jahre andauernden Missbrauch wusste oder Gerold Becker durchschaute. Aber es ist zum anderen auch unlogisch und tatsächlich für viele verletzend. Denn ein Missbrauchssystem stellt meist ein komplexes soziales Gebilde dar.

Beide Seiten waren für Aufklärung, das haben alle Beteiligten bei den Frankfurter Gesprächen einander gegenseitig bezeugt. Nur war die Wahrnehmung plötzlich eine andere, als die Chance auf publizistische Waffenhilfe entstand. »Man kann auch ewig sagen, dass man aufklären will«, sagt Stefanie Michael heute zum Verhalten des ehemaligen Vorstands des Trägervereins. Michael ist Erwachsenenbildnerin und arbeitet in der sozialpädagogischen Familienbetreuung. Für die Frau gibt es eine klare Definition dafür, was die Aufklärung von Missbrauchsfällen erst möglich macht: Die Bereitschaft, sich rückhaltlos dem Opfer zuzuwenden und seine Erlebnisse anzuerkennen. Und nicht ständig die hehren Ziele hochzuhalten, die der mutmaßliche Täter im Übrigen noch verfolgt hat.

Dem Vorstand des Trägervereins wird vorgeworfen, er habe verzögert und Tricks angewandt. Zum Beispiel sei verlangt worden, dass der Name Gerold Becker bei den Gesprächen nicht genannt werde. Der Vorstand habe auch untersagt, dass das Wort sexuell bei sexueller Gewalt benutzt werde. Speziell die Vorsitzende Sabine Richter-Ellermann habe das so formuliert. Aber sie bestreitet dies ganz entschieden: »Das ist eine Absurdität. Ich habe das nicht verlangt und ich bin auch kein enger Freund von Gerold Becker, wie immer geschrieben wird, vielmehr habe ich ihn, bevor ich zur Odenwaldschule kam, gar nicht persönlich gekannt. Im Frühsommer 1998 habe ich ihn einmal auf meinen Wunsch gesehen. Wir haben uns im Garten des Literaturhauses getroffen, weil ich von ihm als ehemaligem Schulleiter Informationen über die Odenwaldschule haben wollte. Danach habe ich ihn noch einmal bei meiner Wahl in den Vorstand gesehen. Zu dieser Zeit wussten wir alle noch nichts vom Missbrauch an der Schule. Ich habe das alles mindestens dreimal gesagt. Trotzdem wurde weiterhin falsch berichtet, weil alle voneinander abschrieben.«

Richter-Ellermann sagt das mit einem Schulterzucken. Die Frau hat viel Energie und Zeit in die Schule gesteckt, sie hat sich auch finanziell engagiert. Sie ist betroffen und sie macht sich Sorgen um die Schule. Sie sagt, dass sie zur Schule und zum Geschehen eine kritische Distanz sucht. Wenn man ihr berichtet, was Gerold Becker alles getan hat, dann schießen ihr die Tränen in die Augen. Bei der ersten Interviewanfrage hatte sie gesagt: »Ich möchte nicht mit Ihnen sprechen, ich bin zu sehr traumatisiert von der Sache.«

Was Richter-Ellermann nur andeutungsweise oder gar nicht verrät, sind die Stellen, an denen sie als Vorstandsvorsitzende abgeblockt hat. Sie war nicht bereit, eine schulöffentliche Auseinandersetzung mit sexueller Gewalt zu führen. Sie lehnte es ab, den Bericht des Psychologen und Coaches der Frankfurter Gespräche in die Festschrift der Odenwaldschule aufzunehmen. Das ist kein Wunder, steht doch dort mit vielen Details belegt, dass der Missbrauch zum Kulturprogramm der Schule gehört habe. Genau dies nicht angenommen zu haben ist Ausdruck institutionellen Selbstschutzes – und Missachtung der Opfer. Über diese Zusammenhänge gibt es intelligente Studien beim Deutschen Jugendinstitut in München. Dort befasst sich seit langem eine eigene Arbeitsgruppe mit dem Thema sexuelle Gewalt. Es wäre gerade für Sabine Richter-Ellermann ein Leichtes gewesen, sich das Wissen des Jugendinstitutes anzueignen. Sie hätte nur ihren Mann fragen müssen, der das Institut lange geleitet hat. Ingo Richter war vorher unter anderem leitender Mitarbeiter am Max-Planck-Institut für Bildungsforschung, wo er mit Hellmut Becker zusammenarbeitete.

Man kann leicht nachvollziehen, dass auch die Vorstände und Mitglieder der Schule eine Art von Traumatisierung erlebt haben. Denn der Missbrauch hat seine Dynamik nicht nur in der Psyche der Betroffenen. Er wird auch zwischen denen entfacht, die zum Umfeld gehören. Wenn Stefanie Michael hört, dass die andere Seite sich traumatisiert fühle, dann lacht sie erst auf – und wird dann kalt und hart: »Da brauchen wir gar nicht weitersprechen. Das verkehrt die Opferperspektive völlig. Was mir wirklich auf die Nerven geht, ist, wie sich die ehemaligen Vorstandsmitglieder zu Opfern einer Kampagne stilisiert haben. Das Aufwachen aus einer 20-jährigen Trance war für langjährige Mitglieder sowohl des Trägervereins wie des Lehrkörpers zweifellos ein Schock. Aber das ist in keiner Weise mit der Traumatisierung gleichzusetzen, die viele Opfer erfahren haben. Das zu behaupten relativiert auf unglaubliche Weise die Leiden der Opfer.«

Damit hat Stefanie Michael recht. Die Betroffenen sind die Opfer, und es sind nicht die Betrogenen die Opfer. Einerseits. Andererseits fehlt Michael das, was die Betroffenen denen unterstellen, die von Missbrauch nichts wissen wollen: Empathie, die Fähigkeit zuzuhören. Auch wenn das Trauma der Lehrer, Vorständler und der Freunde von Gerold Becker ein unvergleichbar anderes ist als das der Missbrauchten. Es ist dennoch ein Schock und eine riesige Enttäuschung.

Beinahe alle Lehrer, die von Becker fasziniert waren, berichten heute, dass es ihnen schlechtgeht. Man muss deswegen keinen Krankenwagen losschicken oder eine Telefon-Hotline einrichten. Aber man kann anerkennen, dass das Entwerten und Desillusionieren einer Biografie keine Cocktailparty ist, sondern Schmerzen verursacht. Selbst wenn jemandes Ansprüche an die Odenwaldschule, die Reformpädagogik oder die Bildung kitschig anmuten mögen, es sind doch hohe moralische Selbstverpflichtungen. Es gibt nicht wenige, denen es wirklich wehtut und die sich bitterliche Vorwürfe machen, ja, die körperlich zu leiden beginnen, weil sie nicht gesehen haben, was an der Odenwaldschule geschah. Und weil sie erkennen, dass sie mit ihren moralischen Ansprüchen nichts weiter als die nützlichen Idioten eines Triebtäters und Päderasten waren.

Dieser Moment bedeutet zugleich das Ende der gefühlten Anvantgardefunktion der Odenwaldschule. Ein Jahrhundert lang war die Schule der kühnste Versuch einer alternativen Schule, jedenfalls bildeten sich die meisten Lehrer und Schüler das ein. Jetzt aber war die Odenwaldschule von der Realität überholt worden – peinlicherweise durch ein katholisches Gymnasium ohne jeden Odenwälder Anspruch von Demokratie, Schulreform oder Emanzipation des Kindes.

3.2 PASSIVES WISSEN

Die Tagung hätte so freundlich enden können. Wichtige Pädagogen treffen sich alljährlich auf Schloss Reckahn in Brandenburg, um dort mit Bildungspolitikern und Schulbuchverlegern zu diskutieren. Beim Frühstück witzelten die Tagungsteilnehmer fröhlich, weil ein Professor in der Junisonne ein Bad im See nahm. Wacker schritt der Mann an der Morgengruppe vorbei und warf sich in den See. Aber die Stimmung änderte sich schlagartig, als der Name Gerold Becker fiel. Einer am Tisch schüttelte den Kopf. Wie furchtbar das wäre, was dieser Mann Kindern und Jugendlichen angetan hätte. Die ganze pädagogische Zunft wäre in Aufruhr.

Die Dame gegenüber war anderer Meinung. »Gerold Becker habe ich als einen guten Pädagogen kennengelernt, der viele originelle Ideen hatte«, sagte sie. »Auch wenn ein Mensch schwere Schuld auf sich geladen hat, kann man doch nicht sein Werk völlig entwerten.« Becker wäre in ihren Augen ein »einfühlsamer Mann«.

Die Frau ist nicht irgendwer, sondern Sybille Volkholz, eine der bekanntesten Personen der bildungspolitischen Szene. Volkholz war Berliner Schulsenatorin, leitete viele Jahre die Bildungskommission der grünennahen Heinrich-Böll-Stiftung. 2011 bekam sie für ihr bildungspolitisches Engagement das Bundesverdienstkreuz.

In der morgendlichen Diskussion verschwieg Sybille Volkholz nicht, dass es falsch war, was Gerold Becker Kindern antat, nannte es sogar ein Verbrechen. »Ich fand es damals schlimm, was Gerold Becker getan hat, und finde das noch heute«, sagte sie. »Allerdings war er ein guter Pädagoge, der schon für die Bedeutung der Einzelschule und der Schulautonomie gestritten hat, als das viele andere nicht getan haben – das war mir in den 90er Jahren wichtig.«

Wir schreiben nicht das Jahr 1985, in dem Gerold Becker die Odenwaldschule verließ. Es ist nicht 1999, als zwei mutige Exschüler mit dem Satz »Und wir waren leider nicht die Einzigen« den Schritt in die Öffentlichkeit wagten. Es ist ein schöner Junitag im Jahr 2010. Gerade hatte in den Zeitungen mit grausamer Ausführlichkeit gestanden, wie es an der Odenwaldschule zeitweise zuging. Und dennoch kehrten die gleichen Argumente wieder, die betroffene Altschüler ins Mark treffen. Nicht ihnen, den Opfern der sexuellen Gewalt, galt die Empathie, sondern dem Täter. Seiner Begabung, Einfühlsamkeit und Originalität. Das Urteil sprachen Pädagogen, also jene, die – laut der Wortbedeutung aus dem Griechischen – Kinder sicher zum Lernen begleiten sollten.

Das Verhalten ist symptomatisch. Weder den Pädagogen noch der Staatsanwaltschaft ist es gelungen, den Opfern der sexuellen Gewalt an der Odenwaldschule zuzuhören. Nicht einmal die Eltern haben dies getan.

Die Gesellschaft versagt

Im Hamburger Bahnhof in Berlin sitzen zwei Frauen zusammen, um Auskunft über ihr Verhältnis zu Gerold Becker zu geben. Die eine ist Professorin, die andere ehemalige didaktische Leiterin der Laborschule Bielefeld, einer sehr bekannten und wichtigen deutschen Reformschule. Beide waren bis zuletzt im Trägerverein der Odenwaldschule, traten aber 2010 aus. Marianne Horstkemper und Annemarie von der Groeben zählten zum engsten Umfeld Gerold Beckers. Sie kannten ihn auch persönlich sehr gut. Sie sind nun völlig verstört. Es fällt ihnen schwer, die Taten, die berichtet werden, mit dem Menschen zusammenzubringen, den sie kannten.

»Es ist unglaublich schwer auszuhalten«, sagt Marianne Horstkemper. Sie war Professorin für Erziehungswissenschaft. »Was wir jetzt erfahren haben, ist viel härter und schrecklicher als das, was 1999 bekannt geworden war.« Auch ihre Freundin Annemarie von der Groeben ist entsetzt über das, was sie von ihrem gemeinsamen Bekannten erfahren haben.

Aber die beiden Damen sprechen. Das ist schon ungewöhnlich für die Vertreter einer Disziplin, die im Falle eines ihrer wichtigsten Vertreter oft nichts sagen, sich weigern – aus Empörung und Wut über die Journalisten, aus Enttäuschung über sich und Gerold Becker. Die Absagen sind freundlich bis aggressiv. Nicht selten wird der Fragende zum Beschmutzenden gemacht. »Nein, ich schäme mich nicht, mit Gerold Becker zusammengearbeitet zu haben«, sagen sie. Oder: »Das ist zu einfach, sich jetzt zu distanzieren von jemandem, mit dem man immer gut zusammenarbeitete.«

Gesprächsanfragen dauern Wochen, Monate. Otto Seydel, der mit Gerold Becker eine Beratungsstelle bei den Landerziehungsheimen leitete, schmeißt viele Male den Hörer auf und will keinen Mucks von sich geben. Dann verlangt er die Einreichung schriftlicher Fragen. Seydel ist kein Staatsoberhaupt, bei dem Fragen gelegentlich vor einem Interview übermittelt werden. Er ist Schulentwickler. Über Schulen und Kinder zu sprechen ist seine Profession. Aber jetzt weigert er sich beharrlich, auch nur ein Wort über die Schule Gerold Beckers zu sagen.

Auch Bernhard Bueb, der eloquente Pädagoge und Bestseller-Autor, kritischer Zeitgenosse Beckers in der Odenwaldschule, bittet um Verständnis, nichts mehr sagen zu wollen. Er drückte in einer Zeitung Scham aus, nicht genauer nachgefragt zu haben im Jahr 1999. Aber er mag nicht erzählen, was ihn in den 1970ern an Becker so aufregte, dass ihn die Konferenz der Schule zu Beckers Konrektor hatte machen wollen. Routiniert lässt er Anrufe und schriftliche Anfragen für ein direktes Gespräch abtropfen.

Andere sagen, sie seien traumatisiert. Sie hätten einem Mann über Jahre vertraut und ihn bewundert, der sich nun als ein Verbrecher herausstellt. Ihr Problem ist, dass Beckers Taten sie zweifach treffen. Er hat sie als Freund enttäuscht und als Fachmann. Er hat sie verraten und ihre Profession.

Das Wissen von den Übergriffen Gerold Beckers war viel weiter verbreitet, als man glaubt. Irgendwie wussten es ganz viele. Wenn die meisten auch sagen, es sei nur als Gerücht bei ihnen angekommen. »Gerold Becker wird wohl den Heranwachsenden so nahe gekommen sein, dass diese daraus machen konnten, was die Gerüchte dann anekdotisch konkretisierten«, schrieb zum Beispiel Andreas Gruschka. »Bis 1999, als persönlich verantwortete Anklagen laut wurden, beließ ich es bei der Lesart, nach der eher die lustvoll üble Nachrede zu gelten habe als Hinweise auf kriminelle Machenschaften.« So drückt sich der Frankfurter Erziehungswissenschaftler Gruschka in einem langen Essay über »Erregte Aufklärung« aus, der im Jahr 2010 erschien. Gruschka zitiert damit einen Buchtitel Katharina Rutschkys von Anfang der 1990er Jahre. Darin insinuiert die Autorin, dass der Missbrauch oft missbraucht werde: um Leute zu denunzieren.

Betrachtet man Gruschkas Worte genauer, so widersprechen sie der landläufigen Schematik zum Wissen über Beckers Verhalten. Das Schema lautet: Vor 1999 hatte außerhalb der Odenwaldschule ohnehin niemand etwas von der sexuellen Gewalt wissen können. Nach 1999 konnte es ein bisschen etwas gewesen sein und erst nach 2010 war das Wissen über den Missbrauch allgemein bekannt, da es in allen Zeitungen stand.

Gruschka geht von diesem Schema vollkommen ab. Er schreibt in seinem Beitrag, den die »Pädagogische Korrespondenz« veröffentlichte: Es gab schon vor 1999 Gerüchte über Beckers Neigungen, er hätte es bis dahin nur nicht als kriminelle Machenschaft gesehen. Das bedeutet zweierlei:

Erstens hätte die deutsche Pädagogengemeinde schon vor 1999 etwas von Beckers Taten ahnen können.

Zweitens war es nach 1999 für die pädagogische Szene sogar als Verbrechen erkennbar.

Andreas Gruschka lässt keinen Zweifel daran aufkommen, was er von Missbrauch hält: »Bei sexuellem Missbrauch handelt es sich um die willentlich ausbeutende Zerstörung derjenigen, denen der Erwachsene mit Zuneigung begegnet.« Er findet, jedem musste klar sein, dass der Pädophile im Job des Pädagogen eine Gelegenheit für Missbrauch finden kann. »Das ist nicht überraschend, sondern bekannt, weswegen Wachsamkeit selbstverständlich sein sollte«, so seine Bemerkung.

Den Gerüchten von vor 1999 geht Gruschka freilich auch heute nicht auf den Grund. Er antwortet auf die Frage, was das denn für Gerüchte waren: »Analytisch ist da mehr zu entdecken als anekdotisch. Erschließendes Verstehen ist freilich viel schwieriger und macht nicht die Erregung her.«

Die Übergriffigkeit Beckers ist als Gerücht also schon vor 1999 so weit verbreitet, dass man die Frage nach dem »Wer sagt das?« wie das hohle Fragezeichen im Kopf eines Schulbuben lächerlich macht. Übersetzt heißt es: »Ich weiß doch nicht, wer das genau sagte, Dummkopf. Alle wussten es!« So lautet die Aussage von Pädagogen darüber, dass ein Pädagogenkollege Kinder missbraucht hat – und sie das gerüchtehalber auch wussten.

Oder anders gesagt: Ein Feuerwehrmann gibt nach einem verheerenden Großbrand Folgendes zu Protokoll. »Ich lief durch die Straße, in der es später brannte, und bemerkte den Geruch von Rauch. Auch meine Kollegen sagten ›Ja, hier riecht es nach Kokelei‹.« Später kommt jemand des Weges und fragt: »Wissen Sie noch, wo genau es nach Rauch roch? Haben Sie an dem Ort mal nach dem Rechten gesehen, Herr Löschmeister?« Da antwortet der Feuerwehrmann: »Was bilden Sie sich ein, so eine Frage zu stellen! Es hat überall gekokelt, alle wussten es!«

Einer der Betroffenen, der im Jahr 1998 und noch einmal im Jahr 2009 die Aufklärung in Gang setzte, forderte einmal: »Hört auf, ständig verstehen zu wollen, hört endlich mal zu!«

Es ist wahrscheinlich der einfachste und doch der klügste Satz in der so lang anhaltenden Krise der Odenwaldschule. Er enthält die einfache Wahrheit: Man muss erst die Details kennen, ehe man sich ein Bild machen kann. An sich ist das eine Selbstverständlichkeit. Unter Erziehungswissenschaftlern freilich nicht. Um das wenigstens ein bisschen zu verstehen, muss man wissen: Wissenschaftliche Pädagogen haben seit Jahrhunderten ihre Denkfiguren und Ideen im Kopf. Die Fakten von Schule und Lernen allerdings nehmen sie häufig nicht zur Kenntnis. Und sie sind geradezu stolz darauf, weil »erschließendes Verstehen« höher zu bewerten ist als Erbsenzählen. Die Erziehungswissenschaft hat erst im Jahr 2001 mit Pisa ihre eigentliche »empirische Wende« erlebt. Damit ist gemeint, dass die Wissenschaft erstmals seit Jahrhunderten die faktischen Ergebnisse ihres Schulemachens zur Kenntnis nimmt. In der ersten Pisa-Studie kam heraus, dass fast ein Viertel der 15-jährigen Schüler praktisch nicht lesen können. Es gilt aber in Teilen der Pädagogik noch heute als schick, die Pisa-Ergebnisse als simple Tatsachen ohne höhere Bedeutung abzutun. Dass es inzwischen eine Vielzahl von Lehrstühlen für empirische Bildungsforschung gibt, ist vielen ein Gräuel. Igitt, die Wirklichkeit.

Wie die Zunft mit Gerold Becker und der Odenwaldschule umging, ist im Prinzip derselbe Vorgang. Man deutet das Charisma des Schulleiters oder die hochfliegende Idee der Schule. Aber man nimmt irritierende Fakten über den Gewalttäter, die das schöne Bild eintrüben könnten, nicht zur Kenntnis. Über Gerold Becker sagen daher viele: »Ich habe das mit meiner Vorstellung von diesem Mann nicht zusammenbringen können, dass er das getan haben könnte.«

Eine ähnliche Haltung nimmt die prominente Schulleiterin Enja Riegel ein. »Ich bin gar nicht auf die Idee gekommen, dass da was dran sein könnte«, erinnert sich Riegel. Sie ist eine bundesweit verehrte Rektorin, die lange an der Spitze der Wiesbadener Helene-Lange-Schule stand und 2009 eine neue, viel beachtete Schule gründete, den Campus Klarenthal. Die pensionierte Lehrerin war eine gute Freundin von Gerold Becker. »Niemand konnte die Reformpädagogik besser erklären als er«, erinnert sie sich.

Riegel sagt, sie hätte Becker 1991 näher kennengelernt, als er Berater des hessischen Schulministeriums wurde. Es entstand ein enges Verhältnis, weil Becker ihre Schule offiziell betreute, zunehmend aber auch zu einem persönlichen Berater der Schulleiterin wurde. »Mit Becker zu sprechen, hat die Dinge in meinem Kopf geklärt«, sagt heute die 70-Jährige, die öfter auch in Fernseh-Talkshows über Bildung spricht. Riegel sagt, sie habe bei Becker »das Schreiben gelernt«. Die als äußerst resolut bekannte Frau hat allerdings etwas getan, was nur wenige fertiggebracht haben: Sie fuhr, als die »Frankfurter Rundschau« 1999 seine Taten enthüllte, zu Gerold Becker und stellte ihn zur Rede. Enja Riegel verbannte ihn nach dem Artikel aus ihrer Schule, aber den persönlichen Kontakt zu Gerold Becker hielt sie. Riegel erklärt sich das heute so, »dass ich ein Idealbild von ihm hatte – und die Angst, es könnte zerstört werden«. Sie meint das selbstkritisch. Und das hat seine Berechtigung.

Auch Riegel gehört zu denen, die noch Ende 2010 eher am Rande zur Kenntnis genommen haben, wie massiv Gerold Becker 12- bis 15-jährige Kinder und Jugendliche in der Schule bedrängt hat. Inzwischen setzt so etwas wie Nachdenklichkeit ein: »Er war offenbar ein grauenhafter Triebtäter«, sagt sie. »Was ich ihm am meisten übel nehme, ist, dass er nicht gesagt hat, ›ich bin hier an der falschen Stelle, ich muss hier weg.‹«

Es gibt einen eklatanten Mangel an Sensibilität, die sexuelle Gewalt gegen Kinder als solche anzuerkennen. Das ist nicht nur in der Erziehungswissenschaft so, sondern es gilt ganz allgemein. Glaubwürdigkeitstests etwa werden öfter mit den Opfern von Missbrauch als mit den Tätern vorgenommen. »Wir müssen aber die Aufmerksamkeit viel mehr auf die Täterstrategien richten: ›Manipulieren, Separieren und Entmenschlichen‹«, sagt Gabriele Gawlich von dem Opferverein »Mogis – Eine Stimme für Betroffene«. Für Gawlich besteht darin ein weit verbreitetes Phänomen: »Die Gesellschaft versagt im Umgang mit den Betroffenen – aber ihr ist das gar nicht bewusst.«

Wenn Pädagogen und Erziehungswissenschaftlern dieser Fehler unterläuft, so ist das besonders problematisch. Immerhin steht bei ihnen das Kind im Mittelpunkt. Aber die Wahrnehmung verändert sich offenbar vollkommen, wenn der Vorwurf so monströs ist und der Täter gleichzeitig ein so hohes Ansehen genießt.

Die Leute aus dem nahen Zirkel um Gerold Becker sind zerrissen. Sie bewunderten seine Eloquenz und Beschlagenheit in reformpädagogischen Fragen, und sie zählten zu seinem Freundeskreis. Aber sie taten dies nicht etwa, weil sie seine Übergriffigkeit schützen, vor der Öffentlichkeit rechtfertigen wollten. Sie schätzten ihn einfach. Möglicherweise waren sie auch mal unzufrieden, weil er etwas versprochen hatte, aber nicht hielt. Möglicherweise ärgerten sie sich auch in ihrem Innersten, dass sie wirkliche Nähe bei ihm nicht verspürten, obwohl sie seine Freunde waren und über tiefsinnige Fragen mit ihm bis in die tiefe Nacht diskutierten.

Spätestens im Jahr 1999 aber, als eine Zeitung prominent über Beckers sexuelle Gewalt berichtete, trat etwas sehr nah an sie heran, was sie gerüchtehalber immer wieder vernommen hatten. Es bereitete ihnen Angst, was da berichtet wurde. »Das hat doch jeder gewusst, dass Becker den Jungen ans Gemächt geht.« Das bekam einer der guten Bekannten Beckers 1999 zu hören, als er auf eigene Faust mal in der pädagogischen Szene und an der Odenwaldschule herumfragte, was an den Gerüchten dran sei. Er war damals geschockt, er traute seinen Ohren nicht. Denn, so sagt er heute, »das hatte eine Stilistik vom Schlage: ›Wozu die ganze Aufregung, das war doch nichts Besonderes.‹«

Manche Menschen aus der Umgebung Beckers wandten sich in diesem Moment ab. »Meine Vorstellungskraft hatte einerseits nicht ausgereicht, dass Gerold Becker diese Taten begangen haben soll«, erklären sie. »Andererseits hatten einige Kollegen und ich darauf bestanden, dass das angesprochen und geklärt werden muss.«

Zu einer Klärung der Vorwürfe kam es zu diesem Zeitpunkt indes nicht. Konnte es nicht kommen. Denn Becker hatte im Prinzip nur zwei Möglichkeiten: Er konnte einfach leugnen, dass er pädophil ist und sexuelle Gewalt gegen Kinder gebraucht hatte. Oder er konnte es zugeben – was aber eine unabsehbare Kettenreaktion in der Szene ausgelöst hätte, es hätte gewissermaßen zu einer Kernschmelze im pädagogischen Kraftwerk der Republik geführt: den (reform-)pädagogischen Fachleuten, Freunden und Fans von Gerold Becker und seinem Lebensgefährten, der unbestrittenen Autorität Hartmut von Hentig.

Heute findet diese Kernschmelze statt. Aber es ist keine laute Explosion, kein GAU, sondern eine schleichende Implosion, die nach und nach die Kollegen- und Freundeskreise erfasst und sich bis in die Hirne der Becker'schen Freunde hinein fortsetzt. Die am weitesten verbreitete Reaktionsweise im Freundeskreis um Gerold Becker besteht im Kern aus Empathie für den Freund und Ignoranz gegenüber den Opfern. Die Leute beharren darauf, dass sie von der Pädophilie ihres guten Bekannten nichts wussten.

Wir sind wieder zurück bei Annemarie von der Groeben im Hamburger Bahnhof. Sie war eine enge Freundin von Gerold Becker, die ihn auch am Krankenbett kurz vor seinem Tod besucht hat. Sie lobt Becker fachlich, unter anderem »weil er die Odenwaldschule zu einer konsequenten Gesamtschule gemacht hat«. Und sie erklärt, warum sie ihm die Freundschaft nicht aufkündigen wollte. »Ich werde dem sterbenden Gerold Becker nicht auf den Kopf zusagen, Sie sind ein Vergewaltiger«, sagt von der Groeben.

Sie gehörte wie Becker dem Arbeitskreis Schulreform an, der sich einmal im Jahr traf. »Er hat uns Ende der 90er Jahre gesagt, sein Anwalt habe ihm geraten, es wäre das Beste, dazu gar nichts zu sagen.« Die Mitglieder des Arbeitskreises hätten das als seine Position aber nicht einfach hingenommen, sondern in privaten Gesprächen mit Gerold Becker geredet und sich mit ihm teilweise hart auseinandergesetzt. »Während unserer gemeinsamen Sitzungen des Arbeitskreises Schulreform haben wir Becker aber nicht zur Rede gestellt oder ausgeschlossen.«

Annemarie von der Groeben schildert, dass sie und ihre Freunde Beckers wiederholte Äußerung, er sei unfähig zu jeder Gewalt, geglaubt hätten. Zumal der ehemalige Schulleiter sich bei den Opfern entschuldigt und ihnen Gespräche angeboten habe. Die vielfache Buchautorin von der Groeben und der Arbeitskreis Schulreform hätten auch akzeptiert, dass nach Eintreten der Verjährung keine juristische Klärung mehr möglich sei. Sie persönlich sei überdies überzeugt gewesen, dass Beckers Nachfolger an der Odenwaldschule, Wolfgang Harder und Whitney Sterling, die Opfer ernst genommen und alles getan hätten, um ähnliche Vorfälle für die Zukunft auszuschließen.

Wenn Becker gefragt wurde, was geschehen sei, war seine Reaktion stets die gleiche. Er sagte zunächst, dass er sich zu den Vorwürfen grundsätzlich nicht äußere. Das habe man ihm geraten. Dennoch hatte er sich eine Formel zurechtgelegt, die darüber hinausging und die er in Variationen immer wieder verwendete. Sie geht ausweislich von Briefen und Beschreibungen so: »Ich hoffe, dass niemand, der mich ein wenig näher kennt, glauben kann, ich sei imstande, bewusst oder gar absichtlich junge Menschen zu verletzen, zu kränken, zu beschämen, zu beleidigen, zu schädigen oder zu ängstigen.« So lautet der erste Teil und er bedeutet: Ich kann ein Kind nicht einmal beschämen! Wer wollte mir dann einen Übergriff zutrauen!

Danach ließ Becker häufig einen zweiten Teil folgen, der so etwas wie eine Entschuldigung enthält. »Wenn es Schüler gibt, denen damals bestimmte Situationen oder einzelne meiner Handlungen als zu ›nah‹, als zudringlich oder gar als Verstoß gegen ihre sexuelle Selbstbestimmung erschienen sind oder in der Rückschau nach dreizehn oder mehr Jahren erscheinen, dann bedaure ich das zutiefst und bitte diejenigen, auf die mein Verhalten so gewirkt hat oder in der Rückschau wirkt, ebenso wie die beiden Schüler um ihr Verzeihen.«

Die Antworten Gerold Beckers auf die Frage, ob und was er getan habe, sind ein Paradebeispiel für seine Art des Sprechens. Becker sagt alles – und am Ende bleibt doch nichts übrig: Er hat es nicht zugegeben. Er hat es nicht geleugnet. Er hat sich entschuldigt, ohne sich zu entschuldigen. Und im Prinzip hat er sich auch gar nicht geäußert.

Die Becker-Freunde sind bis heute in einer komplizierten Lage. Sie wollen ihren Freund weiter würdigen – aber als Pädagogen nicht rechtfertigen, was er getan hat. Das Kritische am Verhalten Beckers lassen sie daher gar nicht erst an sich heran. Das bedeutet: Weder die Person Becker wird hinterfragt noch das System, das er in der

Odenwaldschule errichtet hat. Schon der Begriff »System Becker« wird abgelehnt: »Das würde ja suggerieren, dass sich jemand hinstellt und eine Schule seinen Interessen vollkommen unterwirft«, sagt seine Freundin und Kollegin Marianne Horstkemper.

Die Professorin sagt aber auch, sie sei tief getroffen. Ihr geht es darum, für sich selbst zu verstehen, warum sie damals, 1999, so klar die Unschuldsvermutung hochgehalten hat. Um das für sich selbst plausibel zu machen, ist ihr dieser Baustein wichtig: »Die Gesellschaft für Erziehungswissenschaft richtete damals eine Ehrenkommission ein. Und diese empfahl eben nicht, Gerold Becker aus der Zunft auszuschließen«, berichtet sie. »Mich hat das darin bestärkt zu denken, dass das eine ungeklärte Situation ist.«

Freispruch durch die Pädagogengesellschaft

Die Vorwürfe gegen Gerold Becker führten im Jahr 1999 tatsächlich auch bei der »Deutschen Gesellschaft für Erziehungswissenschaft« zu so etwas wie förmlichen Ermittlungen. Gerold Becker war dort Mitglied, es war zu prüfen, ob er das bleiben konnte. Zuständig war der Ethikrat, der aus zwei Mitgliedern des Vorstands der Gesellschaft besteht. Der Rat hat laut seiner Geschäftsordnung die Aufgabe, »bei formellen Beschwerden über ein Fehlverhalten die Vorwürfe zu prüfen und ggf. Anhörungen der Parteien durchzuführen«.

Zwei Wissenschaftler des Ethikrates sollten sich in der Sache kundig machen und anschließend eine Empfehlung aussprechen. Die Kommission entschied, »Becker nicht auszustoßen«, wie es Hans Thiersch heute formuliert. Thiersch war einer der beiden Ermittler gegen Becker, seine Tübinger Kollegin Doris Knab die andere. Beide waren gut geeignet für ihre Aufgabe. Knab, die heute in einem Stuttgarter Altenheim lebt, war eine Ikone der erziehungswissenschaftlichen Frauenforschung. Sie war die erste Frauenbeauftragte der Universität Tübingen und von daher besonders sensibilisiert für das Thema sexuelle Gewalt. »Aber ich war auch sensibilisiert für falsche Anschuldigungen«, erinnert sie sich gut zehn Jahre nach der Arbeit im Ethikrat. Thiersch nannte die sozialpädagogische Gewaltforschung eines seiner wichtigsten Themen. Auch Thiersch ist inzwischen im Ruhestand.

Was Thiersch und seine Kollegin zutage förderten, lässt sich heute nicht mehr haarklein rekonstruieren. Es sind keine Unterlagen vorhanden. »Ich weiß nicht mehr genau, wie wir uns kundig gemacht haben«, sagt Thiersch im Rückblick. »Ich vermute, wir haben nicht innerhalb der Odenwaldschule recherchiert.« Doris Knab hingegen geht davon aus, dass es einen Kontakt zur Odenwaldschule gab.

Was beide erinnern, ist, dass sie sich an der Arbeit anderer orientierten. Wichtig waren ihnen die Ermittlungen der Staatsanwaltschaft in Darmstadt, die Recherchen der Presse und die Aufklärungsversuche der Odenwaldschule selbst.

Bei allen drei Institutionen nun stellten Thiersch und Knab fest: Die hatten sich zwar um die Causa Becker gekümmert, aber sie hätten auch nicht mehr rausgefunden als das, was die »Frankfurter Rundschau« im Jahr 1999 geschrieben hatte. Die Staatsanwaltschaft hatte die Ermittlungen wegen Verjährung eingestellt, die Presse berichtete nicht weiter. »Das hat uns stutzig gemacht.« Und dann kam noch hinzu, dass die Odenwaldschule selbst ja viel unternommen habe, erinnert sich Thiersch. Es habe ihnen die Information vorgelegen, dass die Odenwaldschule den Fall intern aufklären wolle. »Und die Odenwaldschule hatte zu Gerold Becker einen klaren Schnitt gezogen«, erinnert sich Doris Knab. So führten die beiden keine eigenen Recherchen durch, sondern lösten den Fall durch Überlegen.

»Es war die Frage, inwieweit die Vorhaltungen gegen Gerold Becker stimmten.« So lautete laut Thiersch einer der ersten Gedanken der Ehrenkommission. »Wir haben uns angesichts der in solchen Fällen oft so schwierigen Überlagerung von Fakten, Interpretationen und Projektionen auch gefragt, ob das vielleicht eine interne Auseinandersetzung war, bei der jemand Becker wegen seiner Homosexualität angreifen wollte.« Das war keine fernliegende Idee. In fast allen Missbrauchsfällen steht ganz am Anfang die Frage im Raum: War da was? Oder ist es Rache? Melden sich womöglich enttäuschte Liebhaber zu Wort? Und es spielt noch etwas anderes hinein: die ungeheure Bedeutung Gerold Beckers. »Meine Phantasie hätte nicht gereicht, um mir das vorstellen zu können, dass Gerold Becker so etwas tun könnte«, erinnert sich Hans Thiersch.

Es ist nicht so, dass die beiden Erziehungswissenschaftler das Thema völlig kalt lassen würde. »Ich sitze hier und bin erschüttert und sehr sehr bedrückt«, sagt Doris Knab und schweigt lange. »Die Berichte haben uns damals entsetzt und verstört«, sagt Thiersch, »gerade weil die Odenwaldschule einen so guten Ruf hatte, mit schwierigen Kindern umgehen zu können.« Dem Professor fallen sofort Namen von Schülern ein, bei denen die Schule bewiesen hätte, wie gut und erfolgreich sie mit problematischen Kindern umgehen konnte. Auch heute, so betont Thiersch, ist ihm die generelle Bedeutung des Themas Missbrauch klar. »Wir dürfen und können als Gesellschaft nicht mehr so verfahren wie damals; wir haben andere Einsichten, Kriterien und Verfahren. Was damals geschehen ist, war verhängnisvoll für die Entwicklung und die Identität der Kinder und Heranwachsenden. Es darf sich nicht wiederholen.«

Die beiden Kommissionsmitglieder des Jahres 1999 schauen heute mit Ambivalenz auf ihre Arbeit zurück. Professor Thiersch findet, dass er »mit gutem Gewissen« sagen kann, damals richtig gehandelt zu haben – wenn man die Maßstäbe anlegt, die damals üblich waren. »Aus heutiger Sicht war es falsch.« Seine Kollegin sagt: »Wir konnten nicht unterscheiden zwischen Gerede und Fakten, deshalb galt für mein Votum in dubio pro reo, also für den Beschuldigten.« Hans Thiersch, der inzwischen in Tübingen in Pension ist, nennt zusammenfassend als Grund für sein Urteil: »Der Vertrauensvorschuss für die Odenwaldschule war sehr groß.« Doris Knab sagt: »Der gute Ruf der Schule war der eigentliche Hintergrund für die Empfehlung.«

Die Gesellschaft für Erziehungswissenschaft hat den Fall Becker bagatellisiert. Sie hat den Fall unzureichend geprüft. Sie ließ auf Grundlage der Nichtermittlung von Dritten ihre eigenen Recherchen fallen. Sie verzichtete damit auf den spezifischen Blick, den Erziehungswissenschaftler hätten einbringen können, ja müssen. Die Staatsanwaltschaft durfte nicht weiterermitteln, weil der Fall verjährt war. Die Standesorganisation der wissenschaftlich arbeitenden Pädagogen aber hatte ganz andere Maßstäbe anzuwenden – denn in ihr sind die Profis für die Nähe zum Kind und seine Integrität organisiert. Im ersten Text der »FR« werden insgesamt fünf Opfer Beckers genannt. Es gibt darin sogar konkrete Vorhaltungen, wie Becker vorging – bis hin zur Vergewaltigung. Dass Pädagogen das nicht zum Anlass nehmen, Kontakt zu den Opfern aufzunehmen und die Aussagen des Beschuldigten zu überprüfen, ist eine professionelle Fehlleistung. Die Zunft hat ihren höchsten Grundsatz verraten: Dass das Vertrauen und die Sicherheit des Schülers Basis jedes pädagogischen Verhältnisses ist.

Aber vielleicht war die Ethikkommission im Jahr 1999 einfach falsch besetzt. Ihr gehörte mit Hans Thiersch ein guter Bekannter von Gerold Becker an. Thiersch und Becker waren in den 1960er Jahren Mitarbeiter der Göttinger Erziehungswissenschaften. Sie haben zusammen publiziert, sie haben sich gemeinsam für eine andere Heimerziehung starkgemacht, waren Freunde. Thiersch bat den Pfarrer Becker sogar, ihn und seine Frau zu trauen. Was dieser auch tat. Kurz: Thiersch war befangen, er hätte die Prüfung des Falles seines Freundes niemals vornehmen dürfen.

Der Fall Becker hat die Gesellschaft für Erziehungswissenschaft im Frühjahr 2010 wieder eingeholt. Sie ist seitdem geradezu paralysiert. Wer bei der Gesellschaft anfragt, bekommt zunächst zu hören: »Ach, Sie wollen diesen alten Fall wieder aufwärmen!« Später meldet sich dann der Vorsitzende Werner Thole zu Wort, der hin- und hergerissen ist. Er anerkennt, dass der Umgang seiner Zunft mit dem Fall Becker im Jahr 1999 »aus heutiger Sicht falsch war«. Thole sagt auch, »dass es 30 Jahre lang keine Aufmerksamkeit für dieses Phänomen gegeben hat und die praktisch arbeitenden Kollegen nicht sensibilisiert waren«. Zugleich fällt es seiner Organisation immer noch schwer, mit dem Fall eindeutig umzugehen. Wichtige Unterlagen zum Fall Becker werden nicht zur Verfügung gestellt oder befinden sich gerade in Umzugskisten. »In einem halben Jahr wieder«, lautet die Auskunft.

Eine Erklärung zum Missbrauch, verabschiedet im April 2010, war in der Zwischenzeit wieder eingezogen worden. Angeblich, weil sie missverständlich ausgefallen war. In ihr war die Rede davon, dass die Missbrauchsfälle dafür instrumentalisiert worden wären, »die Demokratisierung der pädagogischen Praxen in den zurückliegenden gut 30 Jahren in Frage zu stellen«. Das ließ den Schluss zu, dass die Erziehungswissenschaftler Folgendes annehmen könnten: Bei der Enthüllung von ingesamt Hunderten Missbrauchsfällen in Internaten und Klöstern sei es gar nicht um die Opfer der Gewalt gegangen, sondern darum, den Pädagogen eins auszuwischen. Die neue Erklärung enthielt demgegenüber ein eindeutiges Bekenntnis für die Opfer bei der Aufklärung der sexualisierten Gewalt: »Im Vordergrund hat nicht die Suche nach Entlastung und Entschuldigung der beteiligten pädagogischen Fachkräfte und Institutionen zu stehen, sondern die unmissverständliche Parteinahme für die Kinder und Jugendlichen, die Opfer sexueller Gewalt geworden sind.«

Unterdessen hatte man Gerold Becker im Mai 2010 aus der Gesellschaft ausgeschlossen. Allerdings entbehrte nicht einmal dieser klare Schnitt einer Ironie: Denn erneut hatte die Gesellschaft nicht geprüft. Die Ethikkommission, die in solchen Fällen um ein Urteil zu bitten ist, wurde diesmal gar nicht erst angerufen. Becker wurde vom Vorstand hinausgeworfen, nach einer »kurzen und konsensualen Diskussion«. Man kann das als klaren Schnitt gutheißen. Man kann aber genauso gut fragen, warum der tiefe Fall eines wichtigen Pädagogen ohne Debatte ad acta gelegt wird. Und warum man zugleich der Ethikkommission die Chance raubt, am Beispiel ihres Gewalt ausübenden Mitglieds nach den strukturellen und pädagogischen Bedingungen von Missbrauch zu fragen.

Ähnlich seltsam war bereits der Kongress der Gesellschaft im Frühjahr 2010 verlaufen. Am 6. März erschien in der »Frankfurter Rundschau« der zweite große Enthüllungstext nach 1999. Kaum zehn Tage später begann der Kongress der Gesellschaft zum Thema »Bildung in der Demokratie«. Ein Zufall zwar, aber einer, der die Versammlung unter Schock setzte. »Ob bestimmte pädagogische Formen Freiräume für sexuellen Missbrauch böten, sei die meistdiskutierte Frage«, zitierte der »Tagesspiegel« einen Professor aus Mainz. Besprochen wurde das Thema allerdings nur »auf den Gängen der Mainzer Uni«. Ins offizielle Programm hatte der Fall Becker keinen Eingang mehr finden können, hieß es. Der Leiter der Pisa-Studie 2009, der angesehene Bildungsforscher Eckhard Klieme, kritisierte, dass die Erziehungswissenschaft »flexibel und spontan« auf die Missbrauchsfälle hätte reagieren müssen – mit einer eigenen Veranstaltung zum Thema. Das hätte einer »demokratischen, aufgeklärten Pädagogik« gut angestanden.

Immerhin nahm Oskar Negt in seinem Eröffnungsvortrag das Thema auf. Negt, einer der kritischsten und reformfreudigsten Soziologen, nahm kein Blatt vor den Mund. Die Taten seien völlig inakzeptabel, sagte Negt auf dem Kongress. »Selbst wenn auch nur ein Teil der jetzt erhobenen Vorwürfe stimmt, dann herrschten an der Odenwaldschule zutiefst problematische Verhältnisse«, wiederholte er in einem Interview.

Als der entschiedenste Kritiker entpuppte sich der Züricher Erziehungswissenschaftler Jürgen Oelkers. Er formulierte noch auf dem Kongress kritische Fragen an die Reformpädagogik – und griff besonders die Landerziehungsheime scharf an. »Die soziale Konstruktion der Landerziehungsheime läuft auf eine Isolation der Familie hinaus«, sagte er. Die Schüler dieser Einrichtungen seien den dortigen Erziehungsmethoden unterworfen, einer öffentlichen Kontrolle seien die Landerziehungsheime entzogen.

Oelkers bezeichnet die Landerziehungsheime als die wichtigsten Vertreter der Reformpädagogik in Deutschland. Ihr spezieller Charakter – kleine, teure Schulen mit einem teils versponnen ganzheitlichen Ansatz – könnte aber nicht als Exempel für eine Regelschule herhalten. Der Züricher Professor zeigte, wie eigentümlich die Erziehungsmethoden der Landerziehungsheime von jeher waren. In den drei Schulen, die der Urvater der Heime, Hermann Lietz, gründete, sei eine quasimilitärische Ausbildung normal gewesen. Dort habe es regelmäßige Schießübungen gegeben, in Haubinda sogar ein eigenes Schülerregiment, auf dessen Lehrplan Exerzieren und Angriffsmanöver standen. Kein Wunder, war Lietz doch ein national bis nationalistisch eingestellter Antisemit, dessen nationale Erziehungspläne noch 1938 in Nazideutschland nachgedruckt wurden. In der Rezeption der Reformpädagogik kommt Lietz heute meist als origineller Erneuerer der Erziehung weg.

Jürgen Oelkers zeigte, wie tief die Idee des pädagogischen Eros in der Programmatik der Landerziehungsheime verankert ist. »Der pädagogische Eros und der Kult der Nacktheit spielten dabei eine entlarvende Rolle.« Besonders in der Freien Schulgemeinde Wickersdorf sei die so genannte Knabenliebe das höchste Erziehungsziel gewesen. Aus Wickersdorf aber brachte der Gründer der Odenwaldschule, Paul Geheeb, wesentliche Prinzipien mit – wie etwa das

Familienprinzip. Oelkers porträtierte Geheeb als weltabgewandten Schrat, der sich gegenüber Schülerinnen übergriffig verhielt. Der Gründer der Odenwaldschule sei ein »Guru, den die heutige Erziehung sicher nicht benötigt«. Die Schulgründer der Landerziehungsheime seien gefallene protestantische Theologen gewesen, ätzte Oelkers. »Zu ihnen zählten ein bekennender Päderast und Antisemit (Gustav Wyneken), ein antisemitischer Chauvinist (Hermann Lietz) und ein selbsternannter pädagogischer Seher (Paul Geheeb).«

Oelkers war 2010 frisch munitioniert. Er hatte in diesem Jahr ein Buch mit dem Titel »Reformpädagogik« herausgebracht. Die reformpädagogische Szene aber nahm seine Kritik keineswegs zum Anlass, die problematische Vergangenheit besonders ihrer landerzieherischen Abteilung in Frage zu stellen.

Auf Oelkers meldeten sich gleich mehrere Professoren zu Wort, die meisten bereits im Ruhestand.

Am häufigsten äußerte sich der Tübinger Bildungshistoriker Ulrich Herrmann in Form von Internetblogs und Zeitungsartikeln zur Reformpädagogik. Nach Herrmann gebe es keine »kriminelle pädophile sexuelle Gewalt als Bestandteil reformpädagogischer Erziehungspraxis«. Diese ziele genau auf das Gegenteil: »Sie setzt der erzieherischen Machtausübung das Recht auf Selbstentwicklung entgegen.«

Bei einem anderen Kongress sollte über »Reformpädagogik und Demokratie« geredet werden. Ulrich Herrmann strich in seinem Vortrag Gustav Wynekens Funktion als Vorläufer und Vorbild für die Schuldemokratie in Deutschland heraus. Er schaffte es, in dem etwa halbstündigen Vortrag kein einziges Mal zu erwähnen, dass Wyneken ein verurteilter Pädosexueller war. Bei der Abschlussdiskussion sagte Herrmann gar, er würde normalerweise aufstehen und gehen. Warum? Weil entgegen der früheren Verabredungen etwas ausgesprochen wurde, was nicht Thematik der Konferenz gewesen sei: sexueller Missbrauch. Die Tagung hatte das Bundesministerium für Bildung und Wissenschaft indes finanziert – mit der Maßgabe, sexuelle Gewalt dort zum Thema zu machen.

Dass die Landerziehungsheime programmatisch und personell eng mit der pädophilen Szene des frühen 20. Jahrhunderts verwoben sind, wird in der Pädagogik nur zögerlich diskutiert. Immer wieder traten Pädophile, die sich als Homosexuelle ausgaben, in die Heime ein. Sie waren dort keine Zaungäste, sondern wichtige Lehrer, die ihre sexuelle Orientierung auch konzeptionell in die Schulen einbrachten. Freilich benutzten sie dafür nicht die Chiffre sexuelle Gewalt, sondern tarnende Begriffe wie »pädagogischer Eros« oder »Knabenliebe«. Pädophile Lehrer der Landerziehungsheime beriefen sich dabei häufig auf den Dichter Stefan George, auch er ein bekennender Pädophiler, der ästhetisch-pädosexuelle Netzwerke begründet hat.

George wollte mit seinen Wickersdorfer Adepten jedoch nichts zu tun haben. Ihm, dem elitären Dandy und Dichter der reinen Liebe, war die pädophile Praxis der Landerziehungsheime viel zu vulgär und fleischlich. »Die benutzen meine Ideologie, um sich an den Jungs zu vergehen«, habe George über seinen Wickersdorfer Anhänger Gustav Wyneken gesagt. So berichtet es George-Biograf Thomas Karlauf in einem Interview mit der »Frankfurter Allgemeinen Zeitung«. Bei der so genannten Knabenliebe handelt es sich also weder um griechische Knaben noch um Liebe und schon gar nicht um Gleichberechtigung. »Knabenliebe« ist eine beschönigende Formulierung für sexuelle Gewalt an Jungen.

Die reformpädagogische Szene freilich scheute das Thema sexuelle Gewalt im Jahr des großen Missbrauchsskandals wie der Teufel das Weihwasser. Der Leiter der reformpädagogischen Arbeitsstelle »Blick über den Zaun«, Hans Brügelmann, etwa hielt es für geradezu absurd, nach dem Sündenfall an der Odenwaldschule Prinzipien in Frage zu stellen. Es sei »nicht zulässig, aus dem Fehlverhalten einzelner – wenn auch prominenter – Pädagogen pauschale Urteile über reformpädagogisch orientierte Einrichtungen und Initiativen abzuleiten.«

Am radikalsten verweigerten sich die Landerziehungsheime einer Diskussion. Der Internatsberater der Landerziehungsheime Hartmut Ferenschild etwa spricht von einem »antireformpädagogischen Konterschlag: Die Missbrauchsdebatte wird instrumentalisiert, um den Rückweg zur Schule von vorgestern anzubahnen«. Viele der Internate, für die er Eltern und Jugendliche gewinnen soll, lassen Presseanfragen zu ihren Konsequenzen nach den Missbrauchsskandalen prinzipiell nicht zu. Leiter mehrerer Herrmann-Lietz-Schulen weigerten sich grundsätzlich, Auskunft über ihre Internatspolitik zu geben. Die Sprecherin der Lietz-Schulen sagte wörtlich: »Wir erwarten, dass Sie gründlich recherchieren – wie immer Sie das auch machen.« Ähnlich ging es der »Süddeutschen Zeitung«, die Anfang 2011 für eine Beilage bei Landerziehungsheimen recherchierte. Auch ihre Anfragen wurden abgewiesen.

Selbst die renommierte Schulleiterin Erika Risse betrieb eine ambivalente Aufklärungspolitik. Risse ist seit 2007 Vorsitzende der Vereinigung der Deutschen Landerziehungsheime (LEH). Die energische Frau war bereit, sexuelle Gewalt mit klaren Worten zu verurteilen. Beim ersten Treffen der Leiter der Landerziehungsheime nach Bekanntwerden der jahrzehntelangen Übergriffe fragte sie: »Von was trennen wir uns? Wo wollen wir hin?« Fragen, die früher als ketzerisch empfunden worden wären.

Allerdings waren die Fortschritte der LEH-Vereinigung beim Aufklären nicht besonders groß. Monatelang war die gleiche Antwort zu hören: Der Klärungsprozess in Bezug auf die Geschichte der Landerziehungsheime sei in vollem Gange. Aber die Protokolle der Sitzungen aus dem Jahre 1998/99, als Gerold Becker den LEH-Vorsitz wegen der Vorwürfe niedergelegt hatte, enthielten keinerlei Notizen zum Rücktritt Beckers. »Es geht uns nicht um Presserummel«, gestand Erika Risse einem Altschüler, »sondern z. B.

um die Frage, wie G. B. Vorsitzender werden konnte.« Allein, »dazu haben wir aber bisher keine Antwort«. Vielleicht ließe sich eine Antwort finden, wenn die LEH eine unabhängige Person beauftragen würde, um ihre Geschichte zu untersuchen. Das ist jedoch bis jetzt nicht geschehen.

Der Höhepunkt des Verleugnens und Beschweigens aber fand im Herzen der aktuellen reformorientierten Schulen statt. In Bensberg bei Köln tagte im April 2010 der »Blick über den Zaun«, ein Netzwerk von Reformschulen, das einst mit Hilfe der Bosch-Stiftung und der Odenwaldschule gegründet worden war. Es war die erste Konferenz nach der großen Becker-Enthüllung. Der Hauptvortrag lautete »Was bedeutet Reformpädagogik heute?«, gehalten von Cornelia von Ilsemann, einer Spitzenbeamtin der bremischen Bildungsbehörde. In ihrem Referat fiel plötzlich der Name Gerold Becker – und den Leuten liefen kalte Schauer über den Rücken.

Würde von Ilsemann Gerold Becker aus den intellektuellen Kreisen der reformpädagogischen Schulen verstoßen? Begänne nun die neue Zeitrechnung nach dem Missbrauchsdesaster an der Odenwaldschule? – Nein, von Ilsemann, die auch eine leitende Funktion in der Kultusministerkonferenz bekleidet, verbreitete erneut Ruhm über Gerold Becker. Sie nannte ihn als Berater und Miterfinder der Bremer Schulreform – einer Reform, die sie zuvor in den höchsten Tönen gelobt hatte. Sie kritisierte Becker nicht, sie verstieß ihn nicht, sie verlor kein Wort darüber, dass er der vielfachen sexuellen Gewalt beschuldigt wurde.

»Ich habe Becker weder positiv noch negativ erwähnt«, rechtfertigte sich die Frau nach dem Auftritt. Einer Rede, in der sie sagte, die Würde des Kindes sei der höchste Wert der Pädagogik. »Kein Kind kann gut lernen, wenn es Angst hat.«

Missbrauchsexperten denken da ganz anders. Ihnen Rachefeldzüge oder Konterschläge zu unterstellen ist schwer möglich. Sie interessieren sich lediglich dafür: Was ist in der Institution passiert? Und: Wie konnte die sexuelle Gewalt verübt werden? Diese Experten zeigen punktgenau auf jene Aspekte, die es den Tätern im Odenwald besonders leicht gemacht haben.

Für Julia von Weiler zum Beispiel »kommt es jetzt darauf an, dass die Odenwaldschule bereit ist, wirklich in die Tiefe zu gehen und aufzuräumen«. Weiler ist Geschäftsführerin von »Innocence in Danger«, einer Non-Profit-Organisation, die über sexuelle Gewalt gegen Kinder und Jugendliche aufklären will. Die Psychologin befasst sich seit vielen Jahren mit sexueller Gewalt. »Die Odenwaldschule sollte sich anschauen, wie und an welchen Stellen ihr pädagogisches Konzept den Missbrauch begünstigt hat. Das kann sehr schmerzlich sein – denn sie wird möglicherweise zu dem Schluss kommen, dass die gefährlichen Instrumente wesentliche Teile ihres reformpädagogischen Selbstverständnisses sind.«

Julia von Weiler gesteht ein, dass sie keine Expertin für die reformpädagogische Idee ist. Aber wenn sie von den Elementen hört, die an der Odenwaldschule praktiziert werden, gehen bei ihr alle Alarmlampen an. Sie versteht auch die Schwierigkeiten, an einer positiv besetzten Einrichtung über ein Verbrechen wie Missbrauch zu reden. »Missbrauch tut auch deswegen in der Analyse so weh, weil es eine Beziehungstat ist, die ganz viele positive Elemente enthält: emotionale Zuwendung, Anerkennung, positive Ansprache, also alles das, was zum reformpädagogischen Einmaleins gehört.«

Nicht anders denkt die Unabhängige Beauftragte der Bundesregierung für die Aufarbeitung des sexuellen Missbrauchs, Christine Bergmann. »Als ich an der Schule war, habe ich mal ganz naiv danach gefragt, ob das Familienprinzip der Odenwaldschule zur Diskussion stünde«, berichtet die ehemalige Familienministerin. »Ich habe darauf aber eine negative Antwort bekommen.« Ihre Kritik an der Internatsfamilie Odenwald'scher Prägung kam gar nicht gut an.

Bergmann hat zunächst für ein Jahr die Aufgabe der Unabhängigen Beauftragten wahrgenommen. Sie ist überzeugt, dass die ganze Gesellschaft vor einem wichtigen Lernprozess steht. »Es gibt jenseits der vielen Institutionen, die Missbrauch auch unabsichtlich begünstigen, viele gemeinsame Muster.« Dazu gehöre, dass es überall passieren könne, besonders dort, wo das Kind angeblich im Mittelpunkt stehe. Bergmanns Forderungen lauten: Die Gesellschaft muss verstehen, was Missbrauch mit den betroffenen Kindern macht und wie man die Signale erkennen kann. »Wir müssen das Schweigen brechen, denn das Zum-Schweigen-Bringen-und-mitschuldig-Machen ist das wichtigste Instrument der Täter.« Zudem müssen die Institutionen ihren Abwehrreflex ablegen. »Es ist verständlich, dass sie ihn haben, weil es unerfreulich und schmerzhaft ist, anzuerkennen, dass Missbrauch geschehen ist. Aber pauschales Abwehren geht nicht mehr, wenn man Kinder wirksam schützen will.«

Bezogen auf die Odenwaldschule und die sie tragende Idee bedeutet das für die ehemalige Ministerin: »Eine ehrliche Auseinandersetzung mit Ideologien wie der Reformpädagogik, die den Missbrauch möglicherweise begünstigen.«

Aufklärung als Dienst nach Vorschrift

Anders als die Pädagogen haben sich verschiedene gesellschaftliche Institutionen darum bemüht, die sexuelle Gewalt an der Odenwaldschule aufzuklären. Wie weit sind Staatsanwaltschaft und Presse dabei gekommen?

Zuständig für die Ermittlungen an der Odenwaldschule ist die Staatsanwaltschaft in Darmstadt. Das war 1999 so und auch im Jahr 2010. Der Pressesprecher der Darmstädter Staatsanwaltschaft teilte mit, dass alle Verfahren im Zusammenhang mit der Odenwaldschule wegen Verjährung eingestellt worden seien. Es war in 16 Fällen ermittelt worden, in keinem kam es zu einer Anklage.

Die Staatsanwaltschaft in Darmstadt gilt unter Anwälten und Missbrauchsexperten nicht gerade als die energischste. Ein Informant berichtet, er habe eine ganze Woche anfragen müssen, bis er belastende Sachverhalte in der Staatsanwaltschaft an den Mann bringen konnte. Tatsächlich hörte man noch im Jahr 2010 auf den Fluren der Strafverfolgungs- und Gerechtigkeitsbehörde, die Fälle lägen ja »allesamt in grauer Vorzeit«. Mögliche Taten des Herrn Becker zum Beispiel wären bereits im Jahr 1997 verjährt gewesen. Die Akten aus dieser Zeit wären inzwischen aber »planmäßig vernichtet worden«.

Was nach Vertuschung riecht, ist allerdings in Wahrheit eine gesetzliche Vorgabe. Kommt es nach einer Ermittlung zu keiner Anklage, müssen die Akten nach zehn Jahren geschreddert werden. So will es das Gesetz.

Ein Besuch in der Staatsanwaltschaft kommt einem juristischen Nachhilfekurs gleich. Wegen Vergewaltigung, so doziert einer der Staatsanwälte, hätte man Becker ohnehin nicht belangen können. Denn Vergewaltigung habe es bis 1997 »im juristischen Sinne nur an Frauen geben können«, sagt er. Tatsächlich ist der Tatbestand der Vergewaltigung von Minderjährigen erst 1997 ins Strafgesetzbuch eingeführt worden. Auf den konnten sich die Staatsanwälte also nicht beziehen, als sie erstmals gegen Gerold Beckers Taten ermittelten – denn die stammten aus den 1970er und 1980er Jahren.

Ermitteln freilich hat wenig mit dem zu tun, wie es sonntagabends im »Tatort« vorgeführt wird. Die Arbeitsweise der Staatsanwaltschaft beim Verdacht auf sexuelle Gewalt an Kindern sieht immer gleich aus. Sie prüft zunächst, ob die mutmaßlichen Taten verjährt sein könnten. Das bedeutet: Die Justizbeamten gehen die Geburtsdaten der betroffenen Schüler durch und rechnen dann hoch bis zum 19. Lebensjahr, in dem die zehnjährige Verjährungsfrist zu laufen beginnt. Das klingt formalistisch, ist aber das normale Verfahren. So geschah es auch im Jahr 1999.

Der Sachbearbeiter damals wäre sogar darüber hinausgegangen, berichten seine Kollegen heute beinahe stolz. Denn er hatte nicht nur das Geburtsdatum des Schülers geprüft, der die sexuelle Gewalt angezeigt hatte, sondern er prüfte »alle Schüler im Umfeld der Internatsfamilie Becker«. Ergebnis: »In der Familie Becker war keines der Kinder in einem Alter, dass es strafrechtlich Sinn gemacht hätte, dem nachzugehen.« Unter seinen Kollegen galt er damit als besonders fleißig und eifrig, betonen befragte Staatsanwälte.

Der Amtssitz der Staatsanwaltschaft in Darmstadt liegt an der Arkade der Grundrechte. Dem Bürger wird mit dieser emphatischen Zeile Mut gemacht, dass ihm und seinen Rechten hier Gerechtigkeit widerfährt. Der Weg zum Chef der Gerechtigkeit führt über einen sehr langen und sehr dunklen Gang. An dessen Ende sitzt der Leitende Oberstaatsanwalt Albrecht Schreiber und dämpft jeden Überschwang. »Wir sind nicht die heilige Inquisition«, betont er. Schreiber will sagen: Seine Behörde kann nur ermitteln, wenn echte Hinweise für eine Straftat vorliegen. In der Sprache Schreibers heißt das: »Ermittlungen können nur bei zureichenden tatsächlichen Anhaltspunkten für das Vorliegen einer Straftat aufgenommen werden.«

Dennoch hat Schreiber, der Vater zweier Töchter ist, den Fall Becker 2010 offenbar ganz anders untersuchen lassen als 1999. Formell verliefen die Ermittlungen auch diesmal streng nach Recht und Gesetz, das heißt, es konnte eigentlich keinen Unterschied zu 1999 geben. Aber es gab ihn. »Wir haben uns voll reingehängt«, beschreibt Schreiber die Arbeitsweise bei der zweiten großen Ermittlung. Das bedeutet zum Beispiel, dass sich im Jahr 2010 sogar Beamte auf den Weg in die Odenwaldschule machten, um alle »zureichenden tatsächlichen Anhaltspunkte« für eine Anklage zu ermitteln. Zehn Jahre vorher war das nicht geschehen, da wurden lediglich Geburtsdaten geprüft. »Der Unterschied, warum sich die Staatsanwaltschaft 2010 ins Zeug gelegt hat und 1999 einen Einzelfall abschloss, ist kein juristischer«, klärt Schreiber auf, »sondern hat mit der großen Öffentlichkeit des Falles zu tun.«

Staatsanwalt Schreiber kann das genau erläutern. Die Publizität eines Falles sei nicht der eigentlich Anlass für gründlichere Ermittlungen. Aber eine hochsensible Öffentlichkeit ermutige neue Anzeigeerstatter und Betroffene, sich bei der Staatsanwaltschaft zu melden. Das mache den Unterschied. Auch auf die Ermittlungen des Jahres 1999 hat er einen differenzierten Blick: Sie wären nicht etwa »erfolglos« gewesen, sondern hätten eingestellt werden müssen. Das habe der Gesetzeslage entsprochen und wäre kein Versäumnis der Staatsanwaltschaft gewesen.

In der Behörde hat sich der Leitende Oberstaatsanwalt mit diesem Vorgehen trotzdem keine Freunde gemacht. Es habe intern Kritik seiner Kollegen daran gegeben, so ist zu hören, die Ermittlungen entschiedener als 1999 voranzutreiben.

Die Arbeitsweise der Staatsanwaltschaft ist rechtsstaatlich völlig in Ordnung. Wollte sie dauerhaft gegen einen Verdächtigen ermitteln, würde sie gegen die Unschuldsvermutung verstoßen. Der Staatsanwaltschaft ist von daher kein Vorwurf zu machen, dass sie die Verfahren eingestellt hat. Allerdings sind die Mechanismen der Ermittlung gänzlich ungeeignet, um Missbrauchsfälle aufzuklären. Denn die Psychologie des Missbrauchs hat einen ganzen anderen Zeithorizont als die juristische Ermittlungslogik. Der Täter verschließt dem Opfer auf Jahre hinaus den Mund, indem er ihm eine Mitschuld einredet. In dieser Zeit verjährt in vielen Fällen der Straftatbestand – eine der schmerzlichsten Erfahrungen vieler Opfer von sexueller Gewalt. Das hat auch die Begleitforschung Christine Bergmanns, der von der Bundesregierung eingesetzten Unabhängigen Beauftragten, wieder gezeigt. 62 Prozent der befragten Opfer berichteten, sie hätten keine Strafanzeige gestellt. Beinahe die Hälfte von ihnen, weil sie ahnten, dass die Tat verjährt sein würde.

Die erste Meldung der Nachrichtenagentur lief bereits, als alle noch schliefen. Nachts um 02:18 Uhr wird ein Text mit der Schlagzeile versendet »Presse: Sexueller Missbrauch auch an hessischer Eliteschule«. Die nächsten Meldungen folgen um 10:21 Uhr und um 11:05 Uhr, ab 12 Uhr läuft der Ticker dann heiß, wie die Journalisten sagen. Kein Redakteur kommt nun mehr um die Meldung herum, egal ob es ihn persönlich oder professionell interessiert, unabhängig davon, ob er ein Fachredakteur oder Chef vom Dienst ist. Das ist die Person innerhalb einer Zeitung, die ihren Kollegen die Themen des Tages – je nach Blattkultur – vorschlägt oder diktiert. Innerhalb von einer Woche, so die nachträgliche Zählung, laufen 187 Meldungen allein zum Thema Odenwaldschule über den Ticker. Das Schlagwort Missbrauch kommt in den Agenturen in dieser Zeit sogar 695 Mal vor, darunter so illustre Meldungen wie »Vatikan sieht Kampagne gegen Papst«, »Hilfe für Pädophile« oder »Merkel: Aufklärung des Missbrauchs unverzichtbar«.

Das war 2010, beginnend am 6. März, als in der »Frankfurter Rundschau« Schindlers Text über die Odenwaldschule gedruckt worden war. Schindler hatte bereits über zehn Jahre zuvor das Thema aufgebracht, genau am 17. November 1999. Die Geschichte enthielt schon damals den Kern der Botschaft. Die »Rundschau« druckte den Text auf Seite drei – aber die Reaktionen waren ganz andere.

Im Jahr 1999 lief kein Ticker der Agenturen um zwei Uhr nachts. Auch die Resonanz nach einer Woche lässt sich nicht mit der im Jahr 2010 vergleichen. Die Nachrichtenagenturen nämlich berichteten 1999 über den sexuellen Missbrauch an der Odenwaldschule kein einziges Mal.

Nur im lokalen Landesdienst brachte die Deutsche Presseagentur am Tag des »FR«-Textes eine Meldung. Sie beschreibt präzise, um was es geht. Exschüler würden dem damaligen Schulleiter vorwerfen, »jahrelang zahlreiche Schüler sexuell missbraucht zu haben. Wie die Zeitung in ihrer Mittwochausgabe berichtet, soll der heute 63 Jahre alte Theologe in den 80er Jahren 13- bis 15-jährige Jungen sexuell bedrängt haben. Die Zeitung zitiert ein halbes Dutzend Männer, die nach eigenen Angaben als Minderjährige vom Schulleiter sexuell bedrängt wurden.«

Das Thema Missbrauch war im November 1999 durchaus Thema in den Agenturen. Aber da ging es um Missbrauch in einem Heim und in der Familie.

Das alles überragende Thema dieser Zeit waren die Schwierigkeiten der rot-grünen Bundesregierung Schröder/Fischer nach einer Reihe von verlorenen Landtagswahlen – und die Spendenaffäre der CDU, die Anfang November mit dem Bekanntwerden einer millionenschweren Schmiergeldzahlung an den Ex-CDU-Schatzmeister Walter Leisler Kiep neue Nahrung bekommen hatte. Kurze Zeit später geriet auch der frühere Bundeskanzler Helmut Kohl in den Fokus.

Auch die Bildungsberichterstatter der Zeitungen hatten ein anderes Thema auf Platz 1 ihrer Prioritätenliste: den Mord an einer Lehrerin durch einen Schüler in Meißen. Das Messerattentat an einem Gymnasium erregte ähnliche Aufmerksamkeit wie zehn Jahre später der Missbrauch im Odenwald. 190 Tickermeldungen gab es zu dem Thema innerhalb von einer Woche. Das bedeutet, der Missbrauch war 1999 kein Topthema.

Der »Zeit«-Redakteur Martin Spiewak hat in seinem Blatt einen großen Text über die Mediengeschichte des Odenwaldskandals geschrieben. Er hat die Kollegen der Zeitungen gefragt, die damals im Geschäft waren, warum der Missbrauch an dem berühmten hessischen Landerziehungsheim keinen Widerhall gefunden hatte. Ergebnis: »Für ein organisiertes Schweigen, gar eine Verschwörung der Medien, existieren keine Hinweise. Stattdessen gab es andere – wenig rühmliche – Gründe, die Missbrauchspraktiken nicht weiterzuverfolgen: Fehleinschätzungen über die

Dimension der Affäre, Desinteresse am Thema, die Unlust zu recherchieren – und, wenn auch nur punktuell, das Bedürfnis, die Reformpädagogik zu schützen.«

Damals hatten weder die »FAZ« noch die »Zeit« noch der »Spiegel« die Geschichte aufgegriffen, nicht einmal die »Bild«-Zeitung berichtete und die »Welt« war an anderen Fragen interessiert. Auch die linksalternative »taz«, für die der Autor dieses Buches damals zu den Themen Finanzen und Bildung arbeitete, berichtete mit keiner Zeile. Lediglich die »Stuttgarter Zeitung« nahm die Meldung auf. »Wir dachten, wir hätten einen ganz dicken Stein ins Wasser geworfen«, wird Jörg Schindler in der »Zeit« zitiert: »Aber Journalisten sind Herdentiere. Und als die Leittiere nicht vorangingen, blieb auch die Herde stehen.«

Sprachlose Eltern

Der Mann war schlecht gelaunt. Der Arzt hatte seinen Sohn Tobias (Name geändert) auf der Odenwaldschule. Der Junge besuchte die sechste Klasse, das bedeutete, dass der 11-Jährige im Pestalozzihaus wohnte, wo die jüngsten Schüler untergebracht waren. Nun war es für seinen Sohn so weit, das Haus zu verlassen. Spätestens zum Beginn der siebten Klasse wechselten fast alle Kinder in die Familien der großen Odenwaldschule. Hier aber lag der Stein des Anstoßes für den Mann: Er wollte nicht, dass sein Sohn in die Familie des Musiklehrers Wolfgang Held kommt.

Eltern sind bislang die große Unbekannte bei der Aufklärung. Die unbeantwortete Frage lautet, ob und was eigentlich die Eltern von dem Missbrauch an der Odenwaldschule mitbekamen. Wieso öffneten sich die Kinder ihnen nicht, wieso kümmerten sich die Eltern nicht?

Tobias' Vater dachte damals anders. Ihm war es wichtig zu wissen, in welches Haus sein Sohn kam.

Der Arzt setzte alle Hebel in Bewegung, um Tobias' Wechsel

in die Familie des Musiklehrers und – wie man heute weiß – Pädophilen zu verhindern. Aber wusste der Vater damals schon etwas? Hatte er einen Hinweis bekommen? Oder war es nur eine Ahnung, die seinen Sohn bewahrte? Jedenfalls kam Tobias' Vater eigens aus dem süddeutschen Raum in den Odenwald gefahren. Es war der Tag des Quartiermachens, der letzte Tag vor den Ferien. Die Kinder bezogen ihre neuen Zimmer in der Internatsfamilie. Da wollte der besorgte Vater dabei sein. Also ging er höchstpersönlich in die Familie von Wolfgang Held – es wurde ein Spektakel.

Schon nach einer Viertelstunde kehrte der Mann wutentbrannt ins Pestalozzihaus zurück. Er war außer sich. Sein Sohn werde auf keinen Fall in die Familie des Musiklehrers gehen, verlangte er. »Da geht es nicht um Homosexualität«, habe er gesagt, »das sieht man doch sofort, was da los ist.« Exschüler aus dem Odenwald, die einmal in die Held-Familie geraten sind, berichten Ähnliches.

Tobias' Vater hatte Lunte gerochen. Er machte sogar einen kleinen Aufstand. Aber es passierte nichts an der Schule, es wurden keine Konsequenzen gezogen. Lediglich Tobias kam nicht in die Familie des Musiklehrers Wolfgang Held, sondern in die eines neuen Lehrers. Sein Zimmernachbar allerdings landete in der Familie von Wolfgang Held. Das System lief weiter. Das Ganze ist jetzt 26 Jahre her.

In der Odenwaldschule platzierten häufig nicht irgendwelche Eltern ihre Kinder. Es war immer die Schule der Berühmten, der Reichen und der Verlorenen. Nicht jeder kann sich das inzwischen 2200 Euro teure Internat leisten. Größen aus der Industrie schickten ihre Kinder in den Odenwald, Künstler und Schriftsteller, der berühmteste unter ihnen sicher Thomas Mann. Auch Politiker wussten die Schule zu schätzen, die einen so demokratischen Anspruch pflegt.

Für die Eltern gilt wohl dieselbe Regel wie für die Lehrer. Manche wussten sehr genau Bescheid, was an der Schule lief. Manche von ihnen waren ahnungslos. Manche wollten es nicht sehen. Von einer pädagogisch exzellent informierten Frau wird dieser Satz über den sexuellen Übergriff überliefert: »Das ist doch an allen Internaten so. An der Odenwaldschule bin ich mir sicher, dass es mit Liebe geschieht.« Einige Eltern suchten die Schule und die einschlägigen Familien sogar bewusst für ihre Söhne aus. Die meisten hatten wahrscheinlich keine Ahnung. Und wenn sie von der Situation Wind bekamen, dann zogen sie sofort die Notbremse – für ihr eigenes Kind.

Die Eltern eines Jungen zum Beispiel, der an der Odenwaldschule im Herderhaus lebte, bekamen einen Hinweis aus einem elitären Wirtschaftskreis. Zuerst war ihnen dort empfohlen worden, ihr Kind auf die Odenwaldschule zu geben. Drei Jahre später war der Kassiber offenbar ein anderer. Sie erhielten eine Warnung: Da läuft was, das nichts mehr mit Lernen zu tun hat. Sie fuhren tags darauf sofort zur Schule und bestanden darauf, dass ihr Kind freigegeben wurde. Schulleiter Gerold Becker zögerte, er wollte den Fortgang des 14-Jährigen verhindern oder jedenfalls dafür sorgen, dass der Grund für den Abgang des Jungen nicht bekannt wurde. Also einigte man sich auf eine Sprachregelung: Die Familie wäre in finanziellen Schwierigkeiten, sie könnte das hohe Schulgeld nicht mehr bezahlen. So konnte der Junge sofort mit seinen Eltern nach Hause.

Nicht alle Eltern reagierten so allergisch auf den Musiklehrer Held, wie dies bei dem Vater von Tobias der Fall war. Es gab Väter, die Held kannten und bewunderten. Sie wollten ausdrücklich, dass ihre Söhne in die Familie des pädosexuellen Pädagogen kamen. Der Musiklehrer erhielt so großen Einfluss auf die Kinder. Zum Beispiel auf P. und M. Die Odenwaldschule, bekannt für ihre großen Fahrten, organisierte unter Becker einen Austausch mit Schulen in England. Es war ein durchaus komplizierter Schüleraustausch, weil für die weggehenden Kinder andere kamen, oft sogar von einer dritten Schule. Die beiden Jungen P. und M. sollten unbedingt an dem Austausch teilnehmen. So wünschten es sich die Mütter der beiden. Aber Held wollte es anders, die Knaben sollten in seiner Familie im Odenwald bleiben. Also teilte er mit, seine beiden Familienmitglieder würden nicht an dem Gastaufenthalt teilnehmen. Die Mütter waren enttäuscht, die Lehrerinnen genervt.

Schließlich kam es zu Gesprächen. Man verabredete, die wichtige pädagogische Frage des Englandaufenthaltes nicht einfach auf sich beruhen zu lassen. Mit vereinten Kräften wandte man sich an den Schulleiter. Eine Lehrkraft von damals erzählt, sie habe bei Gerold Becker vorgesprochen, um den beiden Jungen die Fahrt doch noch zu ermöglichen. Aber Becker agierte geschickt. »Er hörte sich das an, aber er half mir nicht«, erzählt eine der Lehrerinnen. Die Klassenkameraden gingen nach England, die Jungen mussten im Odenwald in der Familie des Pädophilen zurückbleiben. Wieder einmal hatte an der Schule die hohe Autonomie der Familie gesiegt.

Auch ein anderer Schüler wurde von seinem Vater offenbar ganz bewusst auf die Schule gegeben. Der Mann hatte vermutlich selbst pädophile Erfahrungen in einem so genannten George-Kreis gemacht. Die Familie hatte ein Haus am See. Dort schaute der Musiklehrer auf dem Weg in den Urlaub mit seinen Zöglingen vorbei – darunter auch der Sohn der Familie. Auf der Rückfahrt missbrauchte Held dieses Kind der Familie zum ersten Mal. Das hinderte ihn aber nicht, tags darauf erneut bei den Eltern des Buben Halt zu machen – sich offenbar in Sicherheit wiegend, dass nichts auffliegen könne. Der Sohn war entsetzt, er schwieg. »Mein Vater muss den Lehrer damals sofort durchschaut haben«, erinnert sich der Schüler heute in der »Zeit«. »Er kannte so viele Homosexuelle. Und er nahm das, was er sah, wohl mit Wohlgefallen auf.«

40 Jahre war der Junge im Ungewissen, ob sein Vater ihn tatsächlich bewusst zu Wolfgang Held geschickt hatte. Ein kleines

Briefchen seiner Mutter bestätigte schließlich im April 2010 den lang gehegten Verdacht. Je mehr Zeit vergehe, desto klarer sei ihr, schrieb sie darin, »in welchem Maße mein Leben von einer fragwürdigen Ideologie bestimmt worden ist. Die führte letztendlich dazu, die Realitäten des Alltags nicht zu erkennen. Du hast darunter unendlich leiden müssen«, so die Mutter. »Das bedauere ich aufrichtig und bitte Dich, mir zu verzeihen.«

Als der Schüler Quintus von Tiedemann von seinem Musiklehrer Wolfgang Held einmal nur mit einem knappen Höschen im Zelt besucht wurde, schlug der Schüler ihm sofort den Arm weg und lief davon. Der Junge war damals ängstlich und erbost zugleich, berichtet er 30 Jahre später in einem Gespräch an der Schule. Tiedemann wagte es, mit seinen Eltern darüber zu sprechen, was ihm passiert war. »›Sei doch nicht so spießig, das gehört dazu‹, sagte mein Vater, einst Rittmeister und bei der Wehrmacht, mittlerweile aber zum Heidelberger Apo-Opa mutiert. Und meine Mutter hat mir nicht geglaubt.«

Ein ehemaliger Schüler meint, »manche Eltern brachten ihre Söhne und Töchter schließlich auch hierher, um sie los zu sein«. Aber es ist natürlich einfach zu sagen, vermögende Eltern hätten ihre Kinder an der Odenwaldschule gewissermaßen geparkt und scherten sich dann nicht weiter um sie. Selbstverständlich lieben auch reiche Eltern ihre Kinder über alles. Die Frage ist nur, wie nah sie das Geschehen an sich heranlassen. Wie viel Zeit haben sie wirklich, um ihren Kindern zuzuhören? Und wie sensibel sind sie, zuzuhören und nachzuhaken, wenn ihnen etwas komisch vorkommt?

»Ich bin mit meinem Sohn so umgegangen, dass er etwas hätte sagen können, wenn er es hätte tun wollen«, sagt einer der wenigen Väter, die bereit sind, über ihre Situation zu sprechen. Kurz zuvor haben sie aus der Presse erfahren, was ihren Söhnen an der Odenwaldschule angetan wurde. »Aber ich habe ihn auch nicht direkt gefragt. Das werfe ich mir heute vor, dass ich mit meinem Sohn nicht darüber gesprochen habe.«

Der Mann war ein hochrangiger Wirtschaftsführer der Republik, vertreten in den Aufsichtsräten bedeutender Unternehmen. Er gehörte einem Wirtschaftskreis an, in dem mehrere Eltern von Odenwaldschülern sind. Er vertraute auf die Ratschläge, die man ihm gab, um seinen Sohn, der ein herausfordernder und ungewöhnlicher Junge war, auf eine gute Schule zu bringen. Der Vater glaubte dem erstklassigen Ruf der Odenwaldschule. Sie könne auch einem Legastheniker helfen, hieß es. Er verließ sich auf die Namen berühmter Väter, die ihre Kinder hierhergaben, und er vertraute jenem Mann, dem zur damaligen Zeit in der Mitte der 1970er Jahre alle Vertrauen schenkten: Gerold Becker. »Es gibt keine Mauer, die hoch genug wäre, dass Pit (Name geändert) da nicht drüberkäme«, lautete die Diagnose Beckers. Der Vater glaubte ihm. Er konnte damals beim besten Willen nicht wissen, dass er seinen Sohn einem Betrüger überlässt.

»Was die Odenwaldschule von sich behauptet hat, entsprach dem, was ich als Erziehungsprinzip gutgeheißen habe. Ich habe dem geglaubt.«

Der Sohn jedoch kam an der Odenwaldschule nicht zur Ruhe, schon gar nicht zu guten Noten. Die Eltern waren beunruhigt. Die Mutter drängte, das Kind an eine Schule zu geben, in der es gedrillt würde. Ihr Rezept hieß: Autorität, Büffeln, Augen zu und durch. Das aber war nicht der Stil des Vaters. »Bei dem Pit funktioniert das nicht«, wendete er ein. »Ich wollte nicht, dass mein Kind autoritär erzogen wird. Ich wollte, dass ihm geholfen wird, seine eigene Persönlichkeit zu entwickeln«, sagt er heute.

Eingeklemmt zwischen den Nöten seines kriselnden Unternehmens, den Forderungen der Mutter und der Fürsorge für den Sohn, wurde er mehr und mehr abhängig von Gerold Becker. Der Schulleiter versprach ihm, dass es bald besser werde mit seinem

Sohn. Es wäre falsch, dem Kind von außen etwas einzubläuen, er müsse seinen Weg doch selber finden. Der liberale Vater und der Schulleiter waren sich einig: Keine schnellen Entscheidungen, der Junge braucht Zeit. Dass der Sohn an der Odenwaldschule mit dem Fahrstuhl eher weiter nach unten als nach oben fuhr, merkte der Vater nicht. Der Junge kam an der Schule mit Drogen in Berührung.

Der Vater drängte auf ein weiteres Gespräch mit dem Schulleiter. Die beiden trafen sich außerhalb der Schule. Und bei dieser Gelegenheit kam es zu einem Geständnis, das ihm den Atem stocken ließ. »Ich habe eine Beziehung zu Ihrem Sohn«, gestand ihm Becker. Der Vater konnte nicht glauben, was da gesagt wurde. Er war schockiert und zugleich ratlos. Er wollte wissen, was das für eine Beziehung sei. Gerold Becker sprach von Liebe und von Vertrauen. Der Schulleiter sagte: Es sei jetzt an ihm, dem Vater, zu entscheiden, was geschehen solle. Er legte sein Schicksal demonstrativ in die Hände des Vaters. Das verschärfte den Entscheidungsnotstand für den Mann.

Pits Vater steht irgendwo auf einem Flughafen. Er weiß nicht, wohin mit seinem Sohn. Und wohin mit sich und seinen Gedanken.

Einerseits war der Vater unsicher, »ob mein Sohn den Schulleiter vielleicht provoziert hatte«. Es ist das klassische Muster, wenn ein Täter jemanden sexuell attackiert. Man fragt: Ist das Opfer schuld? Das war auch ein Gedanke des Vaters: »Könnte es sein, dass sich der Schulleiter durch das Verhalten meines Sohnes ermuntert gefühlt hat?«

Andererseits war sich der Vater auch sicher, dass er seinen Sohn beschützen musste. »Ich wusste, dass ich ihn da sofort rausholen werde.« Das war klar. Aber die Frage, die ihm durch den Kopf ging, war diese: »Wenn ich jetzt einen Skandal mache, dann wird Pit auch befragt werden. Wie kann ich ihm das ersparen?«

Und was ist mit den anderen Kindern? »Es macht ja nur einen Sinn, wenn der Schulleiter entfernt wird«, dachte der Vater. Wenn er öffentlich machte, was er gerade gehört hatte, dann gäbe es allerdings einen Riesenknall. Er war Vorstandsvorsitzender eines wichtigen Konzerns. Vor diesem Hintergrund bekäme der Skandal eine ganz andere Dimension, dachte er. Im Falle der Aufdeckung würde die Schule im Fokus einer umfassenden Debatte stehen. Der Ruf der Schule wäre unwiderruflich zerstört.

Er sagte zu dem Schulleiter, der seinen Sohn missbraucht hatte: »Ich lasse Sie jetzt nicht hochgehen. Aber wenn ich nur einen Hinweis bekomme auf einen vergleichbaren Fall, dann zünde ich die Rakete, Herr Becker.«

Der Vater nahm damals seinen Sohn von der Schule. Heute sagt er: »Ich will, dass mein Wissen Teil der Aufklärung wird.« Er ist unendlich traurig um den verlorenen Sohn. Die Familie hat ihm Vorwürfe gemacht, das ist schon viele Jahre her. Aber es geht auch um ihn, der damit fertigwerden muss. »Man weiß nie genau, was das aus einem macht«, sagt er.

Es gibt viele solcher Fälle. Aber es gibt nur wenige Väter, die bereit sind, sich zu erklären. Viele sind senil oder tot. Manche schweigen, manche werfen den Hörer auf die Gabel, wenn sie das Wort Odenwaldschule hören. Es gibt Eltern, die von anderen Eltern erfuhren, dass Becker schon vor der Übernahme des Rektorats übergriffig geworden ist. Mit verheerenden Folgen für einen Jungen. Aber wer möchte schon die Verantwortung dafür übernehmen, dass eine der schlimmsten Tragödien nicht erst in der Odenwaldschule geschah, sondern bereits vorher?

Der Normalfall des Vaters eines Missbrauchten dürfte der von Tomas sein. Tomas wehrte sich einmal energisch dagegen, dass Becker ihn morgens, der Junge schlief noch, am Glied streicheln wollte. Als er davon erwachte, schlug er Becker den nächstliegenden Gegenstand auf den Kopf. Becker haute ab.

Es gabe einige unter den 9- bis 14-jährigen Jungen, die immer wieder die Kraft aufbrachten, Gerold Becker abzuwehren. Wenn das Nein aber zu heftig erfolgte, dann konnte der Rektor anders, als davonzulaufen. Normalerweise kannte ihn seine Schule als denjenigen, der die hoffnungslosen Fälle in seine Internatsfamilie rettete. Sie mussten dann nicht die Schule verlassen, aber auch sehr stark sein. Becker hatte indes auch so viel Macht, dass er Kinder loswerden konnte. Es waren die Kinder, die verstanden, was gespielt wurde, und sich das nicht gefallen ließen.

Eines Tages, als Tomas nach Hause in den Stuttgarter Raum kam, wollte sein Vater wissen, wie er über einen Auslandsaufenthalt denke. Es könnte von Vorteil sein, man lerne auch Englisch nebenbei. Der Vater und der Sohn gingen zusammen die Internate durch. Sie wurden sich einig. Aber der Sohn wollte mit seinem Vater auch über etwas anderes reden. Er machte erst Andeutungen, die sein Vater nicht verstand oder nicht verstehen wollte. Dann sagte er, dass Becker ihn angefasst habe. Der Vater reagierte knapp. »Das glaubt dir doch eh keiner«, sagte er. »Außerdem spielt es keine Rolle. Du gehst nach England.«

Der Junge reiste nach England in das Internat, das er sich ausgesucht hatte. Er kehrte als Schüler nie mehr an die Odenwaldschule zurück. Sein Abitur machte er an einer anderen Schule. Er war zufrieden damit.

Er nahm stets an, dass es auch seine Entscheidung war.

Als sein Vater aber starb, fand er in den Unterlagen Briefe jenes Mannes, der ihm mehrfach viel zu nah gekommen war: Gerold Becker. Darin schrieb der Schulleiter dem Vater, dass sein Sohn nicht in der Lage wäre, diese Schule abzuschließen. Es wäre zu raten, ihm eine landwirtschaftliche Lehre angedeihen zu lassen. Oder ihn ins Ausland zu geben. Zum Beispiel auf ein Internat in England.

Als Tomas die Briefe las, wusste er, dass auch er zu den verratenen Söhnen aus dem Odenwald gehörte.

3.3 HANDELN UND NICHTHANDELN

Die Frau sitzt im Café und ist erschüttert. Eine ältere Dame, sie war längere Zeit im Trägerverein der Odenwaldschule. In diesem Frühjahr musste sie erfahren, dass es doch stimmte, was Exschüler über Gerold Beckers Pädophilie berichteten. »Ich kannte die Odenwaldschule nur durch die Berichte zweier Bekannter und ein Buch«, erzählt sie. »Aber ich hatte keine Ahnung, was dort geschah.« Sie nimmt einen Schluck aus ihrer Teetasse. Der eine Bekannte habe ihr nur Gutes von der Odenwaldschule erzählt. Und der andere habe berichtet, dass es dort einen großen Alkoholkonsum gebe. »Die Schüler haben exzessiv Bier getrunken«, habe ihr der Bekannte erzählt.

Für sie bestand die Odenwaldschule zunächst nur aus Gutem und exzessiv viel Bier.

Sie berichtet dann kurz von dem Roman, aus dem sie ihr übriges Wissen über die Odenwaldschule bezog. »Kampf um Odilienberg«, der Titel fiel ihr nicht gleich ein. Das Buch stammt von dem homosexuellen Juristen und Schriftsteller Erich Ebermayer. Er erzählt in »Odilienberg« eine Liebesgeschichte zwischen Lehrern und Schülern. Ebermayer fusioniert zwei Orte: Die Freie Schulgemeinde Wickersdorf und die Odenwaldschule. Das ist der Odilienberg. Die Schulgemeinde Wickersdorf und auch die Odenwaldschule kannte Ebermayer ziemlich gut. Die Handlung dürfte sich Ebermayer, ein in der Weimarer Republik erfolgreicher Autor populärer Unterhaltungsromane, direkt aus Wickersdorf abgeguckt haben. Es ist der Schlüsselroman für den Missbrauchsskandal in dem Parade-Landerziehungsheim.

Ebermayer war der Aufsichtsratsvorsitzender der Schule in Wickersdorf. Und er war ein Freund Gustav Wynekens, des päderastischen Schulleiters, der sich in der Tradition von Stefan George sah, dem Erfinder der edlen Knabenkreise, die ein Meister um sich schart. Als Autor fand Ebermayer in Wickersdorf reichlich Material für seinen »Odilienberg« – etwa den Konflikt, den es zwischen der Schule und Wyneken gab. Obwohl Gustav Wyneken bereits zweimal wegen sexuellen Missbrauchs von der Schule geflogen war, lebte er 1928 schon wieder in Wickersdorf – zusammen mit einem Schüler in einer Wohnung. Sie teilten sich das Schlafzimmer. Das Thüringische Ministerium forderte damals die Schule ultimativ auf, den Pädophilen Wyneken nun physisch von der Schule fernzuhalten. Der erneute Zwist um seinen Freund muss dem Wickersdorfer Aufsichtsrat Ebermayer viel Kummer bereitet haben – und dem Autoren Ebermayer reichlich Stoff für seinen »Odilienberg«. Es ist darin nicht nur der Kampf zwischen Männern um das Sagen an der Schule Thema.

Was Ebermayer in seinem Roman aufscheinen lässt, ist das, worum es an einer Internatsschule unter den Bedingungen des pädagogischen Eros stets geht: um schöne Knaben und Lehrer, die sich diese Knaben für Höheres erwählen. Profaner könnte man auch sagen, die Lehrer keilen sich um die Schüler. Vielleicht nicht ganz zufällig nennen es die Jungenschaftler ebenfalls »keilen«, wenn sie einen neuen Jungen für ihre Gruppe anwerben. Aber das wäre viel zu grob, die Fäden des Eros zwischen Knabe und Meister sind unendlich viel feiner.

»Der neue Eros. Was war das? Offenbar nichts Parfümiertes, nichts Weiches, Weibisches«, sinniert ein Lehrer in »Odilienberg« über das, was die päderastische Schule zusammenhält. »Man sagte ihm, dass es nichts, fast nichts mit Sexualität zu tun habe. Ein Feuer wäre dieser Eros, eine Glut, ein von Gott Ergriffensein angesichts jugendlicher Schönheit, Erleuchtung ... übergeschlechtlich, eine ewig neue Zeugung aus Schönheit und Geist, lebensschaffend wie nur irgendeine Zeugung, Kraft verleihend dem Manne ... Verpflichtung gewährend dem Knaben, den der Führer zum Gefährten erwählt.«

Nur Gutes, exzessiv viel Bier und den Roman über pädophile Liebesverhältnisse auf dem Odilienberg – mehr also wusste die Frau im Café nicht von der Odenwaldschule.

»Da kommt man in den Trägerverein einer Schule, die sehr viel Großes geleistet hat«, sagt sie, ehrlich überrascht, »und als Erstes wird der Vorwurf des sexuellen Missbrauchs erhoben.«

Beckers erfolglose Gegner

Nicht alle Menschen waren so sorglos wie die Frau mit dem roten Schal im Café, die jetzt wieder einen Schluck Tee nimmt. Immer wieder gab es an der Odenwaldschule zu Zeiten Gerold Beckers Menschen, die merkten, »hier stimmt etwas nicht!«. Und es gab andere, die wussten sehr genau, was hier nicht stimmte. Aber sie wussten, »darüber spricht man nicht«. Und wenn, dann allenfalls in Gerüchten und Andeutungen – oder in Codes, die nur Eingeweihte verstehen konnten. Höchstens einmal verriet ein Scherz oder ein Aufschrei, wie die Leute an der Odenwaldschule tickten. Als bekannt wird, dass mindestens zwei ehemalige Schüler Opfer pädophiler Übergriffe durch den Rektor wurden, ruft eine Lehrerin aus: »Oh Gott, der arme Gerold!«

Manche machten etwas aus ihrem Wissen, um Fragen zu stellen. Andere nutzten ihre Kennerschaft, um zu verhindern, dass etwas offenbar wird. Es waren zwei sich neutralisierende Kräfte. Am Ende wusste keiner mehr, was er tun sollte.

Es fanden sich in der Amtszeit Gerold Beckers nur drei Personen, die ihn unmissverständlich zum Rückzug aufforderten. Ein mutiger französischer Gastschüler von 14 Jahren, der zu Becker sagt: Sie dürfen mit Ihrer Neigung nicht Schulleiter werden! Das war 1971, der Junge verdient es, an der Schule ein Denkmal gesetzt zu bekommen.

Neben dem Jungen war es der Lehrer Uwe Lau, der an der Spitze einer Gruppe von Becker-kritischen Lehrern stand. Und es war als Drittes Wolfgang Edelstein, der ehemalige Studienleiter der Schule. Von Lau und Edelstein war bereits mehrfach die Rede.

Wolfgang Edelstein war der Odenwaldschule eng verbunden. Er sah sie stets auch als eine demokratische Antwort auf das, was er selbst im Nazideutschland der 1930er Jahre erlebt hatte. Dass ihn seine Mitschüler in der Freiburger Emil-Thomas-Schule an die Wand gestellt hatten, um ihm zu zeigen, dass er, der Jude, nicht dazugehörte. Als Edelstein aus dem Exil in Island zurückkehrte, hatte er in Reykjavík eine ganz andere Schule kennengelernt. »Eine Schule«, wie Edelstein heute sagt, »in der alle geachtet wurden und sich gegenseitig achteten.« Die Schule als eine strukturelle Antwort auf den möderischen Verlust an Werten in der Nazizeit. Eine Schule zur Stärkung der Individuen und ihres demokratischen Habitus. Daran arbeitete Edelstein von 1954 an. Viele sagen, es war die beste Zeit, die die Odenwaldschule je sah. Anfang der 1960er Jahre war Edelstein dann einem Ruf nach Berlin gefolgt, um das Max-Planck-Institut für Bildungsforschung mit zu gründen.

Als Gerold Becker bereits Schulleiter war, verfinsterten sich die Gefühle Wolfgang Edelsteins für die Schule. Edelstein hatte mit Becker von Berlin aus ein Buch produziert, das 1971 erschien. Der Max-Planck-Mann kannte den Hang des Schulleiters zum Individualistischen. Er störte ihn, dass an seiner ehemaligen Schule der Unterricht nicht mehr ernst genommen wurde. Er entschloss sich, Becker darauf anzusprechen. 1973 flog er deswegen extra von Berlin nach Frankfurt und fuhr weiter nach Heppenheim an die Odenwaldschule, um den neuen Schulleiter zur Rede zu stellen.

Edelstein wollte von Becker wissen, wie es mit der Schule weitergehen solle. Die beiden Männer umkreisten sich aufmerksam bei dem Thema, aber das Gespräch gewann schnell an Schärfe. Becker antwortete beinahe höhnisch auf Edelsteins Bohren. »Mit der Schulreformerei ist Schluss, jetzt geht es um Pädagogik.« Es entstand eine kurze Pause. »Eure Zeit ist vorbei!«

Edelstein dachte erst, er höre nicht recht. Schluss mit den Schulreformen? An der Odenwaldschule?

Aber genau so hatte Becker es gemeint. Edelstein war darüber empört. Er empfand Beckers Worte als Absage an das Gemeinschaftliche einer Schule – und als Flucht in das rein Individuelle, in eine Eins-zu-eins-Beziehungskultur. Edelstein hatte dagegen nicht nur fachliche Bedenken. Er wusste von Beckers angeblicher Homosexualität, Edelstein ist kein Schwulenfeind, kein bisschen. Aber er war jetzt so aufgebracht, dass er nicht anders konnte, als das Thema anzuschneiden.

Er sagte: »Haben Sie keine Angst, dass es in einer so stark auf Beziehungen fokussierten Schulkultur zu einem Konflikt mit Ihrer Homosexualität kommen könnte? Dass Ihre Disposition Sie und Ihre Schüler womöglich in eine kompromittierende Lage bringen könnte?«

Jetzt war es Becker, der empört reagierte. Es sei derlei nicht zu befürchten, er kenne seine pädagogische Verantwortung. Ohnehin werde er das nicht diskutieren, herrschte Becker seinen Gesprächspartner an. Der Schulleiter erklärte das Gespräch für beendet. Er warf Edelstein praktisch hinaus. »Ich bin aus dem Herderhaus gegangen«, sagt der Gedemütigte heute, »und nie wieder dorthin zurückgekehrt.« So verlief das Gespräch, das beinahe 40 Jahre zurückliegt. Heute erinnert sich Edelstein daran. Voller Verbitterung für sein Scheitern. Er habe die Odenwaldschule damals als eine demokratische Schule verstanden, sagt der 80-Jährige. Im Gespräch mit Becker im Jahre 1973 aber habe er erkannt, dass der etwas ganz anderes wollte: »Ein idealisiertes System des pädagogischen Eros, oder wie man das nennen will. Ein System, in dem die Bedürfnisse des Einzelnen und die Antworten darauf das ein und alles sind – und es kein übergreifendes Konzept mehr gibt.«

Edelstein nennt das, was daraus entstand, einen Verwahrlosungsindividualismus. Eine Schule und ein System, aus dem sich die Leute herausholen, was sie kriegen können. Und zwar in jeder Hinsicht.

Edelstein wusste damals, wie er versichert, nichts von der Pädophilie Beckers. Er sei auch nicht dem Gedanken angehangen, dass Schwule automatisch Kinder begehrten. Er habe das Thema aus Wut angeschnitten, weil Becker so arrogant und abweisend auf seine pädagogisch begründeten Bedenken reagiert habe.

Beckers einflussreiche Freunde

Wolfgang Edelsteins Konflikt mit Becker war nicht neu. Der Mann hatte bereits interveniert, als er gehört hatte, dass Becker als Schulleiter der Odenwaldschule auserkoren war. Wie die meisten ging auch Edelstein davon aus, dass dies das Werk des extrem einflussreichen Hellmut Becker war. Der Namensvetter des Odenwälder Schulleiters leitete das Max-Planck-Institut für Bildungsforschung, er hatte es gewissermaßen erfunden. Aber Hellmut Becker war Jurist und nicht Pädagoge oder Erziehungswissenschaftler. Daher organisierte er, dass andere mit ihm zusammen das Gründungskonzept schrieben: Jürgern Habermas, Wolfgang Edelstein und Alexander Kluge. Hellmut Becker galt lange Zeit als der große linksliberale Netzwerker der Republik. Becker war berühmt dafür, wie er mit ein paar Telefonaten die Dinge in seinem Sinne klären konnte. Sein Faible für Wissenschaft und Bildung hatte er von seinem noch viel berühmteren Vater, dem legendären preußischen Kultusminister Carl Heinrich Becker, meistens nur C. H. Becker genannt.

Die beiden Bildungsbecker, den preußischen Carl Heinrich und den deutschen Hellmut, verband der Wunsch nach Reinigung und Reform der Nation. Während sich der Vater nach dem Ersten Weltkrieg danach sehnte, dem Land ein anderes, demokratischeres Bewusstsein zu geben, tat dies sein Sohn nach dem Zweiten Weltkrieg. Beide in herausgehobenen Positionen, der eine im Ministerium, der andere als Max-Planck-Direktor. Bildung spielte bei diesem Wandel stets eine zentrale Rolle als Baustein einer Gesellschaft, deren Werte durch das autoritär-wilhelminische oder das nationalsozialistische Regime korrumpiert waren. Die Landerziehungsheime sollten abhelfen, als Musteranstalten und Ideengeber. »Sie sollten in der Lage sein, ein neues Menschenbild zu vermitteln und die nationale Gemeinschaft von ihren Wurzeln her zu erneuern«, schrieb Ulrich Raulff über die Mission des älteren Bildungsbecker nach dem Ersten Weltkrieg.

Sein Sohn Hellmut Becker überführte diesen Auftrag nach dem Zweiten Weltkrieg in ein regelrechtes operatives Reformprojekt. Er hatte stets die Odenwaldschule als – einen Lexikoneintrag aus den 1930er Jahren aufgreifend – den kühnsten und konkretesten Versuch einer demokratischen Schule im Hinterkopf, die Bildung für alle versprach. Hellmut Becker beteiligte sich maßgeblich an der Gründung des Bildungsrates, der Blaupausen für eine grundlegende Demokratisierung und Modernisierung des gesamten Bildungswesens lieferte. Der Berliner Bildungsbecker machte Politik mit seinem Institut. So stark, dass sich seine Nachfolger in der Ablehnung jeglicher politischen Einflussnahme einig sind.

Hellmut Becker hatte sich stets für Gerold Becker eingesetzt. Als der seine Dissertation nicht so rechtzeitig zu einem glücklichen Ende brachte, dass er wie verabredet 1969 als Lehrer an die Odenwaldschule wechseln hätte können, hilft der Max-Planck-Leiter. Von Berlin aus beruhigte er die aufgeregten Odenwäldler. Hellmut Becker rief Schulleiter Walter Schäfer an und teilte ihm mit, dass sich die Ankunft des neuen Mitarbeiters um mehrere Wochen verzögern werde. Die Promotionsschrift des jungen Gerold Becker wäre noch nicht abgeschlossen.

Schäfer wendete sich daraufhin direkt an den in Göttingen verschollenen Gerold Becker – und zwar reserviert. »Da die Dinge so sind wie sie sind, sind wir einverstanden, obwohl wir Sie gerne gesehen hätten«, schrieb Schäfer. Er brachte auch sein Missbehagen zum Ausdruck, dass sich sein möglicher Nachfolger nicht selbst abgemeldet hatte. »Ich war recht erstaunt, als Ihr Namensvetter Hellmut aus Berlin anrief, um mir zu erklären, daß Sie zum völligen Abschluss Ihrer Dissertation noch einige Wochen Zeit brauchen. An sich haben Ihre befreundeten Ratgeber durchaus Recht: bei der Tätigkeit hier bleibt für solch anstrengende Arbeit keine rechte Zeit.« Schäfer mahnte den neuen Lehrer, das nächste Mal rechtzeitig zu schreiben, falls sich die Arbeit weiter verzögere.

Gerold Becker wird seine Promotion gar nicht abschließen und Hellmut Becker wird ihm auch künftig helfen, und das nicht nur in terminlichen Nöten.

Der andere große Freund und Ratgeber von Gerold Becker, Hartmut von Hentig, fiel für diesen Part wohl aus. Die beiden lernten sich zwar in Göttingen kennen und verehren. Allerdings soll Hentig nicht besonders erfreut gewesen sein, als sein Freund Gerold nicht etwa mit ihm an die Laborschule und die Universität Bielefeld ging. Hentig war mit einem ambitionierten Auftrag dorthin berufen worden. »Becker wurde Schulleiter im Odenwald, und wir in Göttingen und später in Bielefeld hörten nichts mehr von ihm«, erinnert sich ein Zeitgenosse. Andere berichten, von Hentig sei deswegen geknickt und einsam gewesen.

In Bielefeld wurde ein einmaliges pädogogisch-wissenschaftliches Experiment gewagt. Hartmut von Hentig, damals bereits auf dem Weg, der Starpädagoge zu werden, auf den alle ihre Augen richteten, bekam einen Lehrstuhl und eine Schule dazu, die Laborschule. Hentig baute die Grundschule mit auf, und er übernahm auch die wissenschaftliche Begleitung der Schule. Die Laborschule war damit die zweite große pädagogische Versuchsanstalt der Republik für ein anderes Lernen – neben der Odenwaldschule. Die beiden Einrichtungen verhielten sich komplementär: In der Laborschule lernten Kinder im Alter von 6 bis 10 Jahren, die zu Hause bei ihren Eltern wohnten. Im Odenwald gingen Schüler von etwa 8 Jahren aufwärts bis zu 20-Jährigen zur Schule, die mit ihren Lehrern in ein und derselben Internatswohnung lebten.

Übergriffe auf Schüler fanden laut Untersuchungsbericht von Burgsmüller und Tilmann an der Odenwaldschule seit dem Jahr 1965 statt. Jeweils 1970 und 1973 stieg die Zahl der notierten Betroffenen stark an. Laut den Berichten der betroffenen Schüler ist Gerold Becker jene Person, die am häufigsten mit sexueller Gewalt in Verbindung gebracht wird. »Auch nach der Gesamtauswertung hat sich unsere Hypothese aus dem zweiten Bericht bestätigt«, schreiben die beiden Aufklärerinnen, »dass Gerold Becker als der Haupttäter anzusehen ist. Ihm sind 86 männliche Betroffene, vorwiegend aus der Altersgruppe der 12- bis 15-Jährigen zuzurechnen.«

Wegen dieser Fülle an Übergriffen nennen Burgsmüller und Tilmann Becker einen Pädophilen. Sie tun dies aus der Rückschau und stützen sich auf fundiertes medizinisches Wissen.

Die große Frage ist, ob auch jene Menschen Kenntnis davon hatten, wie Beckers sexuelle Disposition ist, die als seine Förderer gelten und angesehene Positionen in Bildung und Wissenschaft einnehmen.

Es gibt jemanden, der sagt, er habe Hellmut Becker, dem einflussreichen Bildungs- und Wissenschaftsmanager, bereits 1970 von einem versuchten Übergriff des damaligen Lehrers Gerold Becker berichtet. Gerold Becker hatte damals einen 13-jährigen Jungen bedrängt. Der Junge und der Lehrer waren allein, das Herderhaus war weitgehend verlassen, denn die Ferien hatten gerade begonnen. Becker versuchte, sich nachts zu dem Schüler ins Bett zu legen. Die Szene dauerte nicht lange, Becker wandte keine Gewalt an und war nicht brutal. Der Junge konnte den Mann jedoch unmissverständlich abweisen – und Becker ließ von ihm ab.

Der Junge freilich war nicht irgendein Junge, sondern das Patenkind von Hellmut Becker. Der Schüler soll seinem Patenonkel später berichtet haben, was er mit Gerold Becker erlebt hatte. So bezeugt es der ehemalige Schüler der Odenwaldschule auch heute. Danach hätte Hellmut Becker seit diesem Zeitpunkt zumindest befürchten müssen, dass Gerold Becker in einer Weise sexuell veranlagt war, die sich an einer Internatsschule, wo er so eng mit Kindern zusammenlebte, als verhängnisvoll erweisen könnte. Das alles geschah, bevor Gerold Becker 1972 im Odenwald zum Schulleiter ernannt wurde.

Der Jurist und Direktor des wichtigsten deutschen Instituts für Bildungsforschung habe danach das Gespräch mit seinem Namensvetter gesucht. Er habe ihm deutlich gemacht, dass Übergriffigkeit nicht gehe. »Das ist gefährlich für die ganze Schule«, habe er zu Becker gesagt, »Sie müssen etwas unternehmen.« Hellmut Becker empfahl ihm daraufhin, eine Therapie zu machen. Gerold Becker soll geantwortet haben, dass er von Therapien nichts halte, weil Psychoanalytiker Vorurteile gegen Homosexuelle hätten. Stattdessen machte Gerold Becker eine Schlafkur, berichtete die »Frankfurter Allgemeine Zeitung« 2010.

Hellmut Becker kannte sich in der homoerotischen Welt aus. Er hat die Neigungen seines Vaters C. H. Becker geteilt, der sich für den so genannten George-Kreis, eine Gruppe um den Dichter Stefan George, interessierte. Nach George verstanden sich diese »Kreise« als intellektuell und zum Teil sexuell aufgeladene Beziehungen zwischen einem Meister und seinem Schüler. George war auch das große Vorbild von Gustav Wyneken. Der ältere Becker förderte als preußischer Kultusminister George'sche Ideale. Beide pflegten sie ein Netzwerk mit gehobenen schwulen Kreisen, die allerdings keine Clubs mit Vereinslokal und Eintrag beim Registergericht waren. Es verbanden sie geistige Klammern ebenso wie manchmal erotisch-sexuelle. »Es war offensichtlich, dass Hellmut Becker gerne junge, gut aussehende und kluge Männer um sich hatte«, sagte Wolfgang Edelstein, sein erster Mitarbeiter am Planck-Institut. Aber nicht, um mit ihnen zu schlafen, sondern um sie unter Umständen auf ihrem Weg zu fördern.

Zum bildungspolitischen wie zum erzieherischen Diskurs Hellmut Beckers gehörte stets auch der pädagogische Eros. Der heimliche Bundes-Kulturminister, wie ihn viele nannten, bezog sich dabei stets auf seinen bevorzugten Dichter, den pädophilen Stefan George. Der Planck-Leiter forderte, George wieder in den Kanon der Schulen aufzunehmen, und er sprach davon, Georges Gedichte bedürften einer »gewissen Einführung, die auch ruhig ein Stück Verführung sein darf«. Stefan George habe zu einzelnen seiner jungen Freunde sicherlich auch sexuelle Kontakte gehabt, berichtet der George-Biograf Thomas Karlauf. Bei Hellmut Becker allerdings ist pädagogischer Eros nicht gemeint als Sex mit Jungen oder gar gewalttätiger Missbrauch an Kindern. Er wurde doppeldeutig verwendet. Zum einen als hohe Form der Erotik, die geistige Kräfte freisetzt. Zum anderen verstand man unter Eros »die Leidenschaft für die Weckung des Guten und das Streben nach Wahrheit«. So formulierte es der geistige Zeitgenosse Hellmut Beckers, der andere heimliche Bildungsminister Hartmut von Hentig. In Hellmut Beckers wie Hentigs Verständnis ist der pädagogische Eros keine körperliche Trieb*abfuhr*, sondern eine Trieb*kraft* – und zwar für das Streben nach Erkenntnis.

Hellmut Becker selbst hatte zwar eine Familie mit sechs Kindern. Allerdings war dies für ihn kein Hinderungsgrund, davon zu schwärmen, welche schöpferischen Kräfte es freisetze, homoerotische Leidenschaft zu entdecken – und ihr nachzugehen.

Hellmut Becker konnte lässig über einen Freund urteilen, der habe seine homosexuelle Phase zu früh abgebrochen«, berichtet der andere große George-Kenner, der Leiter des Literatur-Archivs in Marbach, Ulrich Raulff.

Hellmut Becker war der einflussreichste Wissenschaftslobbyist nicht nur Berlins, sondern der ganzen Republik. Manche hassten ihn deswegen als Kopf einer »protestantischen Mafia«, die das Land mit Gesamtschulen nach Odenwälder Vorbild überschwemmen wolle. Hellmut Becker regte die Gründung des Berliner Wissenschaftskollegs an – zu den ersten Fellows dort zählte Hartmut von Hentig. Sollte Becker bei der Besetzung des Leiterpostens an der Odenwaldschule, für die er formell nicht verantwortlich zeichnete, einen Anteil gehabt haben, so hat Hellmut Becker sicherlich einen Fehler begangen. Es ist grundsätzlich pädagogisch schwer zu verantworten, wenn ein Pädophiler die Position des Leiters einer Inernatsschule erhält. Für die betroffenen Kinder stellt es eine moralische und menschliche Katastrophe dar.

Nun wäre es an dem berühmten Berliner Max-Planck-Institut, eine eventuelle Beteiligung ihres ersten Direktors Hellmut Becker im Odenwaldskandal zu eruieren. Das Institut feiert bald sein 50-jähriges Bestehen. Was, wenn missbrauchte und vergewaltigte Altschüler beim Festakt des Bildungsinstituts erscheinen und das moralische Fundament jenes Hauses in Frage stellen, das die Autorität für sich reklamiert, die Republik mit Zahlen über Chancengleichheit und Kompetenzerwerb der Kinder zu informieren?

Am Max-Planck-Institut (MPI) nehmen die Nachfolger Hellmut Beckers eine reservierte Haltung ein, wenn es um Aufklärung geht. Die amtierende Direktorin Ute Frevert sagt, »es ist nicht die Aufgabe der Institution, die Nebentätigkeiten ihres Direktors zu erforschen. Es hat immer ein Geschmäckle, wenn ein Institut seine Geschichte selbst schreibt.« Die Aktenbestände zu Hellmut Becker waren bereits seit längerer Zeit in Gänze an die zuständigen Archive abgegeben worden. So lautete jedenfalls die offizielle Auskunft aus dem Institut. Allerdings gab es Hinweise, dass am MPI in Berlin noch umfängliche Aktenbestände aus dem Nachlass des 1993 verstorbenen Hellmut Becker lägen.

Offizielle Anfragen, ob es noch Akten über Hellmut Becker gebe, wurden vom Institut abgewehrt. Die Antwort aus dem Max-

Planck-Institut war stets die gleiche: »Woher wissen Sie das? Können Sie uns einen Hinweis geben, wo die Sachen lagern?« Das Institut ließ sich von Hellmut Becker die Erforschung des Lernens zum bestmöglichen Gelingen guter Bildung auf die Fahnen schreiben. Bei der Aufklärung der eigenen Vergangenheit aber ist es ein Musterbeispiel dafür, wie Institutionen sexuelle Gewalt nicht-aufklären. Institutionen wollen oder können nur selten einen Bezug zu Opfern oder gar Verantwortung für sie herstellen. Sie verweisen dann auf ihren spezifischen Auftrag. Im Falle Hellmut Becker bedeutet das: Es hätte keinen formellen Auftrag des Instituts für Hellmut Becker gegeben, sich um den privaten Trägerverein der Odenwaldschule zu kümmern. Und andere Motive der Aufklärung hätten nicht existiert, schon gar nicht, was die sexuelle Orientierung des Direktors anginge: »Die Tatsache, dass jemand homosexuell ist, disqualifiziert ihn nicht und macht auch keine Nachforschungen nötig«, lautet die Auskunft des Instituts.

Nach vielen Wochen freilich geschah am Berliner Max-Planck-Institut etwas Unvorhergesehenes. Es waren überraschend doch noch Aktenstücke mit Korrespondenzen Beckers im Institut aufgetaucht. In der offiziellen Mitteilung an den Autor heißt es: »Wir sind davon ausgegangen, dass alle Akten von Herrn Becker im Geheimen Staatsarchiv oder im Max-Planck-Archiv eingelagert wurden. Auf Ihre Anfrage hin ist aufgefallen, dass zwölf Kisten mit 106 Ordnern – Institutskorrespondenz aus den 1960er bis 1980er Jahren – in unserem Außenarchiv zwischengelagert waren.«

Die Akten wurden gesichtet. Es fanden sich darin unter anderem Briefwechsel zwischen Hellmut Becker und Hartmut von Hentig. Das wäre einschlägiges Material, denn es ist genau die Zeit, in der Gerold Becker an die Odenwaldschule wechselte und dort arbeitete. Und es handelte sich immerhin um die wichtigsten Akteure. Allerdings teilte das Institut mit, dass diese Akten für eine Recherche nicht zugänglich gemacht werden dürften, denn es seien darin private und berufliche Dinge kaum auseinanderzuhalten. Das wäre aber kein Problem, da die Möglichkeit bestehe, die Akten später beim Max-Planck-Archiv oder im Geheimen Staatsarchiv einzusehen. »Wir haben diese Akten jetzt ebenfalls ans Archiv der Max-Planck-Gesellschaft abgegeben, um sie für Recherchen zugänglich zu machen«, hieß es.

Dazu muss man wissen, dass die Akten im Max-Planck- und im Geheimen Staatsarchiv 30 Jahre nach dem Tod desjenigen freigegeben werden, aus dessen Nachlass sie stammen. Das Staatsarchiv erteilt zum Beispiel auf Anfrage in der Regel die Freigabe für die Recherche ausgewählter Aktenstücke. Sie kommt jeweils von den Hinterbliebenen des Nachlassgebers. Für die Recherche der Briefwechsel Hellmut Beckers mit Gerold Becker und mit Hartmut von Hentig wurde diese Freigabe von den Angehörigen verweigert. Es seien dort keine Hinweise auf das fragliche Thema enthalten, hieß es. Die Republik und die Betroffenen werden also bis zum Jahr 2023 warten müssen, ehe sie die Korrespondenz der Jahre einsehen können, in denen die Bestallung Gerold Beckers erfolgte.

Ein Aufstand wird niedergeschlagen

Im Jahr 1972 hatte Gerold Becker drei Jahre Erfahrungen als Vize und designierter Nachfolger des Schulleiters Walter Schäfer. Es stand nun seine unmittelbare Berufung durch den Trägerverein des Odenwalds an. Hellmut Becker, der Mitglied des Trägervereins war, ließ sich mit dem Auto vom Frankfurter Flughafen abholen. Der Geschäftsführer der Odenwaldschule fuhr mit und eine dritte Person. Man unterhielt sich auf der Fahrt nach Oberhambach über die bevorstehende Sitzung des Trägervereins. Der Max-Planck-Direktor saß vorne im Wagen. Als sie die Personalie Gerold Becker und seine unmittelbar bevorstehende Ernennung streiften, drehte sich Hellmut Becker kurz um und sagte: »Dass Herr Becker homosexuell ist, das wissen Sie.« Der Satz trug genauso viel ein Fragezeichen wie ein Ausrufungszeichen. Damit hatte die Odenwaldschule einen Schulleiter bekommen, der offiziell als homosexuell bezeichnet wurde.

Die Arbeit Gerold Beckers an der Odenwaldschule gestaltete sich weniger reibungslos, als sich das viele gewünscht hatten. Anfang der 1970er Jahre bildete sich eine entschiedene Opposition in der Lehrerschaft. 1976 allerdings wurde der Konflikt eine Ebene höher gefahren. Die Becker-kritischen Lehrer schalteten den Trägerverein ein. Der Vorsitzende des Vereins war Hermann Freudenberg, ein wirtschaftlich erfolgreicher Unternehmer. Die ursprünglich aus einer Gerberei entstandene Firma aus dem benachbarten Weinheim expandierte beständig. Heute hat die Unternehmensgruppe Freudenberg über 4 Milliarden Euro Umsatz. Wie würde der äußerst erfolgreiche Unternehmer Freudenberg reagieren, wenn er von dem organisatorischen und pädagogischen Chaos erfahren würde, das Becker bereits nach kurzer Zeit in der Schule angerichtet hatte? Das konnte nicht in seinem Sinne sein.

Freudenberg galt als Mann von starkem Rechtsbewusstsein, eine moralische und intellektuelle Autorität. Der erfolgreiche Unternehmer aus der halb jüdischen Dynastie der Freudenbergs ist stark bildungsinteressiert, er saß sogar mit im Deutschen Bildungsrat. Die Odenwaldschule unterstützte er schon seit längerem.

Feudenbergs Onkel Hans hatte Ende der 1950er Jahre, die erste große Bildungskrise stand vor der Tür, einen Kreis von Unternehmer zusammengebracht. Gemeinsam dachten die Wirtschaftsleute bei den Ettlinger Gesprächen darüber nach, wie sie mehr und guten Nachwuchs bekommen könnten. Das Motiv für das Engagement der Unternehmer von Boehringer, Bosch, Kohlitz bis Voith war ein doppeltes. Es war, wie es Freudenbergs Onkel 1957 formulierte, »die Sorge der Industriellen um die mangelhafte Erfassung der Begabten aus dem Kreise der Volksschüler«. Hinzu kommt das

Eingeständnis, während des Nationalsozialismus versagt zu haben. »Wir, die Generation der 60-, 70-, 80-Jährigen, haben seinerzeit, wie es nötig gewesen wäre, nicht dieses staatsbürgerliche Gewissen gehabt und haben eine gewisse Schuld auf uns geladen.«

Hermann Freudenberg nahm den Impuls seines Onkels auf. Er führte den politisch wirksamen Ettlinger Kreis fort. Und er engagierte sich konkret für die Odenwaldschule, indem er so genannte Industriestipendiaten an die Schule entsandte, damit sie Abitur machen können. Freudenberg arbeitete dabei stets eng mit Hellmut Becker zusammen, der zugleich den Ettlinger Kreis moderierte. Gemeinsam sicherten sie die Zukunft der Odenwaldschule, indem sie den Kauf der Cassirer'schen Liegenschaften organisierten. Allerdings nicht durch das Unternehmen, wie die Freudenberg-Gruppe auf Nachfrage betonte, sondern über eine Finanzierung durch das Land Hessen. Eigentümer der Schule wurde der Trägerverein der Odenwaldschule, an dessen Spitze Hermann Freudenberg selbst trat.

Im Jahr 1976 aber sah sich Hermann Freudenberg plötzlich einer schweren Krise seiner Schule gegenüber. Die kritischen Lehrer um Uwe Lau hatten dem Schulleiter Gerold Becker pädagogische Unfähigkeit vorgehalten. Sie verlangten Konsequenzen.

Das war ein starker Vorwurf gegen den Schulleiter, mit dem sich der Trägerverein als Eigentümer der Schule auseinanderzusetzen hatte. Die Zeichen standen allerdings auch in dem Gremium auf Konfrontation. Henry Cassirer, ein Spross der Gründerfamilie, der stets genau wissen wollte, was in der Schule vorgeht, legte auch diesmal den Finger in die Wunde. Er kritisierte die Informationslücke in Bezug auf erzieherische Fragen. Cassirer äußerte sein Bedauern darüber, »dass der Verein sich auf die Entgegennahme eines pädagogischen Berichts beschränkt, aber selbst keine Möglichkeit hat, gestaltend tätig zu werden«. Die Kritik der Lehrergruppe war nun also mitten im Trägerverein angekommen.

Henry Cassirer stützten drei weitere Mitglieder des Vereins, darunter die Frau des ehemaligen Schulleiters Kurt Zier, die sehr genau über die Regellosigkeit unter Gerold Becker informiert war. Die Gruppe brachte im Trägerverein den Antrag ein, ob nicht institutionelle Vorkehrungen »bessere Möglichkeiten für eine unmittelbarere Teilhabe des Vereins an der Entwicklung der Schule schaffen« könnten. Das hieß: Cassirer und andere forderten, einen Ausschuss zu bilden, der Becker künftig auf die Finger schauen sollte. Cassirer sprach die massiven »schulischen und erzieherischen Probleme der Odenwaldschule« an und kritisierte, dass sie von der Eigentümerversammlung zu kurz abgehandelt würden.

Im Trägerverein lag damit im Jahre 1976 praktisch ein Misstrauensvotum gegen Becker vor. Die Mitglieder mussten sich nun entscheiden, was sie wollten. Waren sie wirklich der Aufsichtsrat, der den Schulleiter kontrollierte? Oder waren sie nur zum Abnicken da? Es waren alle Personen von Autorität anwesend, die solche Fragen behandeln konnten. Der ehemalige Schulleiter Walter Schäfer saß im Gremium, der Beckers Berufung später als »schweren Fehler« betrachtete, Karl Büchsenschütz aus der Schulleitung, der genervt war von der Unzuverlässigkeit Beckers. Sogar Richard von Weizsäcker fand sich ein, der sich sonst stets vertreten ließ.

Der kleine Aufstand wurde jedoch kontrolliert. Alle Anwesenden konnten zwar mitdiskutieren, zusätzliche Befugnisse bei der Kontrolle bekamen sie aber nicht. Gerold Becker wurde lediglich dazu verdonnert, seinen Bericht künftig schriftlich vorzulegen und den Mitgliedern rechtzeitig vor der Versammlung zuzustellen. Im Übrigen aber sollte der Schulleiter der Boss bleiben. Er sei unabhängig, betonte Freudenberg. »Die pädagogischen Aufgaben sind in die Hände des Schulleiters und der Konferenz gelegt«, vermerkte das Protokoll der Sitzung im Jahr 1976.

Es kam nur noch zweimal kurz Nervosität auf. Ein Mitglied des Trägervereins fragte spitz, ob es gewollt sei, dass nur ein Drittel der

233

Schüler Mädchen seien. Das verneinte Gerold Becker, der die Schüler seiner Schule zusammen mit anderen auswählte. Er habe sie dabei offenbar auch gezielt nach seinen sexuellen Präferenzen ausgesucht, klagen viele missbrauchte Altschüler heute an. Zudem fragte ein anderes Mitglied des Vereins nach dem kritischen Brief des Lehrers Uwe Lau. Aber auch diese Flamme möglicher Kritik gegen den Schulleiter wurde sofort ausgetreten. Freudenberg selbst berichtete von einem Treffen mit den kritischen Lehrern, lehnte es aber ab, den Verein damit direkt zu befassen. Denn der Trägerverein wäre nicht berufen, »in strittige interne Probleme der Schule einzugreifen«. Becker bekam einen Persilschein ausgestellt.

Was Freudenberg vergaß zu erzählen, war, dass das Krisengespräch mit ihm und einer Gruppe von kritischen Lehrern zu einem Eklat geführt hatte. Freudenberg wollte die aufmüpfigen Lehrer offenbar im kleinen Kreise zusammen mit dem Schulleiter und ein paar Gleichgesinnten ermahnen. Eine der kritischen Lehrerinnen verließ das Gespräch heulend und aufgelöst. Die allseits beliebte und feinfühlige Lehrerin erlitt den Zusammenbruch, weil Freudenberg ihr und den anderen unterstellte, Chaos in die Schule zu tragen. »Wie können Sie es wagen, einen so angesehenen Schulleiter zu kritisieren?«, fuhr Freudenberg die Lehrer an. Zu Uwe Lau sagte er: »Sie können sofort gehen, wenn Sie wollen. Wir zahlen Ihnen Ihr Gehalt bis zum Ende des Schuljahres.« Er wiederholte das Angebot später brieflich. Und drohte dabei dem Lehrer indirekt, er solle seine Kritik am Schulleiter nicht wiederholen. Der Trägerverein und sein Vorsitzender beschützten auf diese Weise 1976 die Odenwaldschule als Institution. Nicht allen Schülern aber tat der Verein damit einen Gefallen. Denn eine Gruppe von ihnen stand von nun an beinahe schutzlos dem Schulleiter und einer Kerngruppe von Pädosexuellen gegenüber.

Es gab von 1976 an nur wenige Möglichkeiten, Gerold Becker in die Schranken zu weisen. Der Trägerverein hatte seine Kontrollfunktion praktisch aufgegeben. Innerhalb der Schule hatte sich Gerold Becker durchgesetzt. Seine Kritiker waren weg, bis neue Lehrer sich trauten, den Mund aufzumachen, würde es dauern.

Aber war der Trägerverein wirklich so unwissend über Beckers Neigung und die Folgen für die Schule? Dagegen sprechen starke Indizien. Es hat den Anschein, dass bestimmten Eltern indirekt aus dem Trägerverein Informationen über die sexuelle Gewalt zugespielt wurden. Die Informationen laufen vordergründig über einen angesehenen Wirtschaftskreis von Unternehmern, die sich regelmäßig treffen. Tatsächlich dürften sie aus dem Trägerverein kommen, der mit dem Wirtschaftskreis eine hohe Personalidentität aufwies. Einige Industrielle waren sowohl Mitglieder im Verein als auch im Kreis. Dort erfuhr mindestens ein Vater, dass es an der Schule Missbrauchsfälle gab. »Meine Eltern haben mich daraufhin sofort von der Schule genommen«, bestätigt der Sohn heute.

Im Jahr 1983 begann eine neue Zeitrechnung für die Schule. Damals kündigte Becker seinen bevorstehenden Rückzug aus der Schule an. Im Jahr 1985 wurde er besiegelt. Becker hatte die 75-Jahr-Feier der Schule vorbereitet. Danach übernahm sein Nachfolger das Amt des Schulleiters.

Dieser Nachfolger hieß Wolfgang Harder, ein enger Weggefährte Hartmut von Hentigs. Wie Harder ausgewählt wurde, ist nicht mehr nachzuvollziehen. Er wurde der Konferenz der Schule präsentiert und die geriet darüber so in Rage, dass sie sich für die künftige Auswahl von Schulleitern ein Mitspracherecht erkämpfte.

Offiziell beworben hatte sich damals auch ein alter Bekannter der Schule, einer, der ihre beste Zeit mitgeprägt hat: Wolfgang Edelstein. Der Max-Planck-Direktor hatte es sich lange überlegt, seinen Hut in den Ring zu werfen. Immerhin hat er eine begehrenswerte Position als Chef eines so bedeutenden Instituts. Aber Edelstein wollte in die schulische Praxis zurück, also schickte er, nachdem er mit seiner Familie lange darüber beraten hatte, eine Bewerbung in den Odenwald. Doch Edelstein bekam nicht einmal eine Antwort. Er wurde behandelt wie ein Student, der unaufgefordert eine Bewerbung für ein Praktikum einreicht. Edelstein war darüber empört. Und diese Empörung konnte nur Hermann Freudenberg selbst beilegen. Der Vorsitzende kam extra nach Berlin angereist, um dem integren Wolfgang Edelstein bei einem teuren Essen zu erklären, wieso er nicht der Richtige gewesen wäre.

Das kann man so oder so sehen. Wolfgang Edelstein wäre fachlich und charakterlich genau der Richtige gewesen. Aber er ist zugleich ein Moralist. Wenn er gemerkt hätte, wie zerrüttet und verwahrlost die Schule damals war, dann hätte er Alarm geschlagen, und er hätte es wahrscheinlich laut getan. So wie er 1973 gegen das Becker'sche Individualismusprogramm protestiert hatte. Das wäre für die Vorstände der Odenwaldschule nicht gut gewesen. Sie brauchten eine möglichst geräuschlose Post-Becker-Sanierung der Schule.

»Wir haben uns damals sehr gewundert, dass Gerold die Schule verlassen wollte, weil er angeblich andere Pläne hatte«, sagen zwei Lehrerinnen. »Später haben wir dann gehört, dass es andere, wichtigere Gründe gab, ihn wegzuschicken. Aber es war ja alles schon hinter unserem Rücken geregelt worden.«

DIE WIEDERAUFERSTEHUNG
DES GEROLD BECKER

Zur Verabschiedung Gerold Beckers durch den Trägerverein erschien Hartmut von Hentig als Gast. Hentig sollte nun noch wichtiger für Becker werden – denn der suchte einen Job.

Gerold Becker verließ 1985 die Odenwaldschule. Da seine eigenen Pläne scheiterten, Rundfunk oder Entwicklungshilfe, war er auf die Unterstützung Dritter angewiesen.

Und das klappte. Es wird zwar nicht der große Wurf. Kein Job, bei dem für Gerold Becker der Bezug einer 8-Zimmer-Wohnung herausspringen würde, selbst für eine günstige nicht. Aber es wird fortan immer wieder eine Stelle geben.

Gerold Becker wurde geschäftsführender Redakteur der »Neuen Sammlung«. Der Friedrich-Verlag richtete sogar eine Stelle für ihn ein. Die Manuskripte für eine Vierteljahresschrift einzusammeln war ein überschauberer Aufwand. Dennoch bezahlte der Verlag Becker ein Honorar. Das Werben Hartmut von Hentigs und Hellmut Beckers hatte Erfolg. »Die beiden hatten sich nach Gerold Beckers Abgang aus der Odenwaldschule besonders bemüht, für Becker so etwas wie eine bezahlte Anstellung zu finden«, sagt ein Zeitzeuge über 20 Jahre später. Die Sammlung war eine kleine, aber gute Zeitschrift für Erziehung und Gesellschaft, die eine gewählte Sprache auszeichnete. Zum Herausgeberkreis gehörten Hentig und der Erziehungswissenschaftler Peter Fauser. Später kamen Katharina Rutschky hinzu und Lothar Krappmann vom Berliner Max-Planck-Institut. Auch der als Pisa-Forscher populäre Manfred Prenzel gehörte zu den Herausgebern. Sie alle hatten es jetzt einfacher, denn ein geschäftsführender Redakteur erleichtert die Arbeit an den Manuskripten. So jedenfalls war der Plan. Aber der ging schief.

Zwar war Gerold Becker beliebt wegen seiner originellen Einfälle und der anregenden Art, über Texte zu sprechen. Aber es trat schnell auch wieder eine Eigenschaft zutage, die nicht nur an der Odenwaldschule so schmerzlich erfahren worden war: Beckers organisatorische Lethargie. Die »Neue Sammlung« erschien unregelmäßiger unter dem Redakteur Gerold Becker als zuvor. Einmal schaffte er es, bis zum Ende eines Erscheinungsjahres kein einziges Heft der Vierteljahresschrift druckfertig zu machen. »Für die ›Neue Sammlung‹ war das eine Katastrophe, denn sie war ja keine Gratisschrift, sondern eine bezahlte, seriöse Zeitschrift über Bildungsfragen«, sagt heute Lothar Krappmann, Mitglied des damaligen Herausgeberkreises. Um den Kollaps der Zeitschrift zu verhindern, griff erst der Jenaer Erziehungswissenschaftler Peter Fauser dem geschäftsführenden Redakteur Becker unter die Arme. Dann klappte auch das nicht mehr. Fauser und Lothar Krappmann gaben das Heft nun gemeinsam als Redakteure heraus. Becker büßte seine Redakteursstelle ein, blieb aber im Herausgeberkreis.

Es folgte das Jahr 1999, in dem Beckers Übergriffigkeit öffentlich wurde. Sofort schlossen sich die Herausgeber der Sammlung kurz, um zu überlegen, wie man mit dem unter Verdacht geratenen Herausgeber umgehen wolle. Nur kam ihnen Becker zuvor. Er gab seinen Platz in der »Neuen Sammlung« von sich aus auf.

Aber anders als viele dachten, war Beckers pädagogische Karriere damit nicht etwa beendet. Weil die »Rundschau«-Geschichte so wenig Widerhall fand, traten die Anschuldigungen und der schwerwiegende Verdacht relativ schnell wieder in den Hintergrund. In der Zeitschrift begann eine Debatte, die sich über längere Zeit hinzog und auf die Rehabilitierung Gerold Beckers hinauslief. Hentig sei es gewesen, der immer wieder die Causa Becker angeschnitten habe, um eine Wiederaufnahme des pädophilen Pädagogen in die »Neue Sammlung« zu erwirken. »Save Becker now«, habe seine Parole geheißen, erinnert sich Peter Fauser heute. »Die

Debatte im Herausgeberkreis war gespenstisch«, sagt ein anderer aus dem Kreis der Herausgeber. »Es gab energische Anstrengungen von Herrn Hentig, alle Bemühungen um Aufklärung der Vorwürfe oder gar Nachfragen an Herrn Becker abzuwehren.«

Hartmut von Hentig habe den Rückzug seines Freundes Gerold Becker von Anfang an nicht richtig gefunden, berichtet der Max-Planck-Forscher Lothar Krappmann. Nun kamen aber neue Argumente für die Wiederaufnahme hinzu. Der Leiter der Odenwaldschule Wolfgang Harder berichtete seinen Mitherausgebern, dass die Schule aufgeklärt habe, was aufzuklären sei. Im Herausgeberkreis wurde die Debatte immer schärfer. Dazu trug auch die Pädagogin und Publizistin Katharina Rutschky bei. Sie beschimpfte die Gegner Beckers in der »Neuen Sammlung« als Pharisäer. Sie warf ihnen den Rückfall in Atavismen und »Verrat am Rechtsstaat« vor. Rutschky war damals die beste Anwältin Gerold Beckers, die man sich vorstellen konnte. Die glänzende und streitbare Autorin hat einst das Buch »Erregte Aufklärung« geschrieben. In ihr »Handbuch sexueller Missbrauch« nahm sie diese Passage auf: »Pädophile sind im Allgemeinen nicht, indem sie sich mit Kindern sexuell befriedigen, Schädiger oder gar Schänder«, hieß es da. An anderer Stelle stand, »dass sich päderastische Verhältnisse sehr positiv auf die Persönlichkeitsentwicklung eines Jungen auswirken können«.

Auch in der »Neuen Sammlung« trug Rutschky ihr Hauptargument vor: Angeblicher Missbrauch werde für einen anderen Zweck missbraucht – Gerold Becker zu diskreditieren. Aber die Kritiker wollten nicht nachgeben. »Es gab substanzielle Vorwürfe gegen Gerold Becker, die im Raum standen«, erinnert sich Lothar Krappmann, »und für die gab es keine Aufarbeitung. Gleichzeitig weigerte sich Becker, zu den Anwürfen überhaupt Stellung zu nehmen.«

Wie sollte man den Konflikt innerhalb der Zeitschrift lösen? Die einen wollten, dass Becker wieder an Bord ging. Die anderen verlangten eine Aussage darüber, was er in der Odenwaldschule mit den Kindern wirklich gemacht hatte. Es ist in der Geschichte von Entdeckung und Aufklärung der Missbräuche von Gerold Becker ein ziemlich einmaliger Fall: Zum ersten Mal hielten gleich mehrere Leute dem Druck stand und wollten, dass der Pädagoge Becker sich zu den Anschuldigungen äußerte. Lothar Krappmann, Peter Fauser und Manfred Prenzel argumentierten aus ihrer persönlichen und pädagogischen Überzeugung heraus. Alle drei hatten auch innere Skrupel, wie sie berichten. Sie fragten sich immer wieder, erzählt Krappmann: »Liege ich wirklich richtig? Wieso komme ich zu einem anderen Schluss als andere?« Fauser gesteht, er hätte alleine dem Druck nicht standgehalten. »Ein Glück, dass Lothar Krappmann dabei war.«

Aber das Glück währte nicht besonders lang. Denn in der pädagogischen Zeitschrift wurde die ungewöhnlich klare Haltung der drei Herausgeber geschickt umgangen. Hartmut von Hentig und die anderen Herausgeber stimmten für Gerold Becker – in Abwesenheit ihrer Kollegen. Die konnten von der erneuten Zuwahl Beckers in die Herausgeberschaft gar nichts wissen, denn das Thema »Wahl Becker« war nicht auf der Tagesordnung vermerkt. Die Herausgeber der edlen wissenschaftlichen Zeitschrift passten jenen Moment ab, in dem die Kritiker nicht anwesend waren – um dann abzustimmen.

Als Fauser gegen diesen Bruch des demokratischen Umgangs und auch der vereinbarten Abstimmungsregeln protestierte, habe Hentig kühl geantwortet: Dann müsse man halt noch einmal abstimmen. Die Wiederaufnahme Gerold Beckers in die renommierte Zeitschrift soll zu einem formalen Akt werden – ohne jedes Gespräch über die Gründe, was eigentlich im Odenwald vorgefallen ist. Die drei Becker-Gegner gaben den Widerstand auf. Wir schreiben das Jahr 2001. Knapp eineinhalb Jahre nach dem Rückzug aus seinen Ämtern begann die Wiederauferstehung Gerold Beckers.

Die Aufnahme in die Pädagogen-Zeitschrift war ein wichtiges Element dafür. Beckers Name erschien wieder regelmäßig auf dem Titel. Er galt damit in Fachkreisen wieder als satisfaktionsfähig. »Seine Isolationshaft war beendet«, drückte es ein Pädagoge aus. »Beckers Name wurde sofort wieder auf dem Umschlag der Zeitschrift genannt«, erinnert sich einer der Teilnehmer. Ein weiteres Indiz für eine vorbereitete Aktion.

Aber vorher geschah noch etwas Ungewöhnliches. Etwas, was zimindest in der Geschichte der Odenwaldschule nie vorgekommen war. Die Kritiker spielten nicht mehr mit, drei Herausgeber der »Neuen Sammlung« traten aus Protest gegen Becker aus der Zeitschrift aus. »Ich wollte auf keinen Fall mit dem Missbrauch von Kindern in Verbindung gebracht werden«, erinnert sich Lothar Krappmann. Auch für Manfred Prenzel gab es keine Basis mehr für eine vertrauensvolle Zusammenarbeit. »Es war mir vollkommen unverständlich, warum in Anbetracht der Vorwürfe selbstverständliche Fragen von Personen einfach abgeblockt wurden, die sonst jederzeit hohe moralische und professionelle Ansprüche geltend machten.«

Nicht nur mit der Wiedereinsetzung Beckers als Redakteur der »Neuen Sammlung« half Hartmut von Hentig seinem Freund an einer wichtigen Gabelung seines Lebenswegs. Im Jahr 1971, als Gerold Becker in dem Band »Probleme der Schule im gesellschaftlichen Wandel« freimütig als Lernziel seiner Schule ausgab, dass Kinder lernen sollten, »die eigene Sexualität zu bejahen und genießen«, springt ihm Hentig bei – mit einer ganzseitigen hymnischen Rezension des Buches in der Wochenzeitung »Die Zeit«. Beckers Text sei »der mit Abstand längste und wichtigste Beitrag« (des Bandes), schreibt Hentig über seinen Lebensgefährten. »Gelingt dem jungen Becker, was er dort schreibt«, so Hentig, »die OSO wird weiter bleiben, was sie bisher war: Avantgarde der deutschen Pädagogik.«

Und genau wie 1971, so macht Becker auch 2002 kurz nach dem Wiedereintritt in die »Neue Sammlung« mit seinem Spezialthema Furore: dem Körper des Kindes. Eine seiner ersten Editionen bestand in einem Themenheft, in dem es speziell um den Körper ging. »Schule hat die Körper von Kindern und Jugendlichen lange missachtet«, hieß es in dem unter Beckers Mitarbeit herausgegebenen Heft. »Reformpädagogen haben dem Kinderkörper zu mehr pädagogischer Beachtung verholfen.«

Der amtierende Rektor der Odenwaldschule Whitney Sterling war damals genau wie viele andere darüber empört. Ausgerechnet der des sexuellen Missbrauchs beschuldigte Becker wendet sich den Körpern von Kindern zu – in einer pädagogischen Zeitschrift. Die Kritik daran fällt auf wenig fruchtbaren Boden. »Welche Neigungen die Herausgeber unserer Zeitschrift haben, interessiert mich nicht, solange sie nicht zu strafbaren Handlungen führen«, antwortet die zuständige Redakteurin des Verlags. »Ich hoffe darauf, dass Sie diese Haltung nicht als Gleichgültigkeit gegenüber denjenigen verstehen, die über Leid berichten.«

Die Redakteurin arbeitet noch immer bei dem pädagogischen Verlag. Sie ist dort jetzt für eine Zeitschrift mit dem Titel »Ethik+ Unterricht« zuständig. Zu den Vorgängen im Jahr 2002 möchte sie sich nicht äußern. »Mir scheint das Thema ›Gerold Becker und der Missbrauch an der Odenwaldschule‹ für eine journalistische Aufarbeitung nicht zu taugen, da das journalistische Schreiben sich an Maßgaben orientiert, die eine seriöse Auseinandersetzung hintertreiben.«

Die Affäre in der »Neuen Sammlung« wirft das Schlaglicht auf jenen Akteur, um den es in der Geschichte mit Gerold Becker vielleicht von Anfang an ging: den Pädagogen Hartmut von Hentig. Der Beste oder jedenfalls Bekannteste seiner Zunft in der Nachkriegszeit, ein regelrechter Popstar unter Lehrern und pädagogisch Interessierten. Von Hentig ist darüber hinaus ein Parade-Intellektueller der aufgeklärten Republik. In den Festschriften zu seinen runden Geburtstagen taucht die gesamte pädagogische und literarische Elite des Landes auf. Das geht von Heinrich Böll über die Gräfin Marion von Dönhoff, Golo Mann und Günter Grass bis hin zu Peter Wapnewski und Carl-Friedrich von Weizsäcker.

Vielleicht ist auch etwas anderes der Grund für die lange Nicht-Aufklärung von Beckers Pädophilie: Hartmut von Hentig. Jeder in der pädagogischen Szene musste fürchten: Wenn Gerold Becker des Missbrauchs an Kindern beschuldigt wird, dann fällt nicht nur der außerschulisch so gut wie unbekannte Schulleiter, sondern es besteht die Gefahr, dass ein Dominoeffekt mit großer Wahrscheinlichkeit auch seinen Lebensgefährten erfasst hätte. Fällt aber Hartmut von Hentig, würde zugleich eine alternative pädagogische Tradition in die Krise geraten, die weit über die Reformpädagogik hinausreicht.

Der 85-jährige Hentig ist ja nicht nur der Held der Labor- und Alternativschulen, er ist der stilbildende pädagogische Literat, der in keinem gut sortierten Bücherregal fehlt. Die Frage, die sich auch völlig Fachfremden sofort stellte: Wenn Gerold Becker pädophil war, musste dann nicht sein Freund Hartmut von Hentig der Erste sein, der es gewusst oder mindestens gespürt haben muss? Und muss nicht dieser Pädagoge, der erst 2006 ein viel beachtetes Buch über Pubertät herausgebracht hatte, genau wissen, welche Katastrophen Übergriffigkeit bei Kindern und Jugendlichen auslöst?

Ohne jedes Indiz, ohne Beweis, ohne inkriminierendes Zitat sind es diese beiden Fragen, die reihenweise Freunde, Feinde und unbeteiligtes Publikum zur Verzweiflung treiben. »Hartmut von Hentig muss reden«, forderte in der »Zeit« der Publizist und Filmemacher Reinhard Kahl, immerhin ein enger Freund Hentigs. Bernhard Bueb, der Salemer Direktor und Bestsellerautor, gab an gleicher Stelle zu Protokoll, »ich vertraute auf Hartmut von Hentig, den geachteten Pädagogen und Lebensgefährten Gerold Beckers, dass er selbst Klärung bei ihm gesucht hätte und dass er nichts decken würde, was Kindern geschadet hätte«.

Hartmut von Hentig selbst lehnte eine Stellungnahme ab. »Über einen Wandel der Odenwaldschule und das sich dort entwickelnde ›System‹ weiß ich nichts«, antwortete er auf Anfrage.

Mit Zeitungen mag der emeritierte Professor nicht mehr korrespondieren, weil sie ihn mehrfach aufs Kreuz gelegt hätten. Hentig hält Journalisten, kurz gesagt, für zu sensationsgierig und zu wenig gebildet, um seiner Argumentation überhaupt folgen zu können.

Das Unverständnis für Hentig hat damit zu tun, dass er auf die Frage eines Journalisten der »Süddeutschen Zeitung«, was im Odenwald geschehen sei, antwortete: Allenfalls könne er sich vorstellen, dass sein Freund Gerold Becker von einem Schüler verführt worden sei. Das bedeutete nach einfacher Lesart: Hentig tat das, was bei Missbrauchsgeschichten häufig geschieht, er drehte die Schuld um. Nicht Gerold Becker wäre der sexuelle Angreifer, sondern die Schüler waren die Verführer. Und auch in der Theorie beharrte Hentig auf seiner Haltung: Er verteidigte den pädagogischen Eros als brauchbares Konzept fürs Lernen.

Die Szene reagierte auf Hentigs Rechtfertigungen nur umso geschockter. »Hentig hat Schreckliches gesagt«, meint der Erziehungswissenschaftler Peter Fauser, »womit er sich selbst und die pädagogische Welt beschädigt; für mich ist das wie eine unbewusste Strategie der verbrannten Erde.«

Der Pädagogikprofessor Andreas Gruschka schrieb von der »selbstzerstörerischen Kraft des Starrsinns« des bedeutenden Pädagogen Hartmut von Hentig.

Hentig hat sich über den Besuch des Bildungsredakteurs der »Süddeutschen« wütend und enttäuscht gezeigt. Der habe ihn, obwohl auf Empfehlung eines Freundes zugelassen, denn doch hereingelegt. Anschließend versuchte der große alte Mann der Pädagogik zweimal öffentlich zu erklären, was er meinte – und machte die Sache immer unheimlicher. Im »Spiegel« flocht Hentig seinem Freund Gerold Becker erneut Lorbeerkränze, weil es »diesem Mann so gut gelang, auf Kinder einzugehen.« In der »Zeit« fragte von Hentig »Was habe ich damit zu tun?«.

Der Literat ist glasklar und edel in seiner Schreibe. Aber bei der Frage, die alle beschäftigt – ob und was er geahnt, gewusst, unternommen hat? – ergeht er sich in Irrungen und Wirrungen. In einem langen Brief an Freunde betont er als Erstes und unmissverständlich, dass »sexuelle Handlungen an, mit oder vor Kindern falsch sind – auch mit ihrem Willen«. Aber es verstört sogleich, wenn er nachsetzt: »Sie werden abscheulich, wenn Täuschung, Gewalt, Erniedrigung im Spiel sind.« Was soll das bedeuten? Wenn es eine Steigerung von falsch gibt, war dann falsch gar nicht mehr falsch? Der Leser fragt sich sofort: Wieso kann derjenige, den Generationen von Pädagogen und Lehrern so anhimmeln, auch beim dritten Nachfragen nicht einfach sagen: Ja, es war falsch, was der Gerold machte, so etwas tut man nicht! Dieser einfache klare Satz ist von Hentig nicht zu haben.

Dabei kann Hentig kurze Sätze. Er erfand die Formel »Die Menschen stärken – die Sachen klären« als Grundprinzip des Lernens. Aber wenn man ihn jetzt fragt, »Ist Gerold Becker diesem Credo an der Odenwaldschule gerecht geworden?«, dann bekommt man von dem größten lebenden Pädagogen Deutschlands die Antwort, man habe die Pointe der Formel nicht verstanden.

Der von vielen Verehrte schreibt einen elf Seiten langen Brief, eloquent wie immer, er weist darin einen eng befreundeten Publizisten wie einen dummen Schulbuben zurecht, nur weil der sich wagte, das Selbstverständliche zu sagen: Hentig muss sprechen! Am bemerkenswertesten sind die Äußerungen zum mutmaßlichen Täter und den Opfern. »Die Leiden der Opfer hatte und habe ich nicht zu beurteilen.« Ein einziger Satz. Punkt, aus, basta. Ohne jedes Gefühl. »Habe ich nicht zu beurteilen« heißt so viel wie: Bin ich nicht zuständig, nicht meine Baustelle.

Und der mutmaßliche Täter? »Was ich von seiner Pädagogik sah, war überzeugend, ja bewundernswert«, schreibt er über »die Rolle des Freundes«. In einer weiteren Passage fügt er an, »Beckers segensreiche Wirkungen sollten nicht so total verschwiegen werden, wie das jetzt geschieht«. Null Empathie für die Opfer, höchste Bewunderung für den Täter – eine Reaktion, die an ein Muster erinnert, das von Hilfstruppen für Pädophilie-Verdächtige nur zu gut bekannt ist.

Die ersten beiden Prinzipien des sokratischen Eids, den Hentig entworfen hat, lauten: »Die Eigenheiten eines jeden Kindes zu achten und gegen jedermann zu verteidigen, für seine körperliche und seelische Unversehrtheit einzustehen ...« Millionen Leser hat dies Grundgesetz des Lehrens eingenommen und fasziniert – aber wer soll das einem Mann glauben, der kein Wort des Mitleids für sexuell benutzte und teilweise psychisch zerstörte Kinder übrig hat?

Was einen stutzig macht, ist, dass Hentig nicht der Einzige ist. Mit ihm nimmt eine weit verzweigte Community eine ganz ähnliche Haltung ein.

Engagierte und als besonders feinfühlig bekannte reformpädagogische Frauen zweifeln noch Monate nach der Veröffentlichung detaillierter Berichte das Leid der Missbrauchten an. Der Schriftsteller Adolf Muschg verteidigt den pädagogischen Eros als eine kulturelle Errungenschaft der 1960er Jahre. »Damals brauchte er (Becker) seine Neigungen, die jetzt am Pranger stehen, nicht zu verleugnen.« Auch Antje Vollmer anerkennt nicht etwa das Leid der Missbrauchten, sondern stilisiert Hentig zum Opfer eines Interviews. Die ehemalige Bundestagspräsidentin Rita Süßmuth besucht als Schirmherrin des pädagogischen Neuaufbaus die Odenwaldschule und erklärt: Erstens, die Reformpädagogik ist toll, zweitens, Entschädigungszahlungen werden aus Finanzknappheit nicht geleistet werden können. Wenig später ging sie bei einer Missbrauchskonferenz in Bielefeld noch einen Schritt weiter: Die Opfer bräuchten eine zweite Chance – und die Täter auch.

All diese Institutionen und Personen haben zwei Dinge gemeinsam: Erstens, sie haben wenig Empathie für die Betroffenen gezeigt oder gar die Opferperspektive eingenommen. Zweitens, sie sind unmittelbar oder mittelbar mit Hartmut von Hentig verbunden. Muschg über die Akademie für Sprache und Dichtung. Süßmuth und Vollmer hatte Hentig persönlich »als unabhängige Vermittler« vorgeschlagen. Sie gehören zum weit verzweigten Bekanntenkreis des Intellektuellen Hentig.

Der Begriff Täterlobby ruft in Hentigs Kreisen regelmäßig helle Empörung hervor. Juristen und Opferorganisationen lässt er nur mit den Schultern zucken. Es ist das Übliche in ihrem Geschäft. Institutioneller Missbrauch ist für die Gesellschaft eine Terra incognita. Er betrifft meistens Jungen, er wird geleugnet, bis sich die Balken biegen, und er ist bestens abgesichert durch die Institution und ihre Ideologie. Missbrauchsexperten nennen das Netzwerke, die *wie eine Täterlobby* fungieren – auch wenn sie nicht explizit dazu gegründet wurden. Weder die Odenwaldschule noch die Reformpädagogik hatte das Ziel, Kinder zu missbrauchen. Das ist Unsinn und das behauptet auch niemand. Aber sie geben eine ideale tarnende Umgebung für pädosexuelle Straftäter ab. Und bilden eine Schar von positiv gestimmten Mitgliedern, die aus vollster Überzeugung den Angriff auf ihre Lehre abwehren – gegen die Betroffenen. Das Hentig'sche Netzwerk verteidigt nicht explizit Gerold Becker, sondern den Patriarchen und seine Idee.

Die Netzwerke wenden etwas an, was die Kriminologen Neutralisierungsstrategien nennen. Nicht nur kriminelle Milieus arbeiten mit solchen Strategien, auch Kreise, die vehement gute, von isolierten Verbrechern missbrauchte Ideen verteidigen. »Es gibt viele blinde Flecken im Umgang mit Pädophilie«, sagt die Rechtsphilosophin und Strafrechtsprofessorin Monika Frommel. »Bestimmte Szenen wissen genau, wie man Strafverfahren vermeidet. Das linksliberale Strafrecht, die Reformpädagogik und die Propagandisten des Laissez-faire sind mitschuldig daran, dass Kindern Unrecht widerfährt, ohne dass es geahndet wird. Oberstes Ziel ist es, Strafen zu vermeiden und ein Tabu über die Opfer zu errichten.«

Hartmut von Hentig machte sich geradezu lustig darüber, dass eine Journalistin ein »Schweigen wie hinter Klostermauern« entdeckte – aber die gab es natürlich. Es sind keine Mauern aus Stein, sondern aus Ausflüchten, Nichtantworten und gezielten Gegenangriffen. Auch hier helfen Missbrauchsexperten weiter: »Institutioneller Missbrauch findet besonders häufig in zwei gegensätzlichen Organisationsformen statt – in rigiden, autoritären, also sehr hierarchischen und in diffusen«, sagt Julia von Weiler von dem Ableger der europäischen Missbrauchsinitiative »Innocence in Danger«. Mit anderen Worten: Hier schützt die hohe Mauer von Kloster Ettal den Einblick in den sexuellen Missbrauch. Dort ist es die tarnende Ideologie des pädagogischen Eros und der Knabenliebe, die für den seriellen sexuellen Missbrauch umkodiert wird.

Was dem nichtpädagogischen Publikum freilich den Atem raubt, ist etwas anderes. Es gibt Akteure in der Reformpädagogik, die erotisch-sexuelle Elemente in ihre erzieherischen Konzepte einbauen – und es ausdrücklich rechtfertigen. Dazu gehören frühe Helden der Landerziehungsheime, die vielen päderastischen Lehrern eine Heimat gaben. Aber auch die beiden heimlichen Bildungsminister der Republik, Hellmut Becker und Hartmut von Hentig, sind in dieser Hinsicht interessant. Beide sind selbstverständlich nicht als pädophile Täter anzusehen. Sie propagieren Eros nicht als Instrument der Befriedigung, sondern sie pflegen einen viel feineren platonischen Begriff von pädagogischem Eros. Aber beide beziehen ihn explizit auf Erziehung.

Hartmut von Hentig etwa sagte Anfang 2010 in einer Festrede in Stuttgart, jeder Erzieher solle etwas von pädagogischer Liebe in sich tragen. Er nannte das »eine Form der ›persönlichen Liebe‹. Unsere aufgeklärte Gesellschaft ist in diesem Punkt kleinmütig. Sie blickt misstrauisch auf jede Zärtlichkeit und errichtet fürsorgliche Schutzvorkehrungen gegen den scheuen Gott« und weiter heißt es: »Früher hat man das den ›pädagogischen Eros‹ genannt. Diesen Gott hat Platon in die Erziehung eingeführt.«

Pädagogischer Eros ist in diesem Zusammenhang nicht als sexueller Missbrauch zu verstehen, sondern als geistige Nähe, die ästhetisch und auch erotisch aufgeladen wird, als Verlangen – wie es Hentig nennt – nach der Erkenntnis und/oder dem anderen. Aus so einem Begriff von Eros entsteht im besten Fall ein seriöser Männerbund mit hoher Moral, feinen Manieren und einer großen Mission. Dazu gehört, die Elite eines besseren, wenn auch geheimen Deutschland zu sein. Ulrich Raulff hat dies am Beispiel der weit reichenden Kreise des Meisters Stefan George beschrieben.

Im schlechtesten Fall wird daraus allerdings die Rechtfertigungsideologie für Missbrauch zwecks Triebabfuhr, die alle Ideale verrät, um die es den Hellmut Beckers und Hartmut von Hentigs geht. Die homoerotische Kontaktaufnahme und Initiierung verliert dann jeden Charakter von Freiwilligkeit. Das war auch im Herderhaus an der Odenwaldschule so. Es geht am Ende nicht um Knabenliebe in seiner ästhetisch sublimierten Form, sondern um ein sehr reales asymmetrisches Gewaltverhältnis zwischen einem Mann und einem Jungen, das sexuell ausgebeutet wird.

Gerold Becker hat, wenn man den Schilderungen seiner Opfer glauben darf, kein platonisches Ethos gehabt. Er hatte hohe Verführungs- und Verzauberungskünste, die er manchmal charmant, manchmal rabiat durchzusetzen wusste. Er wendete blanke Gewalt an, er zwang Kinder zum Oralverkehr, er vergewaltigte nach Aussagen von Zeugen auch. »Der Gerold hat das schon erreicht, was er dann wollte. Da war er zielstrebig«, sagt ein Schüler, der ihn jahrelang ertragen musste.

Vor diesen Schilderungen verschließt die Anhängerschaft Hartmut von Hentigs die Augen. Das ist verständlich, denn es sind für den Leser verstörende Lektüren, im Gespräch sind es aufreibende Therapiesitzungen, die alle Beteiligten an die Grenzen bringen. Das Paradoxe und Unverzeihliche ist für Pädagogen, die einen emphatischen Begriff der Unverletzlichkeit des Kindes haben, wenn sie ihre gesprächsweise Traumatisierung über die ganz reale der Menschen stellen, die dies erlebt haben. Man ist heute einen Schritt weiter darin, zu verstehen, was Missbrauch für Kinder und Jugendliche bedeutet. Er zieht eine Spaltung der Person mit sich, er beschmutzt auf Dauer den Fantasieraum des Kindes und zerstört nachhaltig sein Vertrauen zu Menschen – die Grundlage jedes Bildungsprozesses.

Im Odenwald hatte sich eine aufgeklärte deutsche Elite zusammengetan, die konkret zeigen wollte, dass ein anderes Deutschland auch pädagogisch möglich ist. Die Schule beherbergte die Kinder von Literaten, Intellektuellen, Wirtschaftskapitänen und Politikern, und es unterrichteten dort Pädagogen, die eine neue, selbstbewusste Erziehung für die Demokratie vormachen wollten. Viele Akteure dort, von Klaus Mann, Wolfgang Edelstein und dem sozialen Unternehmer Hermann Freudenberg bis hin zu Hellmut Becker und Richard von Weizsäcker distanzierten sich explizit von der nationalsozialistischen Pädagogik. Sie wollten eine Erziehung zur Mündigkeit – am Beispiel der Odenwaldschule. Aber die liberale Elite ließ es zu, dass die Konzeption ihrer Schule zielgerichtet unterlaufen wurde. An der besten und am besten beobachteten Schule Deutschlands entstand unter dem Deckmantel einer liberalen Pädagogik eine Regellosigkeit und Verwahrlosung, die vielen Kindern zum Verhängnis wurde.

Im Odenwald ist geschehen, was diese Elite nie wieder zulassen wollte. Wegsehen, Nicht-wahrhaben-Wollen, zum Komplizen werden. Der Fall Odenwaldschule ist der Sündenfall der liberalen Republik. Und der moralische Bankrott beinahe der gesamten reformpädagogischen Elite. Sie lädt jetzt zu Tagungen ein, auf denen die Schätze der Reformpädagogik hochgehalten werden sollen – und bei denen von der Verwendung des Begriffs sexueller Missbrauch abgeraten wird. »Einig sind wir uns sicher, dass es im Sinne der Gesamtthematik nicht um sexuellen Missbrauch gehen kann«, steht in den Einladungen.

Die Geschichte der Odenwaldschule ist eine Geschichte der verratenen Kinder – und der missbrauchten Ideale. Diese Geschichte entwertet jeden Anspruch an höhere Ziele von Erziehung und Bildung, weil sie als große Lüge und Blindheit erscheinen. Jeder holt sich seinen Teil aus den sozialen Zusammenhängen heraus. Die Bildungsideale, die gerade in Deutschland so hoch gehalten werden, erscheinen wie blendend weiße Hussen, die über eine zerschundene, wurmstichige Sitzbank gestülpt werden. In Wahrheit sollen sie nur die individuellen Interessen und Motive verbergen.

Die großen Verlierer im Odenwald sind die Lehrer. Sie erleben heute ein regelrechtes Trauma, weil sie aus ihrer kitschigen heilen Welt herausgerissen werden, in der die Odenwaldschule die beste Schule der Welt sein soll. Plötzlich ist alles kaputt, auf einen Schlag. Innerhalb von einer Sekunde wurden dort 30 Jahre Beruf und Ideale zerstört. Alle »Werde-der-du-bist«-Ziele der Schule sind nichtig und lächerlich, wenn es missbrauchte, traumatisierte und Kinder gibt, die für immer aus der Bahn geworfen wurden.

Es ist also vollkommen klar, dass die Lehrer schweigen, wenn der Seelenmord, den die Reformpädagogen mit Ellen Key immer der Staatsschule vorgeworfen haben, an ihrer eigenen heiligen Institution geschieht. Und das relativ ungestört über 25 Jahre hinweg.

Im Odenwald verfolgte jeder seine ganz individuellen Ziele. Gerold Becker wollte, zuallererst, seinen Sex. Er müsse unter Dauererregung gestanden haben, schließen die Ermittlerinnen von seiner sexuellen Disposition auf den Alltag in der Schule. Er war ständig von jenen umgeben, die die größte sexuelle Stimulation auf ihn ausübten. Und es kam permanenter Nachschub. Ähnlich wie für die anderen pädosexuellen Täter, von denen man weiß.

Die anderen Beteiligten hatten je eigene Ziele. Der Unternehmer und Vorsitzende des Trägervereins, Hermann Freudenberg, wollte Ruhe im Karton. Die Eltern wollten ihre Kinder guten Gewissens loswerden. Hellmut Becker wollte eine Modell-Reformschule für die Konferenzen und Geschichtsbücher. Alle wollten irgendwas – und nur die Lehrer dachten, sie machten tollen Unterricht und nähmen an einer pädagogischen Weltrevolution teil.

Hartmut von Hentig hat sich vorgenommen, sich »zum Fall Odenwaldschule in den nächsten fünf Jahren überhaupt nicht zu äußern«. Er will, wie er einem Bekannten schrieb, die Sache aussitzen.

Die beiden betroffenen Altschüler, die 1998 den Missbrauch als Erste öffentlich machten, schrieben damals in ihrem Brief: »Und wir sind leider nicht die Einzigen.«

Im Jahr 2011, ein Jahr nach dem zweiten Versuch einer rückhaltlosen Aufarbeitung, muss man sagen: »Und wir stehen leider erst am Anfang.«

LITERATURLISTE

Baader, Meike Sophia. »Pädagogischer Eros: Das Ende des Schweigens«. *die tageszeitung.* 31.3.2010

Becker, Gerold 1971. »Soziales Lernen als Problem der Schule. Zur Frage der Internatserziehung«. In: *Probleme der Schule im gesellschaftlichen Wandel.* Schäfer, Walter u. a. (Hg.). S. 96–147

Becker, Gerold u.a. 1978. Astrid Lindgren: Ansprachen anlässl. d. Verleihung d. Friedenspreises d. Dt. Buchhandels. Frankfurt: Verlag der Buchhändlervereinigung

Becker, Gerold 1993. »Schulleitergeschichten«. In: *Lust und Last der Aufklärung.* G. Becker (Hg.). Weinheim: Beltz. S. 334–344

Becker, Gerold, Arnulf Kunze, Enja Riegel und Hajo Weber 1997. Die Helene-Lange-Schule, Wiesbaden. DAS ANDERE LEBEN. Hamburg: Bergmann + Helbig

Becker, Gerold 2002. »Unter verschärfter Beobachtung. Sehen und Gesehen-Werden«. *Schüler 2002 – »Körper«.* Seelze: Friedrich Verlag

Becker, Gerold (Hg.) 2005. Ordnung und Unordnung. Festschrift – Ein Buch für Hartmut von Hentig zu seinem 80. Geburtstag. 2. Auflage. Weinheim: Beltz

Blüher, Hans 1917/1920. Die Rolle der Erotik in der männlichen Gesellschaft. 2 Bände. Jena: Diederichs

Böning, Holger 2009. »Burg Waldeck«. *Neue Rundschau*, Heidelberg

Brügelmann, Hans 2010. »Ohne persönliche Zuwendung verkommt Pädagogik zur Technik«. *Pädagogik* (62. Jg.) 7–8/2010

Bruns, Claudia 2008. Politik des Eros: der Männerbund in Wissenschaft, Politik und Jugendkultur (1880 – 1934). Köln: Böhlau

Bueb, Bernhard 2010. »Ich mache mir Vorwürfe«. *DIE ZEIT*, 17.3.2010

Burchard, Amory 2010. »Missbrauch ist Thema – auf den Gängen.« *Der Tagesspiegel*, 17.3.2010

Burgsmüller, Claudia und Birgitte Tilmann 2010. Zwischenbericht vom 28. Mai 2010. Aufklärung der sexuellen Ausbeutung von Schülern und Schülerinnen an der Odenwaldschule im Zeitraum 1960 bis 2010. http://www.odenwaldschule.de/aktuelltermine/nachrichten/nachrichten-detail/zwischenbericht/cd95f8ef62829ec8a0dfcoffb362b250.html (2.2.2011)

Burgsmüller, Claudia und Birgitte Tilmann 2010. Weiterer Bericht vom 08.07.2010 über die Aufklärung der sexuellen Ausbeutung von Schülern und Schülerinnen an der Odenwaldschule im Zeitraum 1960 bis 2010. http://www.odenwald

schule.de/fileadmin/user_upload/resources/news/2010/Jul/2._Zwischenbe
richt.pdf (2.2.2011)

Burgsmüller, Claudia und Birgitte Tilmann 2010. Abschlussbericht über die bisherigen Mitteilungen über sexuelle Ausbeutung von Schülern und Schülerinnen an der Odenwaldschule im Zeitraum 1960 bis 2010. Wiesbaden/Darmstadt, Dezember 2010

Clancy, Susan 2009. The Trauma Myth: The Truth About the Sexual Abuse of Children – and Its Aftermath. New York: Basic Books

Cohn-Bendit, Daniel 1975. Der große Basar. Freiburg: München Trikont Verlag

Dahrendorf, Ralf 1965. Bildung ist Bürgerrecht: Plädoyer für eine aktive Bildungspolitik. Hamburg: Nannen

Dudek, Peter 2009. »Versuchsacker für eine neue Jugend«: die Freie Schulgemeinde Wickersdorf 1906–1945. Bad Heilbrunn: Klinkhardt

Ebermayer, Erich 1948. Kampf um Odilienberg. Hamburg: A. Springer

Enders, Ursula 2008. Zart war ich, bitter war's: Handbuch gegen sexuellen Missbrauch. Vollständig überarbeitete und erweiterte Neuausgabe. 3. Auflage. Köln: Kiepenheuer & Witsch

Eppelsheim, Philip und Volker Zastrow. »Die ›wunderschönen Jungfrauen‹ und die Burg«. *Frankfurter Allgemeine Sonntagszeitung*, 11. April 2010

Fegert, J. M. u.a. 2010. Zweiter Zwischenbericht der wissenschaftlichen Begleitforschung der Unabhängigen Beauftragten der Bundesregierung zur Aufarbeitung des sexuellen Missbrauchs von Kindern. Dr. Christine Bergmann, Bundesministerin a. D. (Hg.). Kinder- und Jugendpsychiatrie Ulm. http://www.beauftragte-missbrauch.de/file.php/30/Final_Zweiter_Zwischenbericht.pdf (15.12.2010)

Fried, Amelie 2010. »Die rettende Hölle«. *Frankfurter Allgemeine Zeitung*. 14.3.2010

Frommann, Anne und Gerold Becker (Hg.). 1996. Martin Bonhoeffer: Sozialpädagoge und Freund unter Zeitdruck. Mössingen-Talheim: Talheimer

Füller, Christian 2008. Schlaue Kinder, schlechte Schulen. München: Droemer-Knaur

Füller, Christian 2010. »Die Reformpädagogen: Zwischen Geschichte und Vision. Zu Besuch in der Odenwaldschule und der Freien Schule Anne Sophie«. In: *Ausweg Privatschulen?* Hamburg: Edition Körber-Stiftung

Füller, Christian 2010. »Warum wir ein Odenwald-Tribunal brauchen.« *Spiegel online*, 14.4.2010. http://www.spiegel.de/schulspiegel/wissen/0,1518,688726,00.html (2.2.2011)

Füller, Christian 2010. »Odenwald-Leiter Becker ist tot.« *die tageszeitung*, 10.7.2010

Füller, Christian 2010. »Der pädosexuelle taz-Kollege«. *die tageszeitung*, 22.1.2011

Geuter, Ulfried 1994. Homosexualität in der deutschen Jugendbewegung. Frankfurt am Main: Suhrkamp

Gruschka, Andreas 2010. »Erregte Aufklärung« – ein pädagogisches und publizistisches Desaster – in memoriam Katharina Rutschky. *Pädagogische Korrespondenz*. 2010 (23. Jg.). Heft 42

Haarer, Johanna 1938. Die deutsche Mutter und ihr erstes Kind. München, Berlin: J. F. Lehmann

Harder, Wolfgang 1999. Vor der Welt die Kinder, vor den Kindern die Welt vertreten: *Die Odenwaldschule und ihre Pädagogik: Zur Odenwaldschule und ihrer Pädagogik.* Odenwaldschule Ober-Hambach (Hg.)

Hentig, Hartmut von 1971. »Heimkehr zur Pädagogik«. *DIE ZEIT*, 12.11.1971

Hentig, Hartmut von 2009. Mein Leben – bedacht und bejaht. Weinheim: Beltz

Hentig, Hartmut von 2010. »Voller Neid habe ich auf diesen Mann gesehen«. *Spiegel online.* 14. März 2010

Hentig, Hartmut von 2010. »Was habe ich damit zu tun«. *DIE ZEIT*, 25.3.2010

Herrmann, Ulrich. Vor 100 Jahren wurde die Odenwaldschule gegründet: Anfang und Erfolge, Krise und Zukunft eines »pädagogischen Laboratoriums«. Ansprache am 17. April 2010 im Kurfürstensaal zu Heppenheim anlässlich der 100. Wiederkehr des Eröffnungstages der Odenwaldschule. http://forum-kritische-paedagogik.de/start/?p=31 (3.2.2011)

Kahl, Reinhard 2010. »Hartmut von Hentig muss reden«. *DIE ZEIT*, 21.4.2010

Karlauf, Thomas 2010. »Päderastie aus dem Geist Stefan Georges?« *Frankfurter Allgemeine Sonntagszeitung*, 4. April 2010

Karremann, Manfred 2007. Es geschieht am helllichten Tag: die verborgene Welt der Pädophilen und wie wir unsere Kinder vor Missbrauch schützen. Köln: DuMont

Kerbs, Diethart. Songfestivals in Deutschland – Burg Waldeck und die Folgen. KULTURATION. *Online Journal für Kultur, Wissenschaft und Politik.* 2/2004. Nr. 7, Jg. 27. http://www.kulturation.de/ki_1_thema.php?id=68 (2.2.2011)

Key, Ellen 1926. Das Jahrhundert des Kindes. 34. bis 36. Aufl. Berlin: Fischer

Kohlenberg, Kerstin. »Das bedauere ich«. *DIE ZEIT*, 15. April 2010

Littig, Peter 2004. Reformpädagogische Erfahrungen der Landerziehungsheime von Hermann Lietz und ihre Bedeutung für aktuelle Schulentwicklungsprozesse: eine schultheoretische Studie. Lang: Frankfurt/M. S.367

Maasen, Thijs 1995. Pädagogischer Eros. Gustav Wyneken und die Freie Schulgemeinde Wickersdorf. (Wolfram Setz, Red.) Berlin: Rosa Winkel

Muschg, Adolf 2010. »Nähe ist ein Lebensmittel, kein Missbrauch«. *Der Tagesspiegel*, 15.3.2010

Näf, Martin 1998. Paul Geheeb: seine Entwicklung bis zur Gründung der Odenwaldschule. Weinheim: Dt. Studien-Verlag

Näf, Martin 2006. Paul und Edith Geheeb-Cassirer: Gründer der Odenwaldschule und der Ecole d'Humanité. Weinheim: Beltz

Näf, Martin 2006. »Reformpädagogik ist nicht gleich Reformpädagogik. Das Beispiel Geheeb – Wyneken.« *Jahrbuch des Archivs der Deutschen Jugendbewegung.* Nr. 3/2006, Schwalbach: 2007

Niemann, Burgunde (Hg.) 2010. Altschüler-Erinnerungen aus 80 Jahren OSO. Odenwaldschule Oberhambach

Oelkers, Jürgen 2010. »Was bleibt von der Reformpädagogik?«, *Frankfurter Allgemeine Zeitung*, 16.3.2010

Oelkers, Jürgen 2010. »Eros und Herrschaft: Ein anderer Blick auf die Reformpädagogik.« Vortrag in der Universität Bielefeld am 23. Juli 2010. http://paed-servi ces.uzh.ch/user_downloads/1832/Bielefelddef.pdf (3.2.2011)

Oelkers, Jürgen 2010. »Reformpädagogik und Landerziehungsheime.« Vortrag im SWR 2 a, 16. Juni 2010. http://paed-services.uzh.ch/user_downloads/1832/ SWR2Vortrag.pdf (3.2.2011)

Oelkers, Jürgen 2010. Reformpädagogik: Entstehungsgeschichte einer internationalen Bewegung. Zug: Klett und Balmer

Picht, Georg 1964. Die deutsche Bildungskatastrophe. Olten: Walter-Verlag

Prenzel, Manfred u.a. (Hg.). 2008. PISA 2006 in Deutschland. Die Kompetenzen der Jugendlichen im dritten Ländervergleich. Münster: Waxmann

Raulff, Ulrich 2009. Kreis ohne Meister: Stefan Georges Nachleben. München: Beck, 2009

Schäfer, Walter, Wolfgang Edelstein und Gerold Becker 1971. Probleme der Schule im gesellschaftlichen Wandel: Das Beispiel Odenwaldschule. Frankfurt a. M.: Suhrkamp

Scheibe, Wolfgang 1994: Die reformpädagogische Bewegung: 1900 – 1932. Eine einführende Darstellung. 10. Aufl., Weinheim: Beltz

Schindler, Jörg. »Der Lack ist ab«. *Frankfurter Rundschau*. 17. November 1999

Schindler, Jörg. »Missbrauch an der Odenwaldschule – Gemobbt, geschlagen, vergewaltigt.« *Frankfurter Rundschau*. 6. März 2010

Schultz, Tanjev 2010. »Zeugnistage«. *Süddeutsche Zeitung*, 12.3.2010

Siegfried, Detlef 2006. Time Is on My Side. Konsum und Politik in der westdeutschen Jugendkultur der 60er Jahre. Göttingen: Wallstein Verlag

Seydel, Otto 2010. »Pädagogische Begegnung«. *Pädagogik* (62. Jg.) 7–8/2010

Thiersch, Hans 2009. Schwierige Balance. Weinheim, München: Juventa-Verlag

Vollmer, Antje 2010. »Manche kämpfen alte Schlachten«. *Der Tagesspiegel*, 28.3.2010

Wyneken, Gustav 1922. Eros. Lauenburg: Saal

Zastrow, Volker 2010. »Hänseljagd an der Odenwaldschule«. *Frankfurter Allgemeine Sonntagszeitung*, 21. März 2010

Zastrow, Volker und Philip Eppelsheim. »Kinderpornos an der Odenwaldschule.« *Frankfurter Allgemeine Sonntagszeitung*, 2. Mai 2010

Diverse OSO-Nachrichten und OSO-Hefte